金融法概论

INTRODUCTION TO FINANCIAL LAW

李 秋 - 主编

校企双元 - 编写

马英杰　吴园园　武倩月　吴丙洋 - 副主编

当代中国出版社
Contemporary China Publishing House

图书在版编目(CIP)数据

金融法概论 / 李秋主编 . -- 北京：当代中国出版社 , 2025.5. -- ISBN 978-7-5154-1460-7

Ⅰ . D922.28

中国国家版本馆 CIP 数据核字第 2024ZA9416 号

出 版 人	蔡继辉
责任编辑	乔镜蛋　高元元
责任校对	贾云华　康　莹
印刷监制	刘艳平
封面设计	鲁　娟
出版发行	当代中国出版社
地　　址	北京市地安门西大街旌勇里 8 号
网　　址	http://www.ddzg.net
邮政编码	100009
编 辑 部	（010）66572148
市 场 部	（010）66572281　66572157
印　　刷	中国电影出版社印刷厂
开　　本	787 毫米 ×1092 毫米　1/16
印　　张	13.75 印张　1 插页　303 千字
版　　次	2025 年 5 月第 1 版
印　　次	2025 年 5 月第 1 次印刷
定　　价	58.00 元

版权所有，翻版必究；如有印装质量问题，请拨打（010）66572159 联系出版部调换。

前 言

随着中国经济持续快速发展与全球经济深度融合，中国金融业改革与创新步伐不断加快。在此背景下，我国金融立法、监管体系以及金融服务能力均实现了显著提升，这为金融市场稳定和经济高质量发展提供了坚实的法治保障。

本教材的编写旨在培养应用型银行从业人员，遵循理论与实践相结合、教学提升实务操作的指导思想。教材编写组聘请中国邮政储蓄银行股份有限公司工作人员提供实务指导，并获取了邮储银行信息脱敏后的实务案例编入教材，大幅提升了教材与金融工作实务的联系。同时，教材内容结合当前金融业改革与创新的最新成果，重点阐述银行网点具体工作中常用的法律知识，以期为金融从业人员提供实用的法律指导和参考。

本教材按照银行从业人员工作实务的需要，共分为十二个项目，涵盖了我国金融立法、中国人民银行法律制度、商业银行法律制度、借款合同法律制度、金融担保法律制度、证券法律制度、保险法律制度、信托法律制度以及金融监管相关法律制度等内容。

本书的内容写作安排如下：项目一、项目二、项目四、项目五、项目十、项目十一、项目十二的编写由李秋完成；项目三由马英杰撰写；项目六、项目七内容由武倩月编写；项目八、项目九的作者为吴园园；吴丙洋从实务角度负责十二个项目内容的选取、编排，并提供了部分信息脱敏的可公开案例。

在编写过程中，我们力求突出以下几个特点：

时效性：紧密结合党的二十大和二十届三中全会精神及最新金融政策，反映当前金融业改革与创新的最新成果。特别是融合了2024年7月发布的《中共中央关于进一步全面深化改革、推进中国式现代化的决定》关于金融体制改革的最新部署，确保教材内容与时俱进。

实用性：针对银行网点具体工作的实际需求，精选常用法律知识进行阐述，注重理论与实践相结合。通过案例分析、条款解读等方式，帮助金融从业人员理解和掌握相关法律法规的精髓和应用要点。

系统性：教材内容涵盖了金融领域的多个方面，从金融立法到具体法律制度再到金融监管，形成了一个完整的知识体系。有助于读者全面了解金融法律制度的框架和内容，提高法律素养和综合能力。

权威性：教材编写团队具有丰富的学术背景和实践经验。同时，教材还借鉴了大量权威文献和最新研究成果，确保了内容的科学性和权威性。

总之，本教材旨在为金融从业人员提供一个全面、系统、实用的法律知识体系，帮助大家更好地适应金融业改革与创新的需要，提升业务水平和法律素养。希望广大读者能够认真学习、深入思考并灵活运用所学知识于实际工作。

在本书的编写过程中，作者参阅了大量国内外有关论著和网络资料，在此向各位作者表示诚挚的感谢！

由于自身理论水平、研究能力和实践经验有限，本书内容难免存在诸多疏漏之处和有待改进之处，欢迎各位专家、老师、读者进行批评指正，以便后期进行进一步修订和改进。

目 录

项目一 法的一般认知 ……………………… 1
【学习目标】…………………………………… 1
任务一 法的定义与分类 ………………… 1
　一、法的产生 ……………………………… 1
　二、法的发展历程 ………………………… 1
　三、法的概念及分类 ……………………… 3
任务二 法律责任 ………………………… 4
　一、法律责任的定义 ……………………… 4
　二、法律责任的分类 ……………………… 4
任务三 诉讼时效 ………………………… 6
　一、定义及分类 …………………………… 6
　二、诉讼时效的起算、中止、中断 ……… 7
　三、诉讼时效不适用的情形 ……………… 7
练一练 ……………………………………… 7

项目二 金融法导论 ………………………… 9
【学习目标】…………………………………… 9
任务一 金融法概述 ……………………… 9
　一、金融法的概念及调整对象 …………… 9
　二、金融法律关系 ………………………… 10
任务二 我国的金融法 …………………… 13
　一、我国金融法的发展历程 ……………… 13
　二、我国金融法的渊源 …………………… 14
　三、我国金融法的立法原则 ……………… 15
任务三 互联网金融及其法律规制 ……… 16
　一、互联网金融及其特征 ………………… 16
　二、互联网金融形态及其法律规制 ……… 17
练一练 ……………………………………… 19

项目三 中国人民银行法 …………………… 21

【学习目标】…………………………………… 21
任务一 中国人民银行的性质、法律
　　　　地位、职责 ……………………… 21
　一、中国人民银行概述 …………………… 21
　二、中国人民银行的性质、法律地位 …… 22
　三、中国人民银行的职能与职责 ………… 23
任务二 中国人民银行的组织机构 ……… 25
　一、中国人民银行的领导机构 …………… 25
　二、中国人民银行的咨询议事机构 ……… 27
　三、中国人民银行的分支机构 …………… 28
　四、中国人民银行的内设部门和直属
　　　机构 …………………………………… 28
　五、中国人民银行上海总部 ……………… 29
任务三 中国人民银行的业务 …………… 29
　一、中国人民银行的业务特征 …………… 29
　二、中国人民银行的业务范围 …………… 29
　三、中国人民银行禁止性业务 …………… 34
任务四 人民币管理 ……………………… 34
　一、人民币法律地位 ……………………… 34
　二、人民币概况 …………………………… 34
　三、人民币的发行管理 …………………… 36
　四、人民币的流通管理 …………………… 37
　五、数字人民币 …………………………… 42
任务五 中国人民银行的金融监督
　　　　管理 ……………………………… 44
　一、直接检查监督权 ……………………… 44
　二、建议检查监督权 ……………………… 45
　三、全面检查监督权 ……………………… 45
　四、要求报送报表资料权 ………………… 45
任务六 征信管理 ………………………… 46

一、征信业管理条例 …………… 46
　　二、中国人民银行征信中心职责和金融
　　　基础设施 …………………… 47
　练一练 ……………………………… 50

项目四　金融监督管理制度 ………… 53
　【学习目标】 ……………………… 53
　任务一　金融监督管理概述 ……… 53
　　一、金融监管的概念及原则 ……… 53
　　二、金融监管模式 ………………… 54
　　三、我国的金融监管 ……………… 55
　任务二　银行业的监督管理 ……… 56
　　一、银行业监管的目标与原则 …… 56
　　二、国务院银行业监督管理机构的监管
　　　职责 ………………………… 57
　　三、银行业监督管理机构的监管措施… 58
　任务三　证券业的监督管理 ……… 59
　　一、证券监管的目标和原则 ……… 59
　　二、证券监管的实施 ……………… 60
　任务四　保险业监督管理 ………… 62
　　一、保险监管的目标和原则 ……… 62
　　二、国务院保险监督管理机构的监管
　　　职责 ………………………… 63
　　三、保险监督管理机构的监管措施 … 64
　练一练 ……………………………… 64

项目五　反洗钱 ……………………… 67
　【学习目标】 ……………………… 67
　任务一　洗钱与反洗钱概述 ……… 67
　　一、洗钱概述 ……………………… 67
　　二、反洗钱概述 …………………… 69
　任务二　《反洗钱法》解读 ……… 69
　　一、反洗钱的主体及义务 ………… 69
　　二、反洗钱调查 …………………… 70
　　三、法律责任 ……………………… 71
　任务三　反洗钱三大基本制度 …… 72
　　一、大额交易和可疑交易的报告制度… 72

　　二、客户身份识别制度 …………… 75
　　三、客户身份资料和交易记录保存
　　　制度 ………………………… 79
　任务四　金融机构反洗钱和反恐怖融
　　　资监督管理办法 …………… 79
　练一练 ……………………………… 80

项目六　商业银行法概述 …………… 83
　【学习目标】 ……………………… 83
　任务一　商业银行与商业银行法 … 83
　　一、商业银行概述 ………………… 83
　　二、商业银行的业务范围 ………… 84
　　三、商业银行的经营原则 ………… 84
　　四、商业银行法的立法宗旨 ……… 85
　任务二　商业银行组织机构规则 … 86
　　一、商业银行的设立 ……………… 86
　　二、商业银行的变更 ……………… 87
　　三、商业银行的接管 ……………… 88
　　四、商业银行的终止 ……………… 88
　练一练 ……………………………… 89

项目七　商业银行负债业务相关法规… 90
　【学习目标】 ……………………… 90
　任务一　存款业务规则 …………… 90
　　一、商业银行存款业务法律性质 … 90
　　二、商业银行存款合同 …………… 90
　　三、商业银行办理存款业务的原则… 91
　任务二　商业银行存单相关业务及纠
　　　纷处理 ……………………… 92
　　一、存单挂失基本规定 …………… 92
　　二、存单质押相关规定 …………… 92
　　三、存单纠纷的处理 ……………… 92
　练一练 ……………………………… 95

项目八　商业银行资产业务相关法规… 96
　【学习目标】 ……………………… 96
　任务一　商业银行贷款业务相关

法规 ··············· 97
　　一、贷款业务概述 ········· 97
　　二、贷款业务相关规则 ······ 101
　任务二　商业银行担保相关规则 ··· 103
　　一、担保概述 ············ 103
　　二、保证 ··············· 104
　　三、抵押 ··············· 110
　　四、质押 ··············· 114
　练一练 ··················· 118

项目九　商业银行中间业务相关法规 ··· 120
　【学习目标】 ··············· 120
　任务一　票据业务概述 ········· 121
　　一、票据的含义和分类 ······ 121
　　二、票据的特征 ·········· 122
　　三、票据法律关系 ········· 123
　　四、票据当事人 ·········· 124
　任务二　票据行为 ············ 124
　　一、票据行为的含义和特征 ··· 124
　　二、票据行为的有效要件 ···· 125
　　三、票据行为的代理 ······· 126
　任务三　票据权利 ············ 126
　　一、票据权利的含义和分类 ··· 126
　　二、票据权利的取得 ······· 128
　　三、票据权利的限制 ······· 128
　　四、票据权利的行使和保全 ··· 129
　　五、票据权利的消灭 ······· 129
　任务四　票据抗辩、瑕疵和丧失 ··· 129
　　一、票据抗辩 ············ 129
　　二、票据瑕疵 ············ 131
　　三、票据丧失 ············ 132
　　四、法律责任 ············ 134
　任务五　汇票 ··············· 134
　　一、汇票概述 ············ 134
　　二、汇票的出票 ·········· 135
　　三、汇票的背书 ·········· 136
　　四、汇票的承兑 ·········· 138

　　五、汇票的保证 ·········· 139
　　六、汇票的付款 ·········· 140
　任务六　本票与支票 ·········· 141
　　一、本票 ··············· 141
　　二、支票 ··············· 141
　任务七　其他中间业务的法律规定 ··· 142
　　一、银行卡业务的法律规定 ··· 142
　　二、托收承付业务的法律规定 ··· 145
　　三、委托收款业务的法律规定 ··· 149
　练一练 ··················· 151

项目十　证券法 ··············· 153
　【学习目标】 ··············· 153
　任务一　证券及证券法概述 ····· 153
　　一、证券概述 ············ 153
　　二、证券市场 ············ 154
　　三、证券法概述 ·········· 156
　任务二　证券市场的主体 ······· 157
　　一、证券交易所 ·········· 157
　　二、证券公司 ············ 158
　　三、证券登记结算机构 ······ 160
　　四、证券服务机构 ········· 160
　　五、证券业协会 ·········· 160
　　六、证券监督管理机构 ······ 161
　任务三　证券发行 ············ 161
　　一、证券发行概述 ········· 161
　　二、股票发行 ············ 163
　　三、债券发行 ············ 164
　　四、证券承销 ············ 164
　任务四　证券交易 ············ 165
　　一、证券交易的一般性规定 ··· 165
　　二、证券上市 ············ 167
　　三、持续信息公开制度 ······ 168
　　四、禁止的交易行为 ······· 168
　　五、上市公司的收购 ······· 171
　练一练 ··················· 172

项目十一 保险法 176

【学习目标】 176

任务一 保险和保险法概述 176
一、保险概述 176
二、保险法概述 177

任务二 保险合同 178
一、保险合同的特征 178
二、保险合同的基本原则 179
三、保险合同的主体 181
四、保险合同的一般规定 182

任务三 人身保险合同和财产保险合同 185
一、人身保险合同 185
二、财产保险合同 189

练一练 193

项目十二 信托法 195

【学习目标】 195

任务一 信托概述 195
一、信托的概念与特征 195
二、信托的分类 196

任务二 信托基本法律制度 197
一、信托的设立 197
二、信托的变更、解除与终止 199
三、信托财产 200
四、信托当事人 202

任务三 公益信托 204
一、公益信托的范围 205
二、公益信托当事人 205
三、公益信托的设立和终止 206
四、公益信托的监督管理 206

练一练 206

主要参考文献 209

项目一　法的一般认知

【学习目标】

通过本项目的学习，学生能够：
1. 掌握法的定义、外延与分类，能够区别不同的法律责任及其特征。
2. 掌握不同种类的诉讼时效的定义及其起算、中止、中断。
3. 养成认真、严谨的工作态度和依法从业的职业素养。

导入案例

甲客户到乙银行网点办理存款，结果被工作人员误导购买了保险产品。几日后，客户因急用钱，前往网点取款，结果被告知提前解约要损失部分本金。

讨论：1. 网点工作人员的操作存在哪些违规之处？
2. 客户应如何维护自己的权益？

任务一　法的定义与分类

一、法的产生

法的产生，即"法的起源"，指法是如何出现在人类历史上的，它的根源来自何处。对于这个问题，西方理论界存在不同的看法，目前比较主流的看法有契约说、神创说、暴力说、发展说等多种观点。

马克思曾指出："社会的物质生产力发展到一定阶段，便同它们一直在其中的活动的现存生产关系或财产关系（这只是生产关系的法律用语）发生矛盾。于是这些关系便由生产力的发展形式变成生产力的桎梏。那时社会革命的时代就到来了。随着经济基础的变更，全部庞大的上层建筑也或慢或快地发生变革。"根据马克思主义唯物史观，法律作为上层建筑并不是从来就有的，其产生的根本原因是社会基本矛盾的运动规律。法律是社会生产力发展的必然产物，是建立在国家暴力机关及强制力实施基础上的。

综上所述，法产生的根源包括：①私有制的产生和商品经济的发展是经济根源；②阶级的产生是阶级根源；③社会的发展是社会根源。

二、法的发展历程

按照不同的社会发展阶段可以将法的发展分为原始社会的行为规则、奴隶社会的法、封建社会的法、资本主义社会的法和社会主义社会的法。

（一）原始社会的行为规则

原始社会的行为规则是法的前身，并不是真正意义上的法律，但作为法律的萌芽也可以算作法律发展的一个阶段。在这个阶段部族内部矛盾的解决主要靠成员间的约定俗成、以往的惯例，甚至还需要德高望重人物的调解，随着生产力的发展、氏族的解体，国家产生了，法也就产生了。

氏族惯例并不是法律，它与法律的区别主要有：①依存的经济基础不同，前者以原始的公有制为基础，后者则是建立在私有制基础上；②体现的意志不同，前者体现的是全体氏族成员的共同意志，后者仅代表统治阶级的意志；③产生的方式不同，前者是在部族内部自发形成的，后者则是在社会演变的过程中逐渐形成的；④保证手段不同，前者的管理靠部族首领的威信或者部族成员间的舆论，后者的威信则来自国家的强制力；⑤适用范围不同，氏族是依靠血缘联系在一起的一群人，国家则是一个地域的概念。

（二）奴隶社会的法

奴隶社会的法律具有明显的原始习惯残留痕迹；在法律上否认奴隶的法律人格；确认自由民之间的等级划分，如《汉谟拉比法典》中就将巴比伦人分为三级，自由民上层、无公民权的自由民和奴隶；刑罚方式也更为残酷，如我国商代的挖眼、剖心、炮烙等刑罚。

（三）封建社会的法

为了适应地主阶级占有生产资料这一经济基础，并在控制农奴或者农民的同时保持其积极性，封建社会的法律制度主要呈现出地主阶级专政的形式。地主阶级代表国家意志对广大农民阶级进行统治，但又在社会生活的方方面面给予其一定的自由。比如，不明令禁止农民参与科举，但却在经济、教育等多个方面阻碍农民阶级实现阶级的跨越。

（四）资本主义社会的法

随着社会生产力和商品经济的发展，资本主义制度替代封建制度成为了社会的基础经济制度，资产阶级也占据了统治地位，在这个阶段形成了现代全球法律制度的框架，形成英美法系和大陆法系，这两个法系在法律渊源、法律结构、法官权限、诉讼程序等方面都有较大差别。

资本主义社会的法律制度形成了现代法律的基本内核：一是私有财产神圣不可侵犯；二是法律面前人人平等。此外，还确立了与资本主义市场经济相适应的契约自由原则。

（五）社会主义社会的法

我国作为工人阶级领导下的社会主义国家，在新中国成立以后，废除了国民党时期的法律、法令和司法制度，形成了体现全国人民共同意志的现代社会主义法律制度。我国法律制度具有鲜明的社会主义法律特征：人民性与阶级性统一；正义性与政治性统一；科学性与先进性统一。

三、法的概念及分类

（一）法的定义

法律有广义和狭义之分，广义的法律是指由国家认可和制定，由国家强制力保证实施的具有普遍约束力的行为规范的总和。狭义的法律则专指拥有立法权的国家机关制定的规范性文件，在我国是指由全国人民代表大会及其常务委员会制定的规范性文件。

（二）法的本质

从法发展的历史阶段来看，无论在哪个历史阶段，法律都必须和当时的经济基础相适应，都必须代表统治阶级的意志，维护统治阶级的利益。因此，法律的本质是人们的行为规则，是社会关系的调整器；法是统治阶级意志的体现。其含义有四个方面：①法是"意志"的体现或反映，这指的是法是意志的反映、结果和产物；②法是"统治"阶级意志的体现，法是统治阶级集体利益的反映，同时又是被统治阶级筛选后的意志；③法是统治阶级共同意志的体现，法是统治阶级的代表为共同利益集中出来的共识，不是意志的简单相加；④法是"被奉为法律"的统治阶级的意志，即法律是由国家制定和认可，由国家强制力保证实施的体现统治阶级意志的规范体系。

（三）法的分类

目前常用的分类方式有三种，即分别按照地位和效力、规定的内容和实施效力范围进行划分。

1. 根本法和普通法

法律按照地位和效力可以分为根本法和普通法。根本法即宪法性法律，一般是由制宪会议或立法机关依特定程序或一般立法程序制定和颁布的、具有最高法律效力的法律文件，是其他法律的立法基础。在我国宪法性法律即《宪法》[①]。普通法则是指有立法权的国家机关依照立法程序制定和颁布的规范性法律文件，通常是对某种社会关系或社会关系的某一方面的行为规则的规定，如《商业银行法》。

2. 实体法和程序法

法律根据规定的内容可以分为实体法和程序法。实体法是对法律主体的具体权利义务内容或者法律保护的具体情况进行规定的规范性文件。程序法则是指那些为实现法律实体权利义务而规定的关于程序方面的法律，又称诉讼法。实体法在法律体系中处于主导地位，又称主法；程序法则是为了保证实体法实现而存在的，因此又称助法。

---

① 即《中华人民共和国宪法》，为简便起见，以下所有法律法规如无特别说明，均指我国的相关法律法规，不使用全称。

3．一般法和特别法

一般法和特别法是以法律实施效力范围为标准进行的分类。一般法是指针对一般的人、一般的事、一般的时间，在全国普遍适用的法律。特别法则是指针对特定人、特定事或在特定地区、特定时间内适用的法。

任务二　法律责任

一、法律责任的定义

法律责任是指行为人由于违法行为、违约行为或者因法律规定而应承担的某种不利的法律后果。

甲公交公司强制规定如果乘客不为老幼病残孕让座，司乘人员可以驱赶乘客下车，是否合法合规？

法律责任有四个特点：

（1）法律责任是一种因违反法律规定的义务而承担的责任，因此，法律责任的存在是以法律义务的存在为前提条件的。

（2）法律责任表现为主体承担的一种不利的法律后果。

（3）法律责任的追究是以法律为依据，与法律规定之间存在内在的因果逻辑关系。

（4）对主体追究法律责任必须由国家强制力保证实施，保证了法律具有普遍约束力。

二、法律责任的分类

法律责任按其认定的法律依据不同可以分为刑事法律责任、民事法律责任、行政法律责任和国家赔偿责任。

（一）刑事法律责任

1．定义及特点

刑事法律责任是指行为人因其犯罪行为所必须承受的法定的不利后果，其特点包括：①具有严重的社会危害性；②是犯罪人向国家所负的一种法律责任；③刑事法律是追究刑事责任的唯一法律依据；④是一种惩罚性责任，是所有法律责任中最严厉的一种。

2．单位犯罪

关于单位犯罪的处罚，我国《刑法》第31条规定："单位犯罪的，对单位判处罚金，并对其直接负责的主管人员或其他直接责任人员判处刑罚。"即双罚制或者两罚制，在我国对单位犯罪的处罚中占较大比例。与此相对的单罚制，又称代罚制或者转嫁制，指在单位犯罪中只处罚个人或者单位本身。单罚制在单位犯罪处罚中所占比例较小。

3．刑罚

刑罚是统治阶级为了维护自己的利益，对犯罪予以惩罚的手段。在我国，使用刑罚是为了维护社会安全与公正，预防和减少犯罪。刑罚包括主刑和附加刑。

主刑包括：（1）管制，是指对犯罪分子不实行关押，交由公安机关管束和人民群众监督，在一定期限内限制其一定自由的刑罚方法。管制适用的对象是罪行较轻、不需关押的犯罪分子，是我国特有的一种轻刑。

（2）拘役，是指对犯罪分子短期剥夺人身自由，并由公安机关实行就近关押改造的刑罚措施。拘役期限为1个月以上6个月以下，数罪并罚的情况下最高不超过1年。

（3）有期徒刑，是指在一定期限内剥夺犯罪分子人身自由，并强制劳动改造的刑罚方式，是目前我国适用面最广的刑罚措施。

（4）无期徒刑，是指剥夺犯罪分子终身自由，并实行强制劳动改造的刑罚方式，属于自由刑中最严厉的刑罚措施。

（5）死刑，是指剥夺犯罪分子生命的一种刑罚措施，是所有刑罚中最严厉的一种，故也称极刑、处决、生命刑。

附加刑包括：（1）罚金，即犯罪分子通过向国家缴纳一定数额货币以承担法律责任的处罚方式。

（2）剥夺政治权利，是指剥夺犯罪人一定期限参加国家管理和政治活动权利的刑罚方式。剥夺政治权利包括剥夺以下四项权利：一是选举权与被选举权；二是言论、出版、集会、结社、游行、示威自由的权利；三是担任国家机关职务的权利；四是担任国有公司、企业、事业单位和人民团体领导职务的权利。一般来说，剥夺政治权利不是只剥夺前述部分权利，而是同时剥夺前述四项权利。

（3）没收财产，是指将犯罪分子个人所有财产的一部分或者全部强制无偿地收归国家所有的刑罚方法。

（4）驱逐出境，《刑法》第35条规定："对于犯罪的外国人，可以独立适用或者附加适用驱逐出境。"可见，驱逐出境是强迫犯罪的外国人离开中国国（边）境的刑罚方法。

（二）民事法律责任

民事法律责任，是指公民或法人由于违反法律、违约或者因法律规定应承担的一种法律责任。包括违约责任、侵权责任、不履行法定义务的责任。

民事法律责任的特征包括：（1）主要是财产责任；（2）主要是一方当事人对另一方当事人的责任，在法律允许的条件下，多数民事责任可以由当事人协商解决。根据我国《民法典》第179条规定，承担民事责任的方式主要有：①停止侵害；②排除妨碍；③消除危险；④返还财产；⑤恢复原状；⑥修理、重作、更换；⑦继续履行；⑧赔偿损失；⑨支付违约金；⑩消除影响、恢复名誉；⑪赔礼道歉。

（三）行政法律责任

行政法律责任是指个人或者单位违反行政管理方面的法律规定应当承担的法律责任，行政法律责任包括行政处分和行政处罚。

1. 行政处分

行政处分是国家行政机关依照行政隶属关系对有违法失职行为的国家机关公务人员实施的一种惩罚措施，根据《公职人员政务处分法》的相关规定，行政处分有警告、记过、记大过、降级、撤职、开除六种。

根据《公务员法》的相关规定，公务员受处分的期间为：警告，6个月；记过，12个月；记大过，18个月；降级、撤职，24个月。该规定与《行政机关公务员处分条例》等现行行政法规的规定保持一致。

2. 行政处罚

行政处罚，是指行政机关对违反行政管理秩序的公民、法人或者其他组织，以减损权益或增加义务的方式予以惩戒的行为。行政处罚的种类有：警告、通报批评；罚款、没收违法所得、没收非法财物；暂扣许可证件、降低资质等级、吊销许可证件；限制开展生产经营活动、责令停产停业、责令关闭、限制从业；行政拘留以及法律、行政法规规定的其他行政处罚。

（四）国家赔偿责任

国家赔偿责任，是指国家机关及其工作人员执行职务、行使公共权力时损害公民、法人和其他组织的法定权利与利益所应承担的赔偿责任。

根据1982年12月4日起公布施行的《宪法》的规定，国家赔偿一般包括行政赔偿、刑事赔偿。《国家赔偿法》规定，侵犯公民人身自由的，每日赔偿金按照国家上年度职工日平均工资计算。最高人民法院要求，各级人民法院在审理国家赔偿案件时按照前述标准执行。2024年5月20日，最高人民法院下发通知，各级人民法院自2024年5月20日起作出国家赔偿决定时，对侵犯公民人身自由的赔偿金，按照每日462.44元计算。

国家赔偿责任的构成要件包括：①行为主体只限于国家机关或国家公职人员；②行为主体须在执行职务中实施了民事侵权行为；③行为主体的行为须造成了损害他人财产或人身的后果。

国家赔偿责任主要分为两种，一种是民事赔偿责任，另一种是冤狱赔偿责任。理论界目前也存在国家赔偿责任本质上是某种行政赔偿责任的观点。

任务三　诉讼时效

一、定义及分类

诉讼时效，是指权利受侵害的当事人在法定期间如果不行使权利，在期限届满后，权利人在诉讼中丧失胜诉权的法律制度。

诉讼时效分为普通诉讼时效、特别诉讼时效和最长诉讼时效。除了法律另有规定，所有的民事法律关系均适用普通诉讼时效。我国《民法典》第188条规定，普通诉讼时效为3年，最长诉讼时效为20年。

《民法典》第594条规定："因国际货物买卖合同和技术进出口合同争议提起诉讼或者

申请仲裁的时效期间为四年。"

二、诉讼时效的起算、中止、中断

诉讼时效的起算指诉讼时效开始的时间点，我国《民法典》第188条规定，诉讼时效期间自权利人知道或者应当知道权利受到损害以及义务人之日起计算，法律另有规定的，依照其规定。

诉讼时效中止是指在诉讼时效进行中，因发生法定事由而使权利人无法行使请求权，暂停计算诉讼时效期间。我国《民法典》第194条规定，在诉讼时效期间的最后6个月内，因下列障碍，不能行使请求权的，诉讼时效中止：①不可抗力；②无民事行为能力人或限制民事行为能力人没有法定代理人，或者法定代理人死亡、丧失民事行为能力、丧失代理权；③继承开始后未确定继承人或者遗产管理人；④权利人被义务人或者其他人控制；⑤其他导致权利人不能行使请求权的障碍。自中止时效的原因消除之日起满6个月，诉讼时效期间届满。

诉讼时效中断是指在诉讼时效期间进行中，因发生法定事由，致使已经经过的时效期间统归无效，待时效中断的事由消除后，诉讼时效期间重新起算。我国《民法典》第195条规定，有下列情形之一的，诉讼时效中断，从中断、有关程序终结时起，诉讼时效期间重新计算：①权利人向义务人提出履行请求；②义务人同意履行义务；③权利人提起诉讼或者申请仲裁；④与提起诉讼或者申请仲裁具有同等效力的其他情形。

三、诉讼时效不适用的情形

我国《民法典》第196条规定，下列请求权不适用诉讼时效的规定：①请求停止侵害、排除妨碍、消除危险；②不动产物权和登记的动产物权的权利人请求返还财产；③请求支付抚养费、赡养费或者扶养费；④依法不适用诉讼时效的其他请求权。

练一练

一、名词解释

法律责任　刑事法律责任　民事法律责任　行政处罚　行政处分　国家赔偿责任　诉讼时效

二、判断题

1. 《河北省土壤污染防治条例》属于广义范畴上的法律。　　　　　　　　（　　）
2. 凡统治阶级的意志都可以成为法律。　　　　　　　　　　　　　　　　（　　）
3. 行政处分和行政处罚的对象都可以是公职人员。　　　　　　　　　　　（　　）
4. 土地开发商给予拆迁户的赔偿属于国家赔偿。　　　　　　　　　　　　（　　）

三、单项选择题

1. 法律按照（　　）可以分为根本法和普通法。
   A. 地位和效力　　　　　　　B. 法律内容
   C. 适用范围　　　　　　　　D. 权力划分

2. 以下属于刑事法律责任中的主刑的是（　　）。
   A．罚金　　　　B．剥夺政治权利　　C．管制　　　　D．驱逐出境
3. 在我国能够认定违宪责任的国家机构是（　　）。
   A．国务院　　　　　　　　　　B．全国人大
   C．全国人大常委会　　　　　　D．中央军委
4. 一般诉讼时效的长度为（　　）。
   A．3年　　　　B．4年　　　　C．5年　　　　D．20年

四、多项选择题

1. 法的本质是（　　）。
   A．法是"意志"的体现或反映
   B．法是"统治"阶级意志的体现
   C．法是统治阶级共同意志的体现
   D．法是"被奉为法律"的统治阶级的意志
2. 我国法律制度具有鲜明的社会主义法律特征包括（　　）。
   A．人民性与阶级性统一　　　　B．正义性与政治性统一
   C．科学性与先进性统一　　　　D．阶级性与国家性的统一
3. 刑事法律责任的特征包括（　　）。
   A．具有严重的社会危害性
   B．是犯罪人向国家所负的一种法律责任
   C．刑事法律是追究刑事责任的唯一法律依据
   D．是一种惩罚性责任，是所有法律责任中最严厉的一种
4. 诉讼时效不适用的情形包括（　　）。
   A．请求停止侵害、排除妨碍、消除危险
   B．不动产物权和登记的动产物权的权利人请求返还财产
   C．请求支付抚养费、赡养费或者扶养费
   D．依法不适用诉讼时效的其他请求权

五、思考题

1. 简述法律产生的根源。
2. 简述法律发展的阶段。
3. 简述民事法律责任的特征。
4. 简述诉讼时效中止的情形。

六、案例分析题

2011年7月中下旬，国家发展改革委同地方价格主管部门对部分银行业金融机构营业网点进行了暗访和检查。检查发现，一些网点存在7月1日后违规继续收取国家明令取消的个人账户密码挂失费的行为。此外，A银行、B银行和C银行，擅自推迟取消人民币个人账户密码挂失费的时间，其银行营业网点在7月9日后才取消密码挂失费。

请问：该情形中相关单位和负责人应承担什么法律责任？应采取何种处罚措施？

项目二　金融法导论

【学习目标】

通过本项目的学习，学生能够：

1. 掌握金融法的调整对象，掌握金融法律关系的特征，能够区分金融关系与金融法律关系，熟悉我国金融法的立法原则。
2. 学会分析金融法律关系中的各种要素。
3. 养成知法、懂法、用法的法律精神和底线意识。

导入案例

我国自2015年开始涌现各种"互联网＋"的金融产品，为社会公众提供了便利，但同时也产生了很多问题，如大量P2P平台"爆雷"，大量投资者血本无归。因此，我国在2020年全面取缔了"P2P"平台。

讨论：1. 互联网金融产品的出现对我国金融法律制度的影响有哪些？

2. 应如何从法律法规方面解决互联网金融的出现对金融业的冲击？

任务一　金融法概述

一、金融法的概念及调整对象

（一）金融法的概念

金融法是由国家制定或认可的用于确定金融机构的性质、地位和职责权限，并调整在金融活动中形成的金融宏观调控关系、金融业务关系和金融监督管理关系的法律规范的总称。<u>金融法是调整金融法律关系的法律规范的总称。</u>

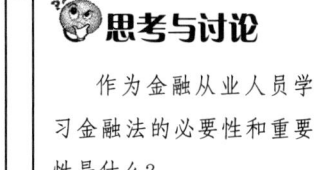

思考与讨论

作为金融从业人员学习金融法的必要性和重要性是什么？

金融法包括所有与金融活动有关的法律，如银行法、证券法、票据法、保险法等，这是从广义角度的金融法的外延。从狭义角度来看，金融法律的外延仅包括银行法，这源于银行业金融机构在一国金融体系中的主体地位。

（二）金融法的调整对象

<u>金融法的调整对象是金融关系，即行为主体在经济活动中由于各种原因参与货币流</u>

通、信用活动而形成的各种社会关系，包括金融宏观调控关系、金融监督管理关系和金融业务关系。

1. 金融宏观调控关系

国家通过金融宏观调控实现宏观经济总量平衡和经济结构优化，在现代市场经济环境下，国家的金融宏观调控职能主要通过中央银行制定和实施货币政策来实现。根据特定的经济发展目标，运用货币政策工具对货币供应量和信贷总量、结构的调节和控制，以保证整个经济从宏观上实现总供给与总需求的平衡。在金融宏观调控过程中，被政府授权的金融调控主体与被调控主体之间形成的各种关系即为金融宏观调控关系。中央银行等宏观调控主体在金融宏观调控关系中处于主导地位，可以单方面对金融宏观调控关系进行创设、变更和终止，既可以通过强制性手段直接进行宏观调控，也可以使用激励、诱导等方式进行间接调控，引导被调控主体的金融活动。因此，金融宏观调控关系是平等的横向关系和不平等的纵向关系的融合与统一。

2. 金融监督管理关系

金融监督管理简称金融监管，指国家金融监督管理机构为了实现维护金融体系的安全与稳定，维持金融业的运作秩序和公平竞争，保护公众合法权益等目标依法对金融机构、金融业务和金融市场实施规制和管控。规制和管控的手段主要包括监管机构对经营机构的设立、变更、终止、产品和业务准入等进行审批和监管，而监管机构和被监管主体在此过程中形成的各种关系，即金融监督管理关系。

金融监督管理关系种类繁多，如监管主体审批被监管主体的重整与退出所形成的关系；监管主体在对各类被监管主体遵循业务规则的监督中所形成的关系等。在一系列关系中，监管机构往往是通过法规制定、政令颁布、行政处罚等方式对被监管主体实施监督管理，而被监管主体只能无条件地接受和服从，可见，金融监督管理关系是一种不平等主体间的纵向关系。

3. 金融业务关系

金融业务关系，是指各金融机构在法律法规允许的范围内从事相应的业务活动而与其他金融主体间发生的经济关系。金融业务关系遍布于经济社会生活的方方面面：各类主体与银行业金融机构在办理业务过程中形成的各种关系，如存款关系、贷款关系、支付结算关系、票据贴现关系等，各类主体与证券、保险业等金融机构形成的各种关系，如证券交易关系、人身保险关系、财产信托关系、期货交易关系、证券保荐关系等。在金融业务关系的产生、变更、终止的过程中，交易各方的地位是平等的，不存在金融宏观调控关系和金融监督管理关系中的领导与被领导、服从与被服从的情况，因此金融业务关系是一种平等的横向关系。

二、金融法律关系

（一）金融法律关系的概念

金融法律关系是指各类主体在金融宏观调控、金融监督管理和金融业务活动进行过程中形成的受金融法律规范调整的社会关系，其内容是主体间的权利义务。金融法律关系的形成有两个前提条件，一是金融关系，二是金融法律规范，两者必须同时存在。

（二）金融法律关系的特征

相比于其他法律关系，金融法律关系具有一些较为明显的特点。

（1）金融法律关系中有一方主体为金融机构。金融法律关系形成的前提条件之一是金融关系，是各类主体在金融宏观调控、金融监督管理和金融业务活动进行过程中形成的权利义务关系。根据前文所述，无论是金融宏观调整，还是金融监督管理，抑或是金融业务，均需要金融机构的参与，所以金融法律关系中当事主体一方为金融机构，否则难以形成金融关系，金融法律关系也就难以存在。

（2）金融法律关系是一种典型的经济法律关系。经济法律关系的典型特征之一是具有纵横统一性，而金融关系作为金融法律关系存在的前提条件之一，本身就具有明显的纵横统一性，如金融宏观调控关系中同时存在平等的横向关系和不平等的纵向关系，金融业务关系则只存在平等的横向关系。因此，金融法律关系也如金融关系一样体现出纵横统一性，是一种典型的经济法律关系。

（3）金融法律关系具有广泛性、多样性和复杂性。现代社会中，金融活动与各类民事主体的各项活动息息相关，遍布于社会生活的方方面面，呈现出多种形态。同时，伴随着移动互联网、云计算、大数据等技术的不断发展，金融领域的产品、技术更新迭代速度越来越快，专业性更强的产品层出不穷，这都使金融法律关系呈现明显的广泛性、多样性和复杂性。

（4）金融法律关系具有要式性。金融活动具有较强专业性，金融行业的稳定对一国经济的稳定也特别重要，这种专业性和重要性促使各国都通过立法对金融行业进行较为严格的管控，其中金融法律关系的产生、变更和终止都有明确的形式规定，当事人任意的调整和变更均不产生法律效力，从而体现了金融法律关系的要式性特征。

（三）金融法律关系的构成要素

类似于其他类型的法律关系，金融法律关系也是由主体、客体和内容三个要素构成的，这三者是金融法律关系必不可少的组成部分。

1. 金融法律关系的主体

金融法律关系的主体是参加货币流通、信用活动，依法享有权利和承担义务的当事主体，主要包括：

（1）金融企业

金融企业指经过国家金融业监管机构批准能够依法经营专门金融业务、以盈利为目的的法人组织，包括银行业金融机构如商业银行、政策性银行，以及证券业金融机构等。

（2）金融监管机构及金融行业自律性组织

金融监管机构既要执行金融法规定的监管职能，又要执行金融业务经营的管理职能，是执法职能和管理职能等于一身的金融法律关系主体，如中国人民银行、中国证监会、国家金融监督管理总局。为督促金融机构依法合规经营，加强金融行业自律管理，我国设立金融行业自律性组织。金融行业自律性组织主要包括：中国银行业协会、中国保险行业协会、中国证券业协会等。

（3）非金融业的各类法人、非法人组织和自然人

非金融业法人是指依法设立的、经营非金融业务、独立核算、自主经营、自负盈亏的经济组织，如各类公司、合伙企业、个人独资企业等。非法人组织主要包括依照法律程序设立，拥有独立的经营管理、财产权的非法人组织，包括事业单位、各类社会团体、联营组织和非法人的合伙组织。

自然人即生物学意义上的人，是基于出生而取得民事主体资格的个体。包括本国公民、外国公民和无国籍人。根据我国《民法典》的规定，具有完全民事行为能力的自然人作出意思表示才具有法律效力，因而才能够成为金融法律关系的主体。只有在一些特殊情况下，无民事行为能力或限制民事行为能力人才能成为金融法律关系的主体。

2. 金融法律关系的客体

金融法律关系的客体，是金融法律关系的权利和义务共同指向的对象。法律关系的客体是确定法律关系性质和内容的依据，因此金融法律关系具有不同于其他法律关系的客体，主要是三类：一是被国家赋予法定地位作为社会流通手段和支付手段的货币；二是替代货币进行流通或资金融通的各种有价证券、金融资产；三是以实现货币流通、资金融通为目的的各种金融行为，如金融调控、金融服务等。

3. 金融法律关系的内容

金融法律关系的内容，是指各类金融法律关系的主体在货币、信用活动过程中依法享有的权利和承担的义务。内容是金融法律关系的核心，体现了金融法律关系主体的利益和要求，也体现了权利和义务相对独立又相辅相成的关系。

权利是指金融法律主体有权为或不为一定行为或者要求他人为或不为一定行为的资格；义务则是指金融法律主体必须为或不为一定行为的责任，义务具有强制性。在法律关系中，一方的权利是另一方的义务。

案例

甲前往A银行进行了理财咨询并购买了该行的理财产品。

请问：该情境中形成了怎样的金融法律关系？构成要素各是什么？

任务二　我国的金融法

一、我国金融法的发展历程

（一）晚清

中国第一部真正意义上金融方面的立法是1908年2月颁布、7月1日起实施的《大清银行则例》，这部法律的主要内容包括三项：一是将成立于1905年的大清户部银行正式更名为大清银行；二是赋予大清银行代表国家发行纸币、发行各种票据的垄断地位以及经理国库和调剂金融的权利；三是确定大清银行的性质为股份有限公司。

之后清政府还颁布了《银行通行则例》《币制则例》等法规作为《大清银行则例》的补充。

（二）国民政府时期

1931年3月28日，国民政府公布了《银行法》，共50条。1935年5月9日，国民政府通过并公布《中央银行法》，共7章36条。1947年4月20日，国民政府颁布了新《银行法》，共10章119条，这些法律对商业银行、实业银行、储蓄银行、信托银行、钱庄、外国银行及银行的登记、业务许可、法律责任等均作了规定，形成了国民政府时期我国银行业的制度框架。

（三）新中国时期

1. 改革开放前的计划经济时期，缺乏规范的金融方面的立法阶段（1949—1978年）

在这个阶段，我国仅有中国人民银行一家金融机构，人民银行同时承担了央行和商业银行两种职责，央行是兼顾了"信贷中心、结算中心和现金中心"的全国金融中心。金融体制附属于计划经济体制，控制其运行的主要是国家的计划行政法令，不是严格意义上的法律和行政法规，在这个阶段我国缺乏规范的金融方面的立法。

2. 改革开放后的计划商品经济时期，金融立法的开端阶段（1979—1992年）

1979年开始，以剥离人民银行农业贷款职能、恢复农业银行业务为开端，我国拉开了银行体制改革的序幕。1983年9月17日，国务院发布实施《关于中国人民银行专门行使中央银行职能的决定》，主要内容为中国人民银行专门行使中央银行职能，不再兼办工商信贷和储蓄业务，再一次在法规层面确定了人民银行专门履行央行职责的改革方向。这一阶段，国务院及中国人民银行制定和公布了大量金融行政法规，内容涉及金融的各方面，为我国金融机构改革构建了制度框架。

3. 社会主义市场经济体制建立，金融法框架基本形成阶段（1993—2002年）

1993年12月25日国务院发布了《关于金融体制改革的决定》，为我国金融体制改革确定了具体目标。在这个阶段，我国在金融法立法方面取得了一系列成果，以 1995 年《人民银行法》通过为开端，陆续通过《商业银行法》《票据法》《保险法》《证券法》《信托法》等一系列金融方面的法律，我国分业经营、分业监管的法律框架基本形成。

4. 社会主义市场经济体制完善阶段，金融法不断完善阶段（2003 年至今）

为履行入世承诺，应对来自合资、外资金融机构的竞争，以 2003 年通过的《中共中央关于完善社会主义市场经济体制若干问题的决定》为标志，我国的金融体制改革进入了社会主义市场经济体制的完善阶段，党中央以"政策性、系统性、技术性、国际性"为原则对我国金融法体系进行了一系列修订与完善。2003 年 12 月，《商业银行监督管理法》《证券投资基金法》相继出台。在本阶段，我国对《人民银行法》《商业银行法》《证券法》《保险法》等多部重要法律都进行了多次修订和完善，为我国金融市场改革奠定了坚实的法律基础。

二、我国金融法的渊源

法的渊源是指法的来源和表现形式，是各类法律主体寻求行为依据的具体法律规范的来源。法的渊源可以分为正式渊源和非正式渊源，正式渊源是具有国家明文规定的法律效力并且能够直接作为法律人的法律决定的大前提的规范来源的资料。非正式渊源则是指没有通过国家认可和制定，不具有法律明文规定的效力，但具有法律说服力并且能够构成法律人的法律决定的大前提的准则来源的资料，如公共政策、社会习惯等。我国金融法的正式渊源按区域主要分为国内渊源和国际渊源两类。

（一）国内渊源

金融法的国内渊源，是指国家的立法机关或行政机关通过法定程序制定的规范性文件，也可简称"法源"。主要包括宪法，金融法律，金融行政法规、金融规章和金融地方性法规以及金融司法解释。

1. *宪法*

《宪法》，是由全国人民代表大会通过立法程序制定的国家根本大法，是我国其他一切法律制定的基础，其中有金融监管、金融宏观调控和金融业务的内容，在我国的金融法体系中具有最高的地位和法律效力，是金融法的最高法源。

2. *金融法律*

这里主要指的是狭义范畴金融方面的法律，即全国人大及其常务委员会通过立法程序制定的规范金融主体及其活动，以及活动中行为的法律文件，其在金融法律关系中的效力和地位仅次于《宪法》，如《信托法》《银行业监督管理法》。

3. *金融行政法规、金融规章和金融地方性法规*

即由国务院、中国人民银行、金融监督管理部门与具有立法权的地方权力机关，以"条例""规定""决定""通知""实施办法"等形式制定的具有不同效力的法律规范。如《储蓄管理条例》。

4. 金融司法解释

在我国，金融司法解释是由最高人民法院和最高人民检察院在适用法律的过程中所作的具有普遍司法效力的解释。我国典型的金融司法解释，如最高人民法院《关于审理票据纠纷案件若干问题的规定》。

（二）国际渊源

金融法的国际渊源包括我国缔结或参与的金融领域的国际条约和国际惯例。

（1）国际条约是国际法律主体间缔结的对双方权利义务进行约定的书面协议。我国自主签订或参加的国际条约都对我国具有约束力，其中有关金融活动的部分，是我国参与国际金融交往和合作的重要依据，也是我国金融法的国际渊源之一。

（2）国际惯例是在国际经济交往过程中反复实践，逐渐为国际社会广泛接受和认可的，并被各国普遍遵守的具有法律约束力的习惯性做法和惯例。其中有关金融活动的部分组成了我国金融法的国际渊源。

三、我国金融法的立法原则

金融法的立法原则是制定金融法的指导原则，贯穿金融法律法规始终，是金融法律法规基本理念和精神的体现，是指导金融立法、司法、执法和守法的重要思想和基本准则，是金融法本质和内容的最集中体现。现阶段我国金融法应遵循以下五个立法原则。

1. 稳定币值与促进经济增长相结合的原则

稳定币值是一国经济协调发展的重要基础和标准。货币产生后，尤其是在信用货币制度下，稳定币值，避免通货膨胀或通货紧缩就成了各国政府金融活动管理中的重要组成部分。要实现这一目标需要保持社会总货币流通量和经济发展需要相适应，即实现货币供求数量的总体平衡。

从金融立法实践来看，稳定币值往往被各国中央银行设为货币政策目标。《中国人民银行法》明确将中国人民银行的货币政策目标规定为："保持货币币值的稳定，并以此促进经济增长。"为了确保货币政策目标实现，还赋予了人民银行使用各种货币政策工具、相对独立的法律地位、货币发行的垄断地位、监督管理金融市场和防止财政透支等多项权力。

2. 维护金融业稳定发展的原则

金融业是高风险行业，经营过程中面临着市场风险、信用风险、政策风险、法律风险等各类风险。如果不能够对这些风险进行有效管理和防范，不仅会影响机构自身的正常生产经营活动，还会造成整个金融行业的动荡，甚至引发金融危机，破坏一国经济的稳定。党的二十大报告提出，加强和完善现代金融监管，强化金融稳定保障体系，依法将各类金融活动全部纳入监管，守住不发生系统性风险底线。可见党中央对金融安全的重视。

防范和化解系统性金融风险，促进金融稳定，是金融立法的题中应有之义。我国的金融立法从金融业务规范、金融组织构建到监管制度的顶层设计，方方面面都贯彻了这一原则，并且通过各种条款对原则加以具体化。如《商业银行法》中明确规定，安全性是商业银行经营的"三性"原则之首。

3. 维护当事人合法权益的原则

一方面，在金融业务的开展过程中，由于其较强的专业性，非金融业机构和个人在业务中处于相对弱势的地位，而客户是金融活动必不可少的一方，如果其合法权益不能得到有效保护，金融活动将难以为继，金融机构将也无法生存。另一方面，社会主义立法的基本原则是维护社会的公平和正义，保护当事人的合法权益是这一原则在金融立法中的体现。

要保护当事人的合法权益，金融机构应当正确认识与客户之间的关系，树立以客户为中心的思想，为客户提供准确、高效、优质的金融服务，遵守职业道德、形成底线意识，保守客户秘密、维护客户合法利益、不设置霸王条款。我国《商业银行法》为保护存款人利益单独设立一章内容，彰显了这一立法原则。

4. 分业经营、分业监管的原则

分业经营、分业监管原则要求各金融机构在监管机构许可的业务范围内开展经营活动，各司其职、互不交叉，并且各类业务分别接受不同的监督管理。这一原则不仅有利于各金融机构细化专业分工、避免金融风险扩散，而且便于监管机构进行监督管理。从我国目前的金融业发展现状来看，在风险管理水平有待提高的情况下，要求银行业、证券业、保险业和信托业分开经营，对它们分开管理，这有利于防范金融风险，维护我国金融业的稳定。

同时，也要注意到，随着对外开放程度的不断扩大，我国在世界经济中的参与程度不断提升，金融机构的发展也呈现出混业经营的趋势，如银行集团、金融控股公司等，各行业的分界线开始模糊。监管机构为了应对这一趋势也采取了一系列举措，如经过修订的《商业银行法》《保险法》中保留了对混业经营的认可空间。可以预见，混业经营是我国金融业发展的必然趋势，分业经营、分业监管的原则也将相应作出调整，国务院机构改革中撤销中国银保监会，组建了国家金融监管总局，就体现了这一趋势。

5. 尊重国际条约、国际惯例的原则

改革开放以来，尤其是加入世界贸易组织后，我国金融机构与外资金融机构的合作不断加深，金融监管的国际合作需求也在日益增加，范围也不断扩大。因此，我国加入了一系列国际条约，这些国际条约对缔约国的金融活动主体具有法律约束力，是国内外金融活动主体从事金融活动必须遵守的行为准则。同时，为了在国际金融交往中更好地与各方完成交流与合作，我国的金融法也不应存在与国际惯例相悖的内容。

总体来看，我国的金融法律在内容中充分体现了国际条约和国际惯例的相关要求，如我国《商业银行资本管理办法》规定：①核心一级资本充足率不得低于5%；②一级资本充足率不得低于6%；③资本充足率不得低于8%。这是《巴塞尔协议》在我国金融法律中的体现。

任务三　互联网金融及其法律规制

一、互联网金融及其特征

1. 互联网金融的概念

以第一封国际电子邮件的发送为开端，到拥有全世界规模最大的网民群体，互联网在

我国社会经济生活中得到了广泛应用，并与金融业进行了深度融合。

目前理论界对于互联网金融尚未形成统一的定义，从广义上来说，所有依托互联网开展的与金融相关的活动都能够被认为是互联网金融；狭义角度的互联网金融是指相关主体利用移动互联网、云计算、大数据等信息技术进行货币资金的融通、结算支付并向客户提供投资咨询、财产代管等金融服务的新型金融业态。

2．互联网金融的特征

（1）成本低。互联网金融模式下，资金供求双方可以通过网络平台完成信息甄选、匹配、定价和交易，全操作流程实施数字化、标准化，所需的人力、场地数量较少，有效地降低了金融机构的运营成本和客户的搜寻成本。

（2）效率高。依托互联网平台的金融运作模式，大量交易可以通过网络平台的信息交互完成，从而优化了交易流程、节约了时间成本、提高了资金融通的效率。

（3）覆盖面广。互联网金融模式下，客户突破了时间和空间的约束，能够在更大范围内、更快地获取所需的金融资源和金融服务，金融机构能够在较短时间内服务更大范围的客户群体，进而能够将服务延伸到传统金融的盲区，提升了资源配置效率，促进了实体经济发展。

（4）管控弱。一方面，大量的互联网金融产品属于创新性产品，难以采用传统金融的监管模式，缺乏有效的准入控制、行业规范以及危机处理机制，容易发生各类风险且风险后果不可控；另一方面，各类金融机构间也难以获得有效的互联网金融产品信息，互联网企业、传统金融企业对于相关风险尚未建立有效的自律、管理、清收机制。

（5）风险大。互联网金融运营过程中的信用风险和信息安全风险特别突出：一方面，我国的信用体系尤其是个人征信体系尚不完善，互联网金融配套的法律法规也在构建中，互联网金融违法成本低，违法犯罪频率增加；另一方面，互联网金融对企业网络信息水平的依赖度较高，如果遭到黑客攻击，客户的资金安全和信息安全难以得到保障。

二、互联网金融形态及其法律规制

1．互联网支付及其法律规制

互联网支付是指通过计算机、手机等设备，依托互联网发起支付指令、转移货币资金的服务，表现为网银、第三方支付和移动支付。针对该种互联网金融形态，我国相继颁布了《非金融机构支付服务管理办法》《非金融机构支付服务管理办法实施细则》以及《支付机构客户备付金存管办法》三项法律文件，文件中将第三方机构定性为非金融机构，并对第三方金融机构进行牌照化管理。

2．网络借贷及其法律规制

网络借贷主要是资金供求双方通过互联网平台撮合完成借贷的互联网金融模式，主要表现为个体网络借贷，即 P2P 网贷和网络小额借贷。由于"爆雷""跑路"等事件不断，我国已全面禁止了 P2P 网贷业务，网络小额借贷规制则主要包含：2020 年 11 月，中国银保监会、中国人民银行发布的《网络小额贷款业务管理暂行办法（征求意见稿）》；2021

年 3 月，中国银保监会等五部委联合印发的《关于进一步规范大学生互联网消费贷款监督管理工作的通知》。这两部法规规范了网络小额贷款的业务风险管理，加强了对不同放贷主体的管理约束。

3．股权众筹融资及其法律规制

股权众筹融资是创新创业者或小微企业常用的融资途径，由于难以通过传统的金融机构获得所需的资金，创新者或者小微企业往往通过股权众筹融资中介机构、互联网平台进行公开募集股本的活动，股权众筹具有"公开、小额、大众"的特征。

对于采用股权众筹融资形式的资金融通活动，我国尚未出台专门的法律法规，主要通过修改的《证券法》将股权众筹融资划入监管范围，通过放开投资人数限制、禁止公开诱导行为、禁止变相公开募资行为等措施进行管理。同时，通过建立强制性的信息披露制度，强化众筹平台管理等措施保护众筹投资者的合法权益。

4．互联网基金销售及其法律规制

互联网基金销售是指基金销售机构与其他机构通过互联网销售或合作销售基金等理财产品的活动。目前主要有两种销售模式：一类是基于自有网络平台的基金销售，即基金公司等基金销售机构通过互联网平台为投资人提供基金销售的服务；另一类是基于非自有网络平台的基金销售，包括在第三方电子商务平台开设"网店"销售基金、基于第三方支付平台的基金销售等多种模式。针对互联网基金销售模式的出现，国家主要颁布了《证券投资基金销售机构通过第三方电子商务平台开展业务管理暂行规定》和《网上基金销售信息系统技术指引》等，确立了基金销售业务的相关规范和监管要求。

5．互联网保险、信托等金融产品销售及其法律规制

保险、信托等互联网金融企业通过网络平台、移动信息技术进行产品销售、服务提供，是销售手段、销售模式、运营方式的更新，产品性质、产品风险、运营模式等并没有产生实质性的改变。

这方面规制效力最高的是中国银保监会于 2020 年 12 月 7 日出台的《互联网保险业务监管办法》，这部法规为互联网保险的监管构建了制度框架，凸显了政府层面整治销售误导、强制搭售、费用虚高、违规经营和用户信息泄露等突出问题的决心。此外，全国人大还对《刑法》《合同法》《公司法》《证券法》《商业银行法》等法律进行了修订，国务院也出台了《互联网信息服务管理办法》等规章作为有益补充。

互联网金融异军突起对人们的生活产生了深远的影响，从移动支付到数字货币，从网络众筹到虚拟信用卡，金融与科技的结合颠覆了传统的金融理念和金融运营模式，传统金融机构、传统的金融监管模式、传统的金融法律框架都面临着前所未有的冲击。一方面，互联网金融满足了很多消费者生活中的现实需求，方便了金融服务的提供与金融交易的完成；另一方面，在肯定互联网金融积极影响的同时，我们也必须认识到互联网金融对金融体系的平稳运行和长远发展都带来了较大的冲击。监管机构应从宏微观两个层面对互联网金融的风险提高认识，政府机构应该担负起应有的责任，加强监管、防范风险，及时进行相关法律法规的制定和修订，引导互联网金融走上健康发展的道路。

练一练

一、名词解释

金融法 金融关系 金融法律关系 金融法渊源 金融法立法原则

二、判断题

1. 金融法的调整对象主要包括金融主体、金融客体和内容。（   ）
2. 金融监督管理关系只有单一的纵向关系。（   ）
3. 只要有金融活动，就可以形成金融法律关系。（   ）
4. 金融法律关系中的一方当事人一定是金融机构。（   ）
5. 金融法指《中华人民共和国金融法》。（   ）

三、单项选择题

1. （   ）指国家金融监督管理机构为了实现维护金融体系的安全与稳定，维持金融业的运作秩序和公平竞争，保护公众合法权益等目标依法对金融机构、金融业务和金融市场实施规制和管控。

   A. 金融监督管理关系　　　　　　B. 金融宏观调控管理关系

   C. 金融业务关系　　　　　　　　D. 金融国际关系

2. 下列属于金融法律行为的是（   ）。

   A. 发动战争　　B. 救治病人　　C. 订立存款合同　　D. 抗洪抢险

3. 以下属于金融法国际渊源的是（   ）。

   A. 宪法　　　B. 金融行政法律　　C. 金融行政法规　　D. 国际惯例

4. 我国历史上首部金融立法是（   ）。

   A.《中华人民共和国中国人民银行法》

   B.《大清银行则例》

   C.《银行法》

   D. 新《银行法》

5. 将我国商业银行的资本充足率确定为8%体现的是（   ）这一金融法立法基本原则。

   A. 稳定货币与促进经济增长相结合的原则

   B. 维护金融业稳定发展的原则

   C. 维护当事人合法权益的原则

   D. 尊重国际条约、国际惯例的原则

四、多项选择题

1. 下列属于金融监督管理关系的有（   ）。

   A. 中国人民银行对商业银行履行反洗钱义务进行监督检查

   B. 金融监管机构对商业银行乱收费行为进行处罚

   C. 商业银行与客户达成保管箱协议

   D. 客户前往保险公司购买保险产品

2. 金融法律关系存在的前提和基础是（   ）。

  A．金融关系   B．金融法律法规

  C．金融活动   D．货币融通

3．对我国金融法发展历程，下列表述正确的是（　　）。

  A．大清银行是当时的中央银行

  B．1978年改革开放以前不存在立法需求

  C．《关于中国人民银行专门行使中央银行职能的决定》确定了人民银行专司央行职能的改革方向

  D．建设银行是改革开放后首家恢复职能的商业银行

4．以下属于股权众筹模式特点的是（　　）。

  A．公开 B．小额 C．大众 D．小众

5．金融法律应保护（　　）的合法权益。

  A．金融机构 B．消费者 C．监管机构 D．自律组织

五、思考题

1．简述我国金融法的调整对象。

2．如何理解我国金融法的立法原则？

3．简述金融法律关系的特征。

4．简述金融法律关系的构成要素。

六、案例分析题

  2011年3月15日，中国保监会网站公布消息，由于A银行在没有取得《保险兼业代理业务许可证》的情况下销售了五家保险公司的产品，按相关规定对其进行处罚。

  请问：案例中包含金融法的哪一类调整对象？体现了金融法的哪些立法原则？

项目三　中国人民银行法

【学习目标】

通过本项目的学习，学生能够：

1. 理解中国人民银行的性质、法律地位；
2. 掌握中国人民银行的职责、组织机构、业务范围；
3. 掌握人民币的法律地位、人民币的发行原则和程序，掌握人民币法律保护；假币的收缴、鉴定程序；
4. 理解中国人民银行的金融监督管理权；理解中国人民银行征信管理。

导入案例

A 市小学附近的一家文具商店内，许多成袋包装的玩具钞票十分受小学生喜爱。这种玩具钞票与真实人民币非常相似，玩具钞票一面印有图案、面值、花纹、编号等信息与真币一模一样，每张玩具钞票上面都印有"儿童玩具银行""儿童钞艺精品""玩具钞票""珍藏留念"等字样。其中，"面值"为 100 元、50 元、20 元、2 元、1 元的玩具钞票比真钞小了很多。每种"面值"的玩具钞票都是 15—20 张装成一袋，整套玩具钞票共 36 袋，零售价为 10 元。

讨论：该文具商店销售玩具钞票是否违法？若违法，应承担什么法律责任。

任务一　中国人民银行的性质、法律地位、职责

《中国人民银行法》是我国第一部金融基本法，其以法律形式明确了中国人民银行作为我国中央银行的地位，是中国人民银行法治建设的重要里程碑。

一、中国人民银行概述

1948 年 12 月 1 日，华北银行、北海银行和西北农民银行共同组建为中国人民银行，总行设于石家庄市。1949 年初，中国人民银行总行迁至北平。新中国成立后，中国人民银行成为中央人民政府的银行，即全国统一的国家银行。此时，中国人民银行作为国家金融管理和货币发行的机构，既是管理金融的国家机关，又是全面经营银行业务的国家银行。

1978年后，随着经济体制改革的深入，中国人民银行的金融管理职能与经营银行业务的职能逐渐分开。1983年9月，国务院决定中国人民银行从1984年1月开始专司中央银行职能。1986年1月，国务院颁布《中华人民共和国银行管理暂行条例》（已失效），以行政法规的形式规定："中国人民银行是国务院领导和管理全国金融事业的国家机关，是国家的中央银行。"1995年3月18日，第八届全国人民代表大会第三次会议表决通过《中华人民共和国中国人民银行法》，第一次以法律的形式明确中国人民银行是我国的中央银行。自2004年2月1日起施行的修改后的《中国人民银行法》更加明确了中国人民银行作为中央银行在宏观调控体系中的作用。

二、中国人民银行的性质、法律地位

（一）中国人民银行的性质

《中国人民银行法》第2条规定："中国人民银行是中华人民共和国的中央银行。中国人民银行在国务院领导下，制定和执行货币政策，防范和化解金融风险，维护金融稳定。"

中国人民银行作为我国的中央银行，代表国家进行金融调控与管理，是具有国家机构性质的特殊金融机构，具有主次有别的双重属性，即银行属性是基础，国家机构属性是主导。

一方面，中国人民银行是银行，但与普通金融机构又有较大的差异，是一个特殊的银行：首先，中国人民银行不以营利为目的，其亏损由中央财政拨款弥补，这与普通金融机构的经营目的截然不同；其次，中国人民银行特殊的业务对象、特殊的业务方式，所有这些都与商业银行和其他金融机构有着明显的区别。

另一方面，中国人民银行是国家机构，但又区别于一般的政府机关：作为国务院的一个职能部门，中国人民银行履行监管、调控的职能，主要通过管理金融业务活动实现，而其他一般的政府机关则主要依靠行政命令管理国家事务；中国人民银行因为其职能的重要性和业务的特殊性，不像其他一般政府机关那样直接隶属于政府，其在实施监督管理时，具有相对的独立性。

（二）中国人民银行的法律地位

中国人民银行具有行政隶属性，主要体现在以下四个方面：①中国人民银行在国务院领导下，制定和执行货币政策，防范和化解金融风险，维护金融稳定；②中国人民银行就年度货币供应量、利率、汇率和国务院规定的其他重要事项作出的决定，须报国务院批准后执行；③中国人民银行货币政策委员会的职责、组成和工作程序，由国务院规定，报全国人民代表大会常务委员会备案；④中国人民银行行长的人选，由国务院总理提名，副行长由国务院总理任免。

中国人民银行具有相对独立性，主要体现在以下四个方面：①中国人民银行在国务院领导下依法独立执行货币政策，履行职责，开展业务，不受地方政府、各级政府部门、社会团体和个人的干涉；②中国人民银行应当向全国人民代表大会常务委员会提出有关货币政策情况和金融业运行情况的工作报告；③中国人民银行的全部资本由国家出资，属于国家所有；④中国人民银行行长的人选，根据国务院总理的提名，由全国人民代表大会决定；全国人民代表大会闭会期间，由全国人民代表大会常务委员会决定，由中华人民共和国主席任免。

三、中国人民银行的职能与职责

（一）中国人民银行的职能

中国人民银行作为中央银行，主要承担三大职能，即发行的银行、银行的银行、政府的银行。

（1）发行的银行，是指国家赋予中国人民银行集中与垄断货币发行权，统一管理全国的货币发行与流通，维护币值稳定。这一职能是中国人民银行成为中央银行最基本、最重要的标志，也是发挥其全部职能的基础。

（2）银行的银行，是指中国人民银行针对商业银行和其他金融机构开展各类银行业务，如集中管理存款准备金、组织银行间资金清算、充当银行最后贷款人等。

（3）政府的银行，是指中国人民银行代表政府，根据法律授权制定和实施货币政策，对金融业实施监督管理；代表国家参加国际金融组织，签订国际金融协定，参与国际金融事务与活动；为政府经理国库，办理政府所需要的银行业务，提供各种金融服务。

（二）中国人民银行的职责

《中国人民银行法》第4条规定，中国人民银行的具体职责有13项。

（1）发布与履行其职责有关的命令和规章。中国人民银行作为国务院的职能部门，有权根据法律、行政法规、决定和命令，在本部门权限范围内制定和颁布有关命令和规章。

（2）依法制定和执行货币政策。这是中国人民银行最主要的职责。中国人民银行在国务院领导下，制定和执行货币政策；就年度货币供应量、利率、汇率和国务院规定的其他重要事项作出决定，报国务院批准后执行；就其他有关货币政策事项作出的决定，即予执行，并报国务院备案。

（3）发行人民币，管理人民币流通。中国人民银行有权发行人民币，是国家唯一的货币发行机构，中国人民银行以外的任何单位、个人或者其他组织不得发行人民币。中国人民银行不仅负责人民币的发行，还要管理人民币流通。依法收回，销毁残缺、污损的人民币。

（4）监督管理银行间同业拆借市场和银行间债券市场。银行间同业拆借市场是我国货币市场的重要组成部分，是银行、非银行金融机构之间进行短期资金融通的交易场所，中国人民银行负责审核同业拆借市场的准入主体，负责同业拆借交易、清算、风险、信息披露等方面的监督管理。银行间债券市场是银行、非银行金融机构作为机构投资者进行债券交易的场所，也是中国人民银行公开市场的操作平台，中国人民银行作为银行间债券市场的主管部门，负责制定市场管理办法和规定，对市场进行全面监督和管理，拟定市场发展规划和市场产品创新等。

（5）实施外汇管理，监督管理银行间外汇市场。中国人民银行运用各种手段对购入外汇、汇出外汇、外汇存储、人民币与外汇的兑换进行管制，以保持国际收支平衡和汇率稳定。银行间外汇市场是经国家外汇管理局批准可以经营外汇业务的境内金融机构之间通过中国外汇交易中心进行人民币与外币交易的市场。中国人民银行授权国家外汇管理局具体实施外汇监督管理。

（6）监督管理黄金市场。中国人民银行是我国黄金市场的主管机关，具体负责监管黄金交易所和黄金进出口业务。中国人民银行是持有、管理和经营国家黄金储备的唯一机构。上海黄金交易所接受中国人民银行的领导和监管。中国人民银行不仅负责国家的黄金储备，还负责收购与配售；会同国家物价主管机关制定和管理黄金的收购与配售价格；会同国家有关主管机关审批经营金银制品等。

视野拓展

上海黄金交易所简介

上海黄金交易所（以下简称上金所）是经国务院批准，由中国人民银行组建，专门从事黄金等贵金属交易的金融市场，于2002年10月正式运行。上金所的成立，实现了中国黄金生产、消费、流通体制的市场化，是中国黄金市场开放的重要标志。

在中国人民银行的领导下，上金所顺应中国经济崛起和金融改革开放大势，坚持服务实体经济和防范化解金融风险的原则，抢抓机遇，克难奋进，推动中国黄金市场实现了从无到有、从小到大、从弱到强的跨越式发展，已逐步成为中国黄金市场的枢纽以及全球重要的黄金、白银、铂金交易中心。目前，中国已逐步形成了以上金所集中统一的一级市场为核心，竞争有序的二级市场为主体，多元的衍生品市场为支撑的多层次、全功能的黄金市场体系，涵盖竞价、定价、询价、金币、租借、黄金ETF等市场板块。2020年，上金所黄金交易量、实物交割量均居全球交易所市场前列。

2014年9月上金所启动国际板，成为中国黄金市场对外开放的重要窗口；2016年4月发布全球首个以人民币计价的黄金基准价格——"上海金"，有效提升了我国黄金市场的定价影响力；2018年9月正式挂牌中国熊猫金币，打通了我国黄金市场与金币市场的产品通道；2019年10月正式挂牌"上海银"集中定价合约，为市场提供白银基准价格。上金所近年来还响应国家"一带一路"倡议，搭建"黄金之路"，积极落实与相关省份和沿线国家、地区黄金市场的全方位对接以及战略合作，中国黄金市场的竞争力及影响力日益增强。

截至2023年底，上金所会员总数291家。其中，普通会员共计146家，包括金融类会员29家，综合类会员117家；特别会员共计145家，包括外资境内金融机构9家，国际会员103家和国内中小商银行、证券公司等机构33家。

上金所实行"集中、净额、分级"的清算原则，目前主板业务共有指定保证金存管银行18家,国际板业务共有指定保证金存管银行10家。上金所实物交割便捷,在全国37个城市地区使用指定仓库,满足了国内包括金融、生产、加工、批发、进出口贸易等各类黄金产业链企业的出入库需求。

(7) 持有、管理、经营国家外汇储备、黄金储备。外汇储备,是指一国政府所持有的国际储备资产中的外汇部分,它是国际收支最后结算使用的可兑换货币。黄金储备是指一国政府为了应付国际支付和维护货币信用而储备的金块、金币的总额。外汇储备、黄金储备是一国对外支付能力的保证,也是实现币值稳定和国际收支平衡的重要手段。中国人民银行负责持有、管理、经营国家外汇储备、黄金储备,实现其保值增值。

(8) 经理国库。经理国库是中国人民银行的重要职能。中国人民银行代理政府的财政收入和支出,为政府开立各种账户,经办政府财政预算收支划拨与清算业务,执行国库出纳职能,为政府代办国债的发行、还本付息等事项。

(9) 维护支付、清算系统的正常运行。支付、清算系统是中国人民银行向金融机构及社会经济活动提供资金清算服务的综合系统。中国人民银行通过维护支付、清算系统的运行,为各家金融机构提供服务,提高清算效率。

(10) 指导、部署金融业反洗钱工作,负责反洗钱的资金监测。中国人民银行是国务院反洗钱行政主管部门,负责组织、协调国家反洗钱工作,具体指导、部署金融业反洗钱工作,负责反洗钱的资金监测,制定或会同有关机构制定有关金融机构反洗钱的规章制度,监督、检查金融机构履行反洗钱义务的情况,在职责范围内调查可疑交易活动。

(11) 负责金融业的统计、调查、分析和预测。中国人民银行通过对金融业的统计、调查、分析和预测,建立高效的货币政策和宏观金融监管预警系统,为政府的金融和宏观决策奠定科学的基础。

(12) 作为国家的中央银行,从事有关的国际金融活动。中国人民银行代表中国政府参与世界银行、国际货币基金组织、国际清算银行等国际金融组织的活动,参与国际金融监管活动,签订国际金融协定,发展与各国央行的对外金融关系等。

(13) 国务院规定的其他职责。这是一项兜底条款,包括了现有的但没有必要或者不宜列出的职责,也包括根据国家经济、金融形势的发展,国务院未来赋予中国人民银行的职责。

任务二 中国人民银行的组织机构

一、中国人民银行的领导机构

《中国人民银行法》第10条规定:"中国人民银行设行长一人,副行长若干人。中国人民银行行长的人选,根据国务院总理的提名,由全国人民代表大会决定;全国人民代表大会闭会期间,由全国人民代表大会常务委员会决定,由中华人民共和国主席任免。中国人民银行副行长由国务院总理任免。"

> 视野拓展

部分国家中央银行的决策机构

美国的联邦储备委员会又称为联邦储备系统理事会，是联邦储备银行系统即中央银行的最高决策机构，由七名理事组成，理事会由参议院同意后，由总统任命，任期十四年，每两年改选一人。主席、副主席由总统任命，任期四年。联邦储备委员会的主要职责是：制定货币政策和各种金融法规；对商业银行和联邦储备银行的业务活动实行管理和监督；审批联邦储备银行选出的理事；规定成员银行的存款准备金比率及定期存款和储蓄存款的最高利率；审批联邦储备银行提出的贴现率；规定为购买可持有股票而借款的法定保证金等。联邦储备系统还设有公开市场委员会，由十二人组成，联邦储备委员会七名理事为常任委员，加上纽约联邦储备银行行长一人，另外四人由其他地区联邦储备银行行长轮流出任。它是联邦储备系统在公开市场买卖证券，调节美国货币信用的一个很重要的决策机构。

英国的中央银行苏格兰银行的最高决策机构是理事会，理事会由总裁、副总裁各一名和十六位理事组成，其成员由政府推荐，英国国王任命。总裁任期为五年，董事为四年，每年二月末轮流离任四人。理事中有四名执行理事，分别主管国内金融、国外金融与外汇管理、经济情况与统计及银行的内部事务。其余十二名理事来自银行业、工商业、工会和行政事务各方面，具有广泛的代表性，确保银行决策能够充分反映社会各界意见和要求。理事会下设五个特别委员会：常任委员会、稽核委员会、人事和国库委员会及银行券印刷委员会。常任委员会由正、副总裁和五名理事组成，负责有关政府政策问题，是银行的高级委员会，理事会的提案，要先提交该委员会讨论通过后，方可提交理事会。因此，理事会在形式上是最高决策机构，实际决定权在常任委员会。

日本银行是日本的中央银行，其内部设立的政策委员会是最高决策机构。委员会由七名委员组成，即由日本银行总裁、大藏省代表、经济企划厅代表及城市银行、地方银行、工商企业和农业界各选派一人组成。成员经参议院、众议院两院同意后，由内阁任命。委员任期四年，可以连任。委员会的职责主要是：规定经营日本银行业务的基本方针；制定适应国民经济需要的其他金融政策；监督日本银行的业务经营；规定再贴现率和贷款利率；规定再贴现票据的种类、条件及贷款担保的种类、条件及金额；指导日本银行发挥其作为中央银行的职能以及调节它同其他金融机构之间基于契约关系的基本通货信用等。

法国的中央银行法兰西银行设立的国家信贷委员会是金融政策决策机构。委员由财政经济部长、法兰西银行总裁及经济、金融、商会及工会等各界代表组成，负责银行注册，掌握银行注册名单，审查银行最低资本额、法律地位、经营能力等。银行或者其他金融机构变更业务方式有重大变更时，必须经其批准。国家信贷委员会还是政府关于货币政策的咨询机构，为政府提出的有关货币、储蓄或信贷等问题提供咨询，并研究银行与金融系统的操作。

德意志联邦银行是德国的中央银行。中央银行委员会是联邦银行的最高决策机构，其成员包括联邦银行的正、副行长、董事会的成员和十一个州中央银行行长，主席由联邦银行行长出任。委员会一般每两周举行一次会议，主要职责是确定货币及信贷政策，制定银行的业务活动和经营管理的指导方针，决定管理标准并且依据银行法确定执行理事会和州中央银行管理委员会的职责。在特殊情况下，还可以向执行理事会和州中央银行管理委员会发布指示。

《中国人民银行法》第 11 条规定："中国人民银行实行行长负责制，行长领导中国人民银行的工作，副行长协助行长工作。"

行长在中国人民银行处于中心地位，起中心作用，对中国人民银行全面负责。副行长在行长的领导下，按各自的分工协助行长工作，对行长负责。

二、中国人民银行的咨询议事机构

货币政策委员会是中国人民银行制定货币政策的咨询议事机构，经国务院批准，于 1997 年 7 月成立。《中国人民银行法》第 12 条明确指出，中国人民银行货币政策委员会应当在国家宏观调控、货币政策制定和调整中，发挥重要作用。货币政策委员会设主席 1 人，副主席 1 人。主席由中国人民银行行长担任；副主席由主席指定。

根据《中国人民银行货币政策委员会条例》，货币政策委员会的职责是：在综合分析宏观经济形势的基础上，依据国家的宏观经济调控目标，讨论货币政策的制定和调整、一定时期内的货币政策控制目标、货币政策工具的运用、有关货币政策的重要措施、货币政策与其他宏观经济政策的协调等事项，并提出建议。货币政策委员会的职责、组成和工作程序，由国务院规定，报全国人民代表大会常务委员会备案。

视野拓展

货币政策委员会会议制度

货币政策委员会实行例会制度，每季度召开 1 次。货币政策委员会主席或者 1/3 以上委员联名，可以提议召开临时会议。中国人民银行在货币政策委员会例会召开后，采取多种方式加强预期引导和市场沟通。货币政策委员会秘书处应当在货币政策委员会例会召开前，将会议议题及有关资料送达全部委员。货币政策委员会会议有 2/3 以上委员出席，方可举行。货币政策委员会会议应当以会议纪要的形式记录各种意见。货币政策委员会委员提出的货币政策议案，经出席会议的 2/3 以上委员表决通过，形成货币政策委员会建议书。中国人民银行报请国务院批准有关年度货币供应量、利率、汇率或者其他货币政策重要事项的决定方案时，应当将货币政策委员会建议书或者会议纪要作为附件一并报送。货币政策委员会的内部工作制度，由货币政策委员会制定。

三、中国人民银行的分支机构

《中国人民银行法》第13条规定："中国人民银行根据履行职责的需要设立分支机构，作为中国人民银行的派出机构。中国人民银行对分支机构实行统一领导和管理。中国人民银行的分支机构根据中国人民银行的授权，维护本辖区的金融稳定，承办有关业务。"

中国人民银行总行和其分支机构是高度集中的上下级领导关系，总行对其分支机构实行集中统一领导和管理，分支机构是中央银行组织体系的有机组成部分，人民银行分支机构没有独立的主体资格，不享有独立的权力。各级分支机构必须经总行授权才能行使一切职权。

1998年国务院对中国人民银行的管理体制实行了重大改革，新设立的派出机构自1999年1月1日起开始履行中央银行的职责，从而极大增强了中央银行制定和执行货币政策、实施金融监管的能力，主要更改事项如下：

（1）撤销中国人民银行各省、自治区、直辖市分行，在全国设立9个跨省、自治区、直辖市的分行（包括中国人民银行天津分行、中国人民银行沈阳分行、中国人民银行上海分行、中国人民银行南京分行、中国人民银行济南分行、中国人民银行武汉分行、中国人民银行广州分行、中国人民银行成都分行和中国人民银行西安分行）作为中国人民银行的派出机构。并在北京、重庆分别设立中国人民银行营业管理部、中国人民银行重庆营业管理部，承担原中国人民银行北京市分行、中国人民银行重庆市分行的管理职能。

（2）在不设中国人民银行分行的省、自治区人民政府所在地城市，设立20个金融监管办事处；在不设中国人民银行分行的省会城市，设立20个中心支行。

（3）原中国人民银行五个分行（中国人民银行深圳经济特区分行、中国人民银行大连市分行、中国人民银行宁波市分行、中国人民银行厦门市分行、中国人民银行青岛市分行）更名为相应市中心支行。

随着金融监管形势的不断变化，为加强中国人民银行分支机构与地方政府之间的协调配合，增强货币政策的传导性，以更好地支持金融服务实体经济功能，提升宏观审慎监管能力，增强防范和化解地方金融风险能力，2023年3月中国人民银行分支机构改革方案公布：撤销了中国人民银行大区分行及分行营业管理部、总行直属营业管理部和省会城市中心支行。在31个省（自治区、直辖市）设立省级分行，在深圳、大连、宁波、青岛、厦门设立计划单列市分行。中国人民银行北京分行保留中国人民银行营业管理部牌子，中国人民银行上海分行与中国人民银行上海总部合署办公。不再保留中国人民银行县（市）支行，相关职能上收至中国人民银行地（市）中心支行。对边境或外贸结售汇业务量大的地区，可根据工作需要，采取中国人民银行地（市）中心支行派出机构方式履行相关管理服务职能。

四、中国人民银行的内设部门和直属机构

中国人民银行设有22个内设部门，分别是：办公厅（党委办公室）、信贷市场司、条法司、研究局、货币政策司、宏观审慎管理局、金融市场司、金融稳定局、调查统计司、支付结算司、科技司、货币金银局（保卫局）、国库局、国际司（港澳台办公室）、征信管理局、反洗钱局、会计财务司、内审司（党委巡视工作领导小组办公室）、人事司（党委

组织部)、党委宣传部(党委群工部)、机关党委、离退休干部局等内部职能机构。

中国人民银行还有直属机构32家,如中国人民银行机关服务中心、中国人民银行集中采购中心、中国反洗钱监测分析中心、中国人民银行征信中心、中国外汇交易中心(全国银行间同业拆借中心)等。

五、中国人民银行上海总部

中国人民银行上海总部于2005年8月10日正式成立。上海总部建设总的目标可以概括为"两个平台、一个窗口、一个中心",即把上海总部建设成为总行公开市场操作的平台、金融市场运行监测的平台、对外交往的重要窗口和一部分金融服务与研究和开发业务的中心。上海总部作为中国人民银行总行的有机组成部分,在总行的领导和授权下开展工作,主要承担部分中央银行业务的具体操作职责,同时履行一定的管理职能。

中国人民银行上海总部承担的主要职责有:根据中国人民银行总行提出的操作目标,组织实施中央银行公开市场操作;承办在沪商业银行及票据专营机构再贴现业务等;管理银行间市场,跟踪金融市场发展,研究并引导金融产品的创新;分析市场工具对货币政策和金融稳定的影响;负责对区域金融稳定和涉外金融安全的评估;负责有关金融市场数据的采集、汇总和分析;围绕货币政策操作、金融市场发展、金融中心建设等开展专题研究;负责有关区域金融交流与合作工作,承办有关国际金融事务;根据中国人民银行总行授权,代理境外央行类机构投资银行间债券市场等工作;根据中国人民银行总行委托,承担部分全国性法律事务、金融法律研究等工作。负责上海总部的人事、党建、内审、纪检监察工作;负责在上海的人民银行有关机构的管理及相关机构的协调管理工作;承办中国人民银行总行交办的其他事项。

任务三　中国人民银行的业务

一、中国人民银行的业务特征

中国人民银行为履行宏观调控和金融监管的基本职能,必然要开展业务活动,由于其银行与国家机构的特殊性质,决定了其业务活动也具有特殊性:

第一,业务活动开展不以营利为目的,而是通过提供业务服务来保持币值稳定、促进经济的发展;

第二,特定的业务对象,即主要是商业银行和其他金融机构,不直接对一般企业和个人开展业务;

第三,开展业务活动时,以国家的名义和身份进行。

二、中国人民银行的业务范围

(一)货币政策工具

中国人民银行为执行货币政策,可以运用下列货币政策工具。

1. 存款准备金

存款准备金是指金融机构为保证客户提取存款和资金清算需要而准备的资金，金融机构按规定向中央银行缴纳的存款准备金占其存款总额的比例就是存款准备金率。存款准备金制度是在中央银行体制下建立起来的，美国最早以法律形式规定商业银行向中央银行缴存存款准备金。存款准备金制度的初始作用是保证存款的支付和清算，之后才逐渐演变成为货币政策工具，中央银行通过调整存款准备金率，影响金融机构的信贷资金供应能力，从而间接调控货币供应量。

中央银行集中商业银行及其他存款机构的一部分存款作为存款准备金，不但是为了调节信贷规模，满足流动性和清偿能力的需要，而且是中央银行的负债业务之一。存款准备金可分为两种，一种是法定存款准备金，另一种是超额或自由准备金。

中国人民银行法定存款准备金率调整一览表（2012—2023 年）

公布时间	生效时间	大型金融机构			中小金融机构		
		调整前	调整后	调整幅度	调整前	调整后	调整幅度
2023 年 3 月 17 日	2023 年 3 月 27 日	11.00%	10.75%	-0.25%	8.00%	7.75%	-0.25%
2022 年 11 月 25 日	2022 年 12 月 5 日	11.25%	11.00%	-0.25%	8.25%	8.00%	-0.25%
2022 年 4 月 15 日	2022 年 4 月 25 日	11.50%	11.25%	-0.25%	8.50%	8.25%	-0.25%
2021 年 12 月 6 日	2021 年 12 月 15 日	12.00%	11.50%	-0.50%	9.00%	8.50%	-0.50%
2021 年 7 月 9 日	2021 年 7 月 15 日	12.50%	12.00%	-0.50%	9.50%	9.00%	-0.50%
2020 年 4 月 3 日	2020 年 5 月 15 日	12.50%	12.50%	0.00%	10.00%	9.50%	-0.50%
2020 年 4 月 3 日	2020 年 4 月 15 日	10.75%	12.50%	1.75%	10.50%	10.00%	-0.50%
2020 年 1 月 1 日	2020 年 1 月 6 日	13.00%	12.50%	-0.50%	11.00%	10.50%	-0.50%
2019 年 9 月 6 日	2019 年 9 月 16 日	13.50%	13.00%	-0.50%	11.50%	11.00%	-0.50%
2019 年 1 月 4 日	2019 年 1 月 25 日	14.00%	13.50%	-0.50%	12.00%	11.50%	-0.50%
2019 年 1 月 4 日	2019 年 1 月 15 日	14.50%	14.00%	-0.50%	12.50%	12.00%	-0.50%
2018 年 10 月 7 日	2018 年 10 月 15 日	15.50%	14.50%	-1.00%	13.50%	12.50%	-1.00%
2018 年 6 月 24 日	2018 年 7 月 5 日	16.00%	15.50%	-0.50%	14.00%	13.50%	-0.50%
2018 年 4 月 17 日	2018 年 4 月 25 日	17.00%	16.00%	-1.00%	15.00%	14.00%	-1.00%
2016 年 2 月 29 日	2016 年 3 月 1 日	17.50%	17.00%	-0.50%	15.50%	15.00%	-0.50%
2015 年 10 月 23 日	2015 年 10 月 24 日	18.00%	17.50%	-0.50%	16.00%	15.50%	-0.50%
2015 年 8 月 25 日	2015 年 9 月 6 日	18.50%	18.00%	-0.50%	16.50%	16.00%	-0.50%
2015 年 4 月 19 日	2015 年 4 月 20 日	19.50%	18.50%	-1.00%	17.50%	16.50%	-1.00%
2015 年 2 月 4 日	2015 年 2 月 5 日	20.00%	19.50%	-0.50%	18.00%	17.50%	-0.50%
2012 年 5 月 12 日	2012 年 5 月 18 日	20.50%	20.00%	-0.50%	18.50%	18.00%	-0.50%

资料来源：中国人民银行网站。

2. 中央银行基准利率

社会主义市场经济条件下，通货的稳定、信用总规模及其结构的合理化，是协调整个国民经济发展，促进生产要素合理流动和配置的重要保证。而利率作为资金借贷的价格，与国民经济生产、流通和消费的各个环节息息相关。基准利率是货币政策传导机制的核心环节，利率水平的高低影响金融机构、金融市场对货币的供给、需求，从而达到调控货币供应量的目的。

经过多年持续培育，目前中国基准利率体系建设已取得重要进展，货币市场、债券市场、信贷市场等基本上都已培育了各自的指标性利率。存款类金融机构间的债券回购利率（DR）、国债收益率、贷款市场报价利率（LPR）等在相应金融市场中都发挥了重要的基准作用，为观测市场运行、指导金融产品定价提供了较好参考。

视野拓展

中国基准利率体系建设

1. 基于实际交易的回购利率指标体系。中国货币市场交易以回购为主，其中银行间质押式回购的占比最高。目前，中国已形成基于银行间质押式回购交易的利率指标体系，主要包括质押式回购利率（R）、存款类金融机构间的债券回购利率（DR）、回购定盘利率（FR、FDR）等关键利率指标。同时，也基于交易所回购交易形成了交易所回购利率（GC）等利率指标。

2. 银行间拆借市场利率。（1）中国银行间同业拆借利率（CHIBOR）。1996年1月，中国建立了全国统一的同业拆借网络。同年6月，银行间同业拆借利率管制放开。在此基础上，CHIBOR开始运行并每天对外发布。CHIBOR是将隔夜到120天的8个期限的拆借成交利率，按交易量取加权平均计算得出，是中国第一个市场化指标利率。由于拆借市场建立初期，交易并不活跃，利率波动较大，影响了CHIBOR的代表性和基准性，运用也较为有限。随着SHIBOR等基准利率的筹备酝酿，CHIBOR也逐步淡出市场。（2）上海银行间同业拆放利率（SHIBOR）。在中国人民银行指导下，2007年1月，SHIBOR正式推出。SHIBOR的形成机制借鉴了LIBOR经验，以报价制为基础，交易中心作为受权发布人，每个交易日根据18家报价行的报价，剔除最高、最低报价，对其余报价进行算术平均后，于11点对外发布。SHIBOR建立后，中国人民银行高度重视对报价的监督管理，制定并发布了报价质量考评指标体系，强调报价成交义务，定期开展考评，对报价行实施优胜劣汰，充分发挥激励约束作用，防止报价操纵。经过十余年悉心培育，目前短端SHIBOR能较好反映货币市场松紧程度，与实际成交利率紧密联动，其与DR001、DR007的相关性分别为99%和95%。而且报价形成的SHIBOR能够确保形成完整的期限结构，为中长期限金融产品定价提供有益参考。

3. 国债和政策性金融债收益率。国债和政策性金融债收益率是中国最为主要的债券市场指标性利率。中央国债登记结算公司和交易中心均发布这两类收益率曲线。金融机构在观察中长期债券市场利率变动时，往往使用国债收益率和政策性金融债收益率。由于中国金融体系以银行体系为主，国债市场和政策性金融债市场远小于信贷市场，因此国债收益率和政策性金融债收益率的影响力还比较有限。

4. 利率互换曲线。中国自2005年开始陆续推出多项利率衍生产品。其中利率互换市场发展较好，目前日均成交量接近1000亿元。基于利率互换市场，2012年交易中心推出了利率互换曲线，作为利率互换参与机构定价、估值的参考。2019年9月，为配合LPR形成机制改革，交易中心又推出了LPR利率互换曲线。截至2019年末，交易中心共计已发布16个参考标的的利率互换曲线，期限最长为10年。这些曲线根据利率互换报价机构报出的可成交报价等信息计算得出，分为定盘曲线和收盘曲线，每日对外公布。利率互换市场的发展和互换曲线的编制使用，丰富了银行间市场参与机构的利率风险管理工具，利率互换对冲已成为市场机构投资及风险管理策略的重要组成部分，同时也进一步完善了利率互换市场的价格发现功能。

5. 贷款市场报价利率（LPR）。中国的金融体系以银行体系为主导，银行贷款是最主要的融资工具，因此贷款利率是中国利率体系的关键。2019年8月17日，按照国务院部署，中国人民银行发布公告，决定改革完善LPR形成机制。改革后的LPR由各报价行根据最优质客户贷款利率，按公开市场操作利率（主要指中期借贷便利利率）加点形成的方式报价。目前，LPR包括1年期和5年期以上两个品种，共有18家报价行，每月20日（遇节假日顺延）9点前，各报价行以0.05个百分点为步长，向交易中心提交报价，交易中心去掉最高和最低报价后进行算术平均，并向0.05%的整数倍就近取整计算得出LPR，于当日9点30分发布。自2019年8月20日新的LPR首次发布以来，LPR逐步下行，较好地反映了货币政策取向和市场供求变化，市场化程度明显提高。

资料来源：选自《参与国际基准利率改革和健全中国基准利率体系》。

3. 再贴现

再贴现是指商业银行或者其他金融机构将未到期的已贴现票据向中央银行所做的票据转让行为。期限一般为6个月左右。为在中国人民银行开立账户的银行业金融机构办理再贴现业务，就是中国人民银行买进商业银行持有的票据。中国人民银行通过制定或者调整再贴现率干预和影响市场利率及信贷资金规模，以调整货币供应量。

4. 向商业银行提供贷款

向商业银行提供贷款，作为中央银行的一种货币政策工具，对于中央银行调节市场货币供应量和信贷规模，实现货币政策目标具有重要作用。对商业银行的贷款，可根据实际情况采取不同的贷款方式：①信用贷款，这是凭商业银行的信用情况而提供的贷款。期限较短，只有少数信用极佳的银行在放松银根时才能得到这种优惠。②担保贷款。担保贷款又可分为两种。一种是以商业银行客户出具的合格商业票据为担保而发放的贷款。这种贷款手续比较复杂，风险性也比较大。大多数情况下，已为再贴现所取代；另一种是以政府债券为担保发放的贷款。这是以政府债券为担保，将债券交给中央银行保管，中央银行据此向商业银行发放贷款。政府债券有较活跃的二级市场，属于优质证券。③贴现贷款。

根据《中国人民银行法》的规定，中国人民银行根据执行货币政策的需要，可以决定对商业银行贷款的数额、期限、利率和方式,但贷款的期限不得超过一年。

5. 公开市场业务

公开市场业务是指中央银行在金融市场(证券市场)上公开买卖有价证券(主要指国库券、政府债券、金融债券)和银行承兑票据等,从而起到扩张或收缩信用规模,调节货币供应量作用的一种业务活动。公开市场业务操作的效果主要表现在对商业银行现金储备和货币供应量以及利率的影响上。如果中央银行认为有收缩银根的必要时,可以在公开市场上出售证券,从而收缩信贷规模和货币供应量,利率也就趋于上升;反之,如果认为有放松银根的必要时,则可以在公开市场上购入证券,向市场投放货币,进而扩张信用,利率趋向下降。

根据《中国人民银行法》的规定,公开市场业务是中国人民银行可以运用的货币政策工具的一种,规定中国人民银行为执行货币政策,可以在公开市场买卖国债、其他政府债券和金融债券及外汇。

6. 其他货币政策工具

其他货币政策工具是由国务院确定的补充性货币政策工具,主要包括消费信用控制、常备借贷便利和道义劝告等。

(二)经理国库

国库是国家金库的简称,负责办理国家预算资金的收入和支出,是国家预算执行工作的重要组成部分。国库是国家预算的统一出纳机关。在我国,财政部门代表国家管理预算资金,中国人民银行负责经理国库。国库的设置和预算的级次相适应,一级财政设一级国库。

(三)代理发行、兑付国债和其他政府债券

中央银行作为政府的银行,一般都有代理政府财政部门发行公债和还本付息的职能。根据规定,中国人民银行可以代理国务院财政部门向各金融机构组织发行、兑付国债和其他政府债券。

(四)为银行业金融机构开立账户

中国人民银行可以根据需要,为银行业金融机构开立账户。开立的账户是办理金融资金收付的专用账户。中国人民银行不得对银行业金融机构的账户透支。

(五)提供清算服务

清算是指一定经济行为所引起的货币关系的计算和结清,是中央银行为商业银行之间的资金清偿提供的一种服务。

根据《中国人民银行法》的规定,中国人民银行应当组织或者协助组织银行业金融机构相互之间的清算系统,协调银行业金融机构相互之间的清算事项,提供清算服务。

三、中国人民银行禁止性业务

《中国人民银行法》第29条规定,"中国人民银行不得对政府财政透支,不得直接认购、包销国债和其他政府债券"。《中国人民银行法》第30条规定,"中国人民银行不得向地方政府、各级政府部门提供贷款,不得向非银行金融机构以及其他单位和个人提供贷款,但国务院决定中国人民银行可以向特定的非银行金融机构提供贷款的除外。中国人民银行不得向任何单位和个人提供担保"。

📋 案例

A公司是一家注册资本为500万元,有十名职工的小型私企。2010年因资金周转困难,该公司欲以其办公用房作抵押向当地甲商业银行申请80万元的流动资金贷款。该银行调查后认为办公用房无足额变现价值,拒绝了该笔贷款申请。于是A公司负责人找到在当地中国人民银行工作的朋友刘某,请求其为公司出具一份担保函,刘某在其拟写的"愿意担保A公司归还贷款"的书面函件上加盖了当地中国人民银行的行政公章,A公司凭此担保函到甲商业银行取得了80万元的贷款,期限为6个月。贷款到期后,因为A公司一时无力归还贷款,甲商业银行在多次催要未果的情况下,向当地人民法院提起诉讼,并要求当地中国人民银行承担担保责任。

请问:中国人民银行出具的担保函是否有效?为什么?

任务四 人民币管理

一、人民币法律地位

《中国人民银行法》第16条规定,中华人民共和国的法定货币是人民币。这一规定明确表明人民币的法律地位,即人民币是中华人民共和国的法定货币。人民币是我国唯一的合法货币,在我国市场上只允许人民币流通,除法律、法规的特殊规定外,在我国境内的一切货币收付、计价、结算、记账、核算等,都必须以人民币为本位。

人民币作为我国的法定货币,具有无限法偿能力。《中国人民银行法》第16条规定,以人民币支付中华人民共和国境内的一切公共和私人的债务,任何单位和个人不得拒收。

二、人民币概况

我国第一套人民币是1948年12月1日在中国人民银行成立时发行的,至今人民银行共发行过五套人民币。我国现行流通的人民币为第四套人民币和第五套人民币。

现行流通的人民币面额,主币为壹圆、伍圆、拾圆、贰拾圆、伍拾圆、壹佰圆等六种,辅币为壹角、伍角、壹分、贰分、伍分等五种。主币基本采用纸钞形式,只有少数金属的壹圆硬币和发行量较少的金属纪念币,这些金属币与纸钞等值流通。此外,壹分、贰分、伍分、壹角、伍角等五种辅币均有金属硬币形式。

> 视野拓展

中华人民共和国货币概况

我国货币历史悠久，种类丰富，绚丽多彩。人民币在我国货币文化历史中占有重要地位。中华人民共和国货币自发行以来，已发行五套人民币。

第一套人民币自1948年12月1日开始发行，共12种面额62种版别，其中1元券2种、5元券4种、10元券4种、20元券7种、50元券7种、100元券10种、200元券5种、500元券6种、1000元券6种、5000元券5种、10000元券4种、50000元券2种（1949年发行的正面万寿山图景100元券和正面列车图景50元券各有两种版别）。

1955年2月21日国务院发布命令，决定由中国人民银行自1955年3月1日起发行第二套人民币，收回第一套人民币。第二套人民币和第一套人民币折合比率为：第二套人民币1元等于第一套人民币1万元。

1955年3月1日公布发行的第二套人民币共10种，1分、2分、5分、1角、2角、5角、1元、2元、3元和5元，1957年12月1日又发行10元1种。同时，为便于流通，国务院发布命令，自1957年12月1日起发行1分、2分、5分三种硬币，与纸分币等值流通。后来，对1元纸币和5元纸币的图案、花纹又分别进行了调整和更换颜色，于1961年3月25日和1962年4月20日分别发行了黑色1元券和棕色5元券，使第二套人民币的版别分别由开始公布的11种增加到16种。1964年4月14日，中国人民银行发布了《关于收回三种人民币票券的通告》，决定从1964年4月15日开始限期收回并停止流通使用苏联代印的1953年版的3元、5元和10元纸币，1964年5月15日停止收兑。

第三套人民币自1962年4月20日发行枣红色1角纸币开始，到1980年4月15日发行1角、2角、5角、1元硬币止，经过了18年的逐步调整、更换，共陆续收回第二套人民币（除6种纸币、硬分币外）10种，陆续发行第三套人民币13种，其中，10元纸币1种、5元纸币1种、2元纸币1种、1元纸币1种、5角纸币1种、2角纸币1种、1角纸币3种、1元硬币1种、5角硬币1种、2角硬币1种、1角硬币1种。

1962年4月20日公布发行1956年版棕色5元纸币和1960年版枣红色1角纸币，其中棕色5元纸币在1955年3月1日开始发行的酱紫色5元纸币的基础上，对颜色、花纹进行了更换调整，该纸币是第二套人民币的更后一个品种。同时发行的枣红色1角纸币是第三套人民币的开始。1964年4月15日，第三套人民币的深绿色2元纸币和墨绿色2角纸币同时发行。1966年1月10日，发行有天安门水印的1965年版10元纸币和1962年版1角纸币。为了解决1962年版1角纸币背面颜色与1962年版2角纸币背面颜色相似，不易辨认的问题，1967年12月15日调整了1962年版1角纸币背面颜色，重新发行了1962年版1角纸币。1969年10月20日，第三套人民币深棕色5元纸币和深红色1元纸币开始发行。1974年1月5日，发行第三套人民币的青莲色5角纸币。1980年4月15日，经国务院批准，开始发行1角、2角、5角和1元四种硬币。这四种硬币与市场流通的同面额纸币同等流通。至此，第三套人民币13种券别发行齐全。第三套人民币于1962

年4月20日开始发行，2000年7月1日停止流通，历时38年。

第四套人民币纸币共9种面额14种版别，采取"一次公布，分次发行"的办法。1987年4月27日首先发行50元券和5角券，1988年5月10日发行了100元、2元、1元和2角纸币，1988年9月22日，发行了10元、5元、1角纸币。为提高人民币防伪能力，1992年8月20日，在全国发行了1990年版50元、100元纸币。根据1992年5月8日第97号国务院令，中国人民银行自1992年6月1日起发行了第四套人民币1元、5角、1角硬币，使第四套人民币结构更加完善。为便利市场流通，1995年3月1日和1997年4月1日，在全国发行了1990年版和1996年版1元纸币，1996年4月10日，在全国发行了1990年版2元纸币。

为适应经济发展和市场货币流通的要求，1999年10月1日，在中华人民共和国成立50周年之际，根据中华人民共和国国务院第268号令，中国人民银行陆续发行第五套人民币。第五套人民币共8种面额：100元、50元、20元、10元、5元、1元、5角、1角。根据中低面额主币在市场流通中承担大量找零角色的状况，第五套人民币增加了20元面额，取消了2元面额，使面额结构更加合理。第五套人民币采取"一次公布，分次发行"的方式。1999年10月1日，首先发行了100元纸币；2000年10月16日发行了20元纸币、1元和1角硬币；2001年9月1日，发行了50元、10元纸币；2002年11月18日，发行了5元纸币、5角硬币；2004年7月30日，发行了1元纸币。为提高第五套人民币的印刷工艺和防伪技术水平，经国务院批准，中国人民银行于2005年8月31日发行了第五套人民币2005年版100元、50元、20元、10元、5元纸币和不锈钢材质1角硬币。为适应人民币流通的需要，2015年11月12日，发行了2015年版第五套人民币100元纸币，2019年8月30日发行了2019年版第五套人民币50元、20元、10元、1元纸币和1元、5角、1角硬币，2020年11月5日发行了2020年版第五套人民币5元纸币。

纪念币是具有特定主题、限量发行的人民币，分为普通纪念币和贵金属纪念币。中国人民银行从1984年发行第一套普通纪念币至今（2024年1月），共发行了137枚（张）普通纪念币，总发行量约82亿枚（张）。这些纪念币选题丰富多彩，设计独具匠心，规格材质多种多样，图案新颖美观，面额不等。题材有事件、会议、人物、动物，涉及政治、法律、体育、教育、环保、金融等多方面，将中华人民共和国70多年的辉煌成就及重要事件浓缩于纪念币的方寸之间。这些纪念币是我国人民币系列的重要组成部分，丰富和完善了我国的货币制度，弘扬了我国的货币文化，并不断探索和创新，为促进商品流通和经济发展、扩大对外交流发挥了积极作用。

资料来源：中国人民银行货币金银局（保卫局）公布的《中华人民共和国货币概况（2024年1月）》。

三、人民币的发行管理

中国人民银行发行新版人民币，应当报国务院批准。中国人民银行应当将新版人民币的发行时间、面额、图案、式样、规格、主色调、主要特征等予以公告。人民币的发行机关是中国人民银行。根据《中国人民银行法》的规定，人民币由中国人民银行统一印制、发行。任何单位和个人不得印制、发售代币票券，以代替人民币在市场上流通。

（一）人民币的发行原则

第一，坚持集中统一原则，即人民币由中国人民银行统一印制和发行。无论是纸币还是硬币，无论是主币还是辅币，均由中国人民银行统一集中发行，中国人民银行具有垄断的货币发行权。除中国人民银行之外，财政部、其他金融机构以及其他任何单位和个人均无权发行货币或变相发行货币。

第二，坚持经济发行原则，即根据国民经济发展需要发行货币，这是人民币发行的最基本原则。

第三，坚持计划发行原则，即货币的发行必须纳入整个国家的计划体系，按计划办理，以保持币值和物价的稳定。具体由中国人民银行总行提出货币发行计划，报国务院批准后实施。

（二）人民币的发行程序

人民币的发行程序是指人民币发行的步骤和方法，属于人民币发行制度的重要组成部分。人民币的发行程序大致分为四步。

（1）中国人民银行提出人民币的发行计划，确定年度货币供应量。中国人民银行根据国家经济发展需要，提出货币发行和回笼计划，报国务院审批后，具体组织实施。

（2）国务院批准人民银行报批的货币发行和回笼计划。

（3）发行基金的调拨。发行基金是中国人民银行为国家保管的待发行的人民币。中国人民银行设立人民币发行库，在其分支机构设立分支库。分支库调拨发行基金，应当依照上级库的调拨命令办理。任何单位和个人不得违反规定，动用发行基金。

（4）商业银行业务库日常现金收付。业务库是商业银行的基层机构，为办理日常现金收付设置的现金库。各商业银行将人民银行发行库的发行基金调入业务库后，再从业务库通过现金出纳支付给各单位和个人，此过程为"货币投放"。同时，各商业银行每日都要从市场回收一定的现金，当业务库的库存货币超过规定限额时，超出部分要送交发行库保管，此过程为"货币回笼"。

四、人民币的流通管理

（一）残损人民币兑换和销毁

《中国人民银行法》第21条规定："残缺、污损的人民币，按照中国人民银行的规定兑换，并由中国人民银行负责收回、销毁。"2003年12月15日《中国人民银行残缺污损人民币兑换办法》通过，自2004年2月1日起施行。《中国人民银行残损人民币销毁管理办法》自2006年1月1日起施行。

1. 兑换主体和兑换程序

凡办理人民币存取款业务的金融机构应无偿为公众兑换残缺、污损人民币，不得拒绝兑换。

金融机构在办理残缺、污损人民币兑换业务时，应向残缺、污损人民币持有人说明认定的兑换结果。不予兑换的残缺、污损人民币，应退回原持有人。

残缺、污损人民币持有人同意金融机构认定结果的，对兑换的残缺、污损人民币纸币，金融机构应当面将带有本行行名的"全额"或"半额"戳记加盖在票面上；对兑换的残缺、污损人民币硬币，金融机构应当面使用专用袋密封保管，并在袋外封签上加盖"兑换"戳记。

残缺、污损人民币持有人对金融机构认定的兑换结果有异议的，经持有人要求，金融机构应出具认定证明并退回该残缺、污损人民币。持有人可凭认定证明到中国人民银行分支机构申请鉴定，中国人民银行应自申请日起5个工作日内做出鉴定并出具鉴定书。持有人可持中国人民银行的鉴定书及可兑换的残缺、污损人民币到金融机构进行兑换。

2. 兑换规则

残缺、污损人民币兑换分"全额""半额"两种情况。能辨别面额，票面剩余3/4（含3/4）以上，其图案、文字能按原样连接的残缺、污损人民币，金融机构应向持有人按原面额全额兑换。能辨别面额，票面剩余1/2（含1/2）至3/4以下，其图案、文字能按原样连接的残缺、污损人民币，金融机构应向持有人按原面额的一半兑换。纸币呈正十字形缺少1/4的，按原面额的一半兑换。兑付额不足1分的，不予兑换；5分按半额兑换的，兑付2分。

3. 销毁

残损人民币销毁可采取机械销毁、蒸煮喷浆、火焚及熔炼等方式。销毁残损人民币应优先选用机械销毁方式。残损人民币销毁前应进行复点、抽查、再抽查。残损人民币销毁实行指令性计划和指导性计划相结合的管理方式。采用蒸煮喷浆、火焚、熔炼方式销毁残损人民币时，应在销毁专职督查员监督和销毁点销毁领导小组负责人组织、管理下进行。销毁现场各环节应实行岗位责任制，工作人员应服从指挥、各负其责。无关人员禁止进入销毁现场。

 案例

兑换残币遭拒　男子起诉银行

2007年12月7日下午，南昌市民邓先生到A银行支行要求兑换一张2005年版、面值10元的残缺人民币。该行的工作人员拒绝为他兑换，并对他说，这张残缺的人民币不能兑换，因为A银行也无法使用该残缺人民币，并劝他去规模较大的分行兑换。

邓先生在查阅相关法规后得知，银行有义务兑换残缺人民币。2007年12月10日，邓先生到当地人民法院提起诉讼。2008年1月21日法院受理此案。

请问： 法院审理此案的依据是什么？

（二）人民币的法律保护

1. 禁止伪造、变造人民币

《人民币管理条例》第 30 条规定，禁止伪造、变造人民币。禁止出售、购买伪造、变造的人民币。禁止走私、运输、持有、使用伪造、变造的人民币。

《刑法》第 170 条规定，伪造货币的，处 3 年以上 10 年以下有期徒刑，并处罚金；有下列情形之一的，处 10 年以上有期徒刑或者无期徒刑，并处罚金或者没收财产：伪造货币集团的首要分子；伪造货币数额特别巨大的；有其他特别严重情节的。

《刑法》第 173 条规定，变造货币，数额较大的，处 3 年以下有期徒刑或者拘役，并处或者单处 1 万元以上 10 万元以下罚金；数额巨大的，处 3 年以上 10 年以下有期徒刑，并处 2 万元以上 20 万元以下罚金。

《刑法》第 171 条规定，出售、购买伪造的货币或者明知是伪造的货币而运输，数额较大的，处 3 年以下有期徒刑或者拘役，并处 2 万元以上 20 万元以下罚金；数额巨大的，处 3 年以上 10 年以下有期徒刑，并处 5 万元以上 50 万元以下罚金；数额特别巨大的，处 10 年以上有期徒刑或者无期徒刑，并处 5 万元以上 50 万元以下罚金或者没收财产。

银行或者其他金融机构的工作人员购买伪造的货币或者利用职务上的便利，以伪造的货币换取货币的，处 3 年以上 10 年以下有期徒刑，并处 2 万元以上 20 万元以下罚金；数额巨大或者有其他严重情节的，处 10 年以上有期徒刑或者无期徒刑，并处 2 万元以上 20 万元以下罚金或者没收财产；情节较轻的，处 3 年以下有期徒刑或者拘役，并处或者单处 1 万元以上 10 万元以下罚金。

伪造货币并出售或者运输伪造的货币的，依照第 170 条的规定定罪从重处罚。

《刑法》第 172 条规定，明知是伪造的货币而持有、使用，数额较大的，处 3 年以下有期徒刑或者拘役，并处或者单处 1 万元以上 10 万元以下罚金；数额巨大的，处 3 年以上 10 年以下有期徒刑，并处 2 万元以上 20 万元以下罚金；数额特别巨大的，处 10 年以上有期徒刑，并处 5 万元以上 50 万元以下罚金或者没收财产。

2. 禁止故意毁损人民币

《人民币管理条例》第 26 条规定，禁止故意毁损人民币。第 42 条规定："故意毁损人民币的，由公安机关给予警告，并处 1 万元以下的罚款。"

案例

岳某从小家境贫寒，父亲母亲靠捡拾垃圾把岳某兄弟姐妹 6 人抚养成人。岳某初中毕业后到工地打工，如今是房地产公司的董事长。因父母从没有享受过有钱的日子，清明节时，为了悼念早逝的父母，岳某带上一沓百元人民币来到父母墓前点燃。现场维护扫墓秩序的民警发现后，当即以制止。岳某不仅不听，反而说："我有钱，把钱烧给去世的父母是我的自由，你们管不着！"尽管民警一再劝阻，岳某还是将人民币烧毁。事后，公安机关给予警告的同时，对岳某给予罚款 6000 元的行政处罚。

请问：公安机关的处罚依据是什么？

3. 禁止非法使用人民币图样

《中国人民银行法》第 19 条规定，禁止在宣传品、出版物或者其他商品上非法使用人民币图样。第 44 条规定，在宣传品、出版物或者其他商品上非法使用人民币图样的，中国人民银行应当责令改正，并销毁非法使用的人民币图样，没收违法所得，并处 5 万元以下罚款。

4. 禁止印制、发售代币票券

《中国人民银行法》第 20 条规定，任何单位和个人不得印制、发售代币票券，以代替人民币在市场上流通。所谓代币票券实际上就是变相货币，发行变相货币侵犯国家货币专有发行权。第 45 条规定，印制、发售代币票券，以代替人民币在市场上流通的，中国人民银行应当责令停止违法行为，并处 20 万元以下罚款。

5. 禁止人民币样币流通

《人民币管理条例》第 14 条规定，人民币样币是检验人民币印制质量和鉴别人民币真伪的标准样本，由印制人民币的企业按照中国人民银行的规定印制。人民币样币上应当加印"样币"字样。第 27 条规定，人民币样币禁止流通。

6. 禁止人民币超限额出入境

2005 年 1 月 1 日起，中国公民出入境、外国人入出境每人每次携带的人民币限额由原来的 6000 元调整为 20000 元。

（三）假币收缴鉴定

假币包括伪造币和变造币。伪造币是指仿照真币的图案、形状、色彩等，采用各种手段制作的假币。变造币是指在真币的基础上，利用挖补、揭层、涂改、拼凑、移位、重印等多种方法制作，改变真币原形态的假币。2019 年 10 月《中国人民银行货币鉴别及假币收缴、鉴定管理办法》发布，自 2020 年 4 月 1 日起施行。

1. 货币鉴别

金融机构办理存取款、货币兑换等业务时，应当准确鉴别货币真伪，防止误收及误付。

金融机构在履行货币鉴别义务时，应当采取以下措施：确保在用现金机具的鉴别能力符合国家和行业标准；按照中国人民银行有关规定，负责组织开展机构内反假货币知识与技能培训，对办理货币收付、清分业务人员的反假货币水平进行评估，确保其具备判断和挑剔假币的专业能力；按照中国人民银行有关规定，采集、存储人民币和主要外币冠字号码。

金融机构与客户发生假币纠纷的，若相应存取款、货币兑换等业务的记录在中国人民银行规定的记录保存期限内,金融机构应当提供相关记录。金融机构误付假币,由误付的金融机构对客户等值赔付。若发生负面舆情,金融机构应当妥善处理并消除不良影响。金融机构确认误收或者误付假币的,应当在 3 个工作日内向当地中国人民银行分支机构报告,并在期限内将假币实物解缴至当地中国人民银行分支机构。金融机构所在地没有中国人民银行分支机构的,由该金融机构向其所在地上一级中国人民银行分支机构报告及解缴假币。

金融机构向中国人民银行分支机构解缴的回笼款中夹杂假币的,中国人民银行分支机构予以没收,向解缴单位开具《假人民币没收收据》,并要求其补足等额人民币回笼款。

2. 假币收缴

金融机构柜面发现假币后,应当由 2 名以上业务人员当面予以收缴,被收缴人不能接触假币。对假人民币纸币,应当当面加盖"假币"字样的戳记;对假外币纸币及各种假硬币,应当当面以统一格式的专用袋加封,在封口处加盖"假币"字样戳记,并在专用袋上标明币种、券别、面额、张(枚)数、冠字号码(如有)、收缴人、复核人名章等细项。收缴单位向被收缴人出具按照中国人民银行统一规范制作的《假币收缴凭证》,加盖收缴单位业务公章,并告知被收缴人如对被收缴的货币真伪判断有异议,可以向鉴定单位申请鉴定。

金融机构在清分过程中发现假币后,应当比照前述假外币纸币及各种假硬币的收缴方式,由 2 名以上业务人员予以收缴。假币收缴应当在监控下实施,监控记录保存期限不得少于 3 个月。

金融机构在收缴假币过程中有下列情形之一的,应当立即报告当地中国人民银行分支机构和公安机关:一次性发现假币 5 张(枚)以上和当地中国人民银行分支机构和公安机关发文另有规定的两者较小者;利用新的造假手段制造假币的;获得制造、贩卖、运输、持有或者使用假币线索的;被收缴人不配合金融机构收缴行为的;中国人民银行规定的其他情形。

金融机构应当对收缴的假币实物进行单独管理,并建立假币收缴代保管登记制度,账实分管,确保账实相符。金融机构应当将收缴的假币每月全额解缴到当地中国人民银行分支机构,不得自行处理。金融机构所在地没有中国人民银行分支机构的,由其所在地上一级中国人民银行分支机构确定假币解缴单位。

被收缴人对收缴单位作出的有关收缴具体行政行为有异议,可以在收到《假币收缴凭证》之日起 60 日内向直接监管该金融机构的中国人民银行分支机构申请行政复议,或者依法提起行政诉讼。

3. 假币鉴定

被收缴人对被收缴货币的真伪有异议的,可以自收缴之日起 3 个工作日内,持《假币收缴凭证》直接或者通过收缴单位向当地鉴定单位提出书面鉴定申请。鉴定单位应当即时回复能否受理鉴定申请,不得无故拒绝。鉴定单位应当无偿提供鉴定服务,鉴定后应当出具按照中国人民银行统一规范制作的《货币真伪鉴定书》,并加盖货币鉴定专用章和鉴定人名章。

鉴定单位鉴定时，应当至少有 2 名具备货币真伪鉴定能力的专业人员参与，并作出鉴定结论。鉴定单位应当自收到鉴定申请之日起 2 个工作日内，通知收缴单位报送待鉴定货币。收缴单位应当自收到鉴定单位通知之日起 2 个工作日内，将待鉴定货币送达鉴定单位。鉴定单位应当自受理鉴定之日起 15 个工作日内完成鉴定并出具《货币真伪鉴定书》。因情况复杂不能在规定期限内完成的，可以延长至 30 个工作日，但应当以书面形式向收缴单位或者被收缴人说明原因。

对盖有"假币"字样戳记的人民币纸币，经鉴定为真币的，由鉴定单位交收缴单位按照面额兑换完整券退还被收缴人，并收回《假币收缴凭证》，盖有"假币"戳记的人民币按不宜流通人民币处理；经鉴定为假币的，由鉴定单位予以没收，并向收缴单位和被收缴人开具《货币真伪鉴定书》和《假人民币没收收据》。对收缴的外币纸币和各种硬币，经鉴定为真币的，由鉴定单位交收缴单位退还被收缴人，并收回《假币收缴凭证》；经鉴定为假币的，由鉴定单位将假币退回收缴单位依法收缴，并向收缴单位和被收缴人出具《货币真伪鉴定书》。

被收缴人对中国人民银行及其分支机构授权的鉴定机构作出的鉴定结果有异议，可以在收到《货币真伪鉴定书》之日起 60 日内向鉴定机构所在地的中国人民银行分支机构申请再鉴定。被收缴人对中国人民银行分支机构作出的鉴定结果有异议，可以在收到《货币真伪鉴定书》之日起 60 日内向中国人民银行分支机构的上一级机构申请再鉴定。

五、数字人民币

数字人民币是中国人民银行发行的数字形式的法定货币，由指定运营机构参与运营，以广义账户体系为基础，支持银行账户松耦合功能，与实物人民币等价，具有价值特征和法偿性。

（1）数字人民币是中国人民银行发行的法定货币。一是数字人民币具备货币的价值尺度、交易媒介、价值贮藏等基本功能，与实物人民币一样是法定货币。二是数字人民币是法定货币的数字形式。数字人民币发行、流通管理机制与实物人民币一致，但以数字形式实现价值转移。三是数字人民币是央行对公众的负债，以国家信用为支撑，具有法偿性。

（2）数字人民币采取中心化管理、双层运营。数字人民币发行权属于国家，中国人民银行在数字人民币运营体系中处于中心地位，负责向作为指定运营机构的商业银行发行数字人民币并进行全生命周期管理，指定运营机构及相关商业机构负责向社会公众提供数字人民币兑换和流通服务。

（3）数字人民币主要定位于现金类支付凭证（M_0），将与实物人民币长期并存。数字人民币与实物人民币都是中国人民银行对公众的负债，具有同等法律地位和经济价值。数字人民币将与实物人民币并行发行，中国人民银行会对二者共同统计、协同分析、统筹管理。

（4）数字人民币是一种零售型央行数字货币，主要用于满足国内零售支付需求。我国数字人民币是一种面向社会公众发行的零售型央行数字货币，其推出将立足国内支付系统的现代化，充分满足公众日常支付需要，进一步提高零售支付系统效能，降低全社会零售支付成本。

（5）在未来的数字化零售支付体系中，数字人民币和指定运营机构的电子账户资金具有通用性，共同构成现金类支付工具。商业银行和持牌非银行支付机构在全面持续遵守合规（包括反洗钱、反恐怖融资）及风险监管要求，且获中国人民银行认可支持的情况下，可以参与数字人民币支付服务体系，并充分发挥现有支付等基础设施作用，为客户提供数字化零售支付服务。

视野拓展

数字人民币钱包

数字钱包是数字人民币的载体和触达用户的媒介。在数字人民币中心化管理、统一认知、实现防伪的前提下，中国人民银行制定相关规则，各指定运营机构采用共建、共享方式打造移动终端APP，对钱包进行管理并对数字人民币进行验真；开发钱包生态平台，实现各自视觉体系和特色功能，实现数字人民币线上线下全场景应用，满足用户多主体、多层次、多类别、多形态的差异化需求，确保数字钱包具有普惠性，避免因"数字鸿沟"带来的使用障碍。

按照客户身份识别强度分为不同等级的钱包。指定运营机构根据客户身份识别强度对数字人民币钱包进行分类管理，根据实名强弱程度赋予各类钱包不同的单笔、单日交易及余额限额。最低权限钱包不要求提供身份信息，以体现匿名设计原则。用户在默认情况下开立的是最低权限的匿名钱包，可根据需要自主升级为高权限的实名钱包。

按照开立主体分为个人钱包和对公钱包。自然人和个体工商户可以开立个人钱包，按照相应客户身份识别强度采用分类交易和余额限额管理；法人和非法人机构可开立对公钱包，并按照临柜开立还是远程开立确定交易、余额限额，钱包功能可依据用户需求定制。

按照载体分为软钱包和硬钱包。软钱包基于移动支付APP、软件开发工具包（SDK）、应用程序接口（API）等为用户提供服务。硬钱包基于安全芯片等技术实现数字人民币相关功能，依托IC卡、手机终端、可穿戴设备、物联网设备等为用户提供服务。软硬钱包结合可以丰富钱包生态体系，满足不同人群需求。

按照权限归属分为母钱包和子钱包。钱包持有主体可将主要的钱包设为母钱包，并可在母钱包下开设若干子钱包。个人可通过子钱包实现限额支付、条件支付和个人隐私保护等功能；企业和机构可通过子钱包来实现资金归集及分发、财务管理等特定功能。

中国人民银行和指定运营机构及社会各相关机构一起按照共建、共有、共享原则建设数字人民币钱包生态平台。按照以上不同维度，形成数字人民币钱包矩阵。在此基础上，中国人民银行制定相关规则，指定运营机构在提供各项基本功能的基础上，与相关市场主体进一步开发各种支付和金融产品，构建钱包生态平台，以满足多场景需求并实现各自特色功能。

资料来源：《中国数字人民币的研发进展白皮书》。

任务五　中国人民银行的金融监督管理

金融业是充满风险的行业，防范和化解金融风险是中国人民银行的重要职责。《中国人民银行法》第31条规定："中国人民银行依法监测金融市场的运行情况，对金融市场实施宏观调控，促进其协调发展。"对金融市场进行监测和宏观调控就是中国人民银行通过对货币市场和资本市场的运行指标进行统计、调查、分析，掌握并预测金融市场的宏观运行状况，并且运用经济、法律、行政手段对全社会货币总量和信贷结构进行调节与控制，以保持货币信贷的合理增长和币值的稳定，从而促进经济持续、快速、健康发展。

一、直接检查监督权

《中国人民银行法》第32条规定，中国人民银行有权对金融机构以及其他单位和个人的下列行为进行检查监督。

（1）执行有关存款准备金管理规定的行为。中国人民银行根据一定时期的货币政策要求，为不同的存款种类和规模确定存款准备金率，各商业银行及其他金融机构，必须根据存款类别和数额，按照中国人民银行确定的存款准备金率上缴存款准备金。同时，中国人民银行有权监督检查执行有关存款准备金管理规定的行为。

（2）与中国人民银行特种贷款有关的行为。特种贷款，是指国务院决定的由中国人民银行向金融机构发放的用于特定目的的贷款。中国人民银行根据国务院的决定向金融机构发放特种贷款后，有权检查监督与中国人民银行特种贷款有关的行为。

（3）执行有关人民币管理规定的行为。中国人民银行可以制定有关人民币管理的规定，并有权检查监督执行有关人民币管理规定的行为。

（4）执行有关银行间同业拆借市场、银行间债券市场管理规定的行为。对银行间同业拆借市场和银行间债券市场进行监督管理是中国人民银行的职责。为履行好这一职责，中国人民银行有权对执行有关银行间同业拆借市场、银行间债券市场管理规定的行为进行检查监督。

（5）执行有关外汇管理规定的行为。《外汇管理条例》规定，境内机构、境内个人的外汇收支或者外汇经营活动，以及境外机构、境外个人在境内的外汇收支或者外汇经营活动，必须接受中国人民银行直属机构国家外汇管理局的检查和监管。

（6）执行有关黄金管理规定的行为。根据我国的有关规定，国家对于金银实行统一管理、统购统配的政策。黄金管理的主管机关是中国人民银行。中国人民银行有权对执行有关黄金管理规定的行为进行检查监督。

（7）代理中国人民银行经理国库的行为。经理国库是中国人民银行的重要职责之一，但有些经理国库的工作需要商业银行完成，如代理国库支库、代理国库经收处业务。因此，中国人民银行有权对商业银行代理中国人民银行经理国库的行为进行检查监督。

（8）执行有关清算管理规定的行为。中国人民银行应当组织或者协助组织银行业金融机构相互之间的清算系统，协调银行业金融机构相互之间的清算事项，提供清算服务。为维护清算系统的正常运行，中国人民银行有权对执行有关清算管理规定的行为进行检查监督。

（9）执行有关反洗钱规定的行为。中国人民银行颁布了《金融机构反洗钱规定》《金融机构大额交易和可疑交易报告管理办法》等规章文件，对金融机构履行反洗钱职责提出了明确要求。中国人民银行有权对金融机构执行反洗钱规定的行为进行检查监督，以促使金融机构认真履行反洗钱义务。

二、建议检查监督权

由于对银行业金融机构经营业务问题的检查监督主要由国务院银行业监督管理机构负责，为避免重复监管，中国人民银行根据执行货币政策和维护金融稳定的需要，可以建议国务院银行业监督管理机构对银行业金融机构进行检查监督。国务院银行业监督管理机构应当自收到建议之日起30日内予以回复。

三、全面检查监督权

《中国人民银行法》第34条规定："当银行业金融机构出现支付困难，可能引发金融风险时，为了维护金融稳定，中国人民银行经国务院批准，有权对银行业金融机构进行检查监督。"需要注意的是，中国人民银行要行使全面检查监督权必须获得国务院批准同意。

四、要求报送报表资料权

《中国人民银行法》第35条规定："中国人民银行根据履行职责的需要，有权要求银行业金融机构报送必要的资产负债表、利润表以及其他财务会计、统计报表和资料。中国人民银行应当和国务院银行业监督管理机构、国务院其他金融监督管理机构建立监督管理信息共享机制。"

另外，根据《中国人民银行法》的规定，中国人民银行还负责统一编制全国金融统计数据、报表，并按照国家的有关规定予以公布。

任务六　征信管理

一、征信业管理条例

2013年3月实施的《征信业管理条例》奠定了征信业发展的法制基础。中国人民银行及其派出机构依法对征信业进行监督管理。

（一）征信机构的设立

设立经营个人征信业务的征信机构，应当符合《中华人民共和国公司法》规定的公司设立条件和下列条件，并经国务院征信业监督管理部门批准：主要股东信誉良好，最近3年无重大违法违规记录；注册资本不少于人民币5000万元；有符合国务院征信业监督管理部门规定的保障信息安全的设施、设备和制度、措施；拟任董事、监事和高级管理人员符合规定的任职条件；国务院征信业监督管理部门规定的其他审慎性条件。

申请设立经营个人征信业务的征信机构，应当向国务院征信业监督管理部门提交申请书和证明其符合规定条件的材料。国务院征信业监督管理部门应当依法进行审查，自受理申请之日起60日内作出批准或者不予批准的决定。决定批准的，颁发个人征信业务经营许可证；不予批准的，应当书面说明理由。经批准设立的经营个人征信业务的征信机构，凭个人征信业务经营许可证向公司登记机关办理登记。未经国务院征信业监督管理部门批准，任何单位和个人不得经营个人征信业务。

经营个人征信业务的征信机构的董事、监事和高级管理人员，应当熟悉与征信业务相关的法律法规，具有履行职责所需的征信业从业经验和管理能力，最近3年无重大违法违规记录，并取得国务院征信业监督管理部门核准的任职资格。

（二）征信业务规则

采集个人信息应当经信息主体本人同意，未经本人同意不得采集。但是，依照法律、行政法规规定公开的信息除外。企业的董事、监事、高级管理人员与其履行职务相关的信息，不作为个人信息。禁止征信机构采集个人的宗教信仰、基因、指纹、血型、疾病和病史信息以及法律、行政法规规定禁止采集的其他个人信息。征信机构不得采集个人的收入、存款、有价证券、商业保险、不动产的信息和纳税数额信息。但是，征信机构明确告知信息主体提供该信息可能产生的不利后果，并取得其书面同意的除外。

信息提供者向征信机构提供个人不良信息，应当事先告知信息主体本人。但是，依照法律、行政法规规定公开的不良信息除外。

征信机构对个人不良信息的保存期限，自不良行为或者事件终止之日起为5年；超过5年的，应当予以删除。在不良信息保存期限内，信息主体可以对不良信息作出说明，征信机构应当予以记载。

向征信机构查询个人信息的，应当取得信息主体本人的书面同意并约定用途。但是，法律规定可以不经同意查询的除外。征信机构不得违反前述规定提供个人信息。征信机构或者信息提供者、信息使用者采用格式合同条款取得个人信息主体同意的，应当在合同中作出足以引起信息主体注意的提示，并按照信息主体的要求作出明确说明。

信息使用者应当按照与个人信息主体约定的用途使用个人信息，不得用作约定以外的用途，不得未经个人信息主体同意向第三方提供。

征信机构可以通过信息主体、企业交易对方、行业协会提供信息，政府有关部门依法已公开的信息，人民法院依法公布的判决、裁定等渠道，采集企业信息。征信机构不得采集法律、行政法规禁止采集的企业信息。

征信机构应当按照国务院征信业监督管理部门的规定，建立健全和严格执行保障信息安全的规章制度，并采取有效技术措施保障信息安全。经营个人征信业务的征信机构应当对其工作人员查询个人信息的权限和程序作出明确规定，对工作人员查询个人信息的情况进行登记，如实记载查询工作人员的姓名，查询的时间、内容及用途。工作人员不得违反规定的权限和程序查询信息，不得泄露工作中获取的信息。

（三）异议和投诉

信息主体认为征信机构采集、保存、提供的信息存在错误、遗漏的，有权向征信机构或者信息提供者提出异议，要求更正。征信机构或者信息提供者收到异议，应当按照国务院征信业监督管理部门的规定对相关信息作出存在异议的标注，自收到异议之日起20日内进行核查和处理，并将结果书面答复异议人。经核查，确认相关信息确有错误、遗漏的，信息提供者、征信机构应当予以更正；确认不存在错误、遗漏的，应当取消异议标注；经核查仍不能确认的，对核查情况和异议内容应当予以记载。

信息主体认为征信机构或者信息提供者、信息使用者侵害其合法权益的，可以向所在地的国务院征信业监督管理部门派出机构投诉。受理投诉的机构应当及时进行核查和处理，自受理之日起30日内书面答复投诉人。信息主体认为征信机构或者信息提供者、信息使用者侵害其合法权益的，可以直接向人民法院起诉。

二、中国人民银行征信中心职责和金融基础设施

（一）中国人民银行征信中心职责

中国人民银行征信中心是中国人民银行直属事业单位，内设23个部门以及上海资信有限公司、中征（北京）征信有限责任公司、中征（天津）动产融资登记服务有限责任公司3家所属公司，并在全国31个省（自治区、直辖市）和5个计划单列市设有征信分中心。中国人民银行征信中心业务归口征信管理局指导。

中国人民银行征信中心的主要职责是依据《征信业管理条例》《国务院关于实施动产和权利担保统一登记的决定》等国家法律法规和人民银行规章，负责金融信用信息基础数据库、动产融资统一登记公示系统、应收账款融资服务平台建设、运行和管理。主要职

责是：

（1）负责拟定金融信用信息基础数据库、动产融资统一登记公示系统、应收账款融资服务平台的发展规划；

（2）承担金融信用信息基础数据库、动产融资统一登记公示系统、应收账款融资服务平台建设，并负责运行、维护和管理；

（3）根据国家相关法规及规章，组织实施金融信用信息基础数据库、动产融资统一登记公示系统、应收账款融资服务平台运行工作；

（4）负责制订金融信用信息基础数据库、动产融资统一登记公示系统、应收账款融资服务平台运行和维护的内部管理制度和业务技术标准；

（5）负责与金融机构及有关方面的业务技术联系协调工作，依法采集企业和个人的信用信息；

（6）负责制订本单位征信替代数据服务工作整体规划及相关实施工作；

（7）负责汇总和分析金融信用信息基础数据库、动产融资统一登记公示系统、应收账款融资服务平台数据信息，及时提出分析报告；

（8）依法向金融机构及有关方面提供企业和个人的信用信息服务及其创新产品服务应用，依法向信息主体提供信用信息服务；

（9）为人民银行及其分支机构防范金融风险、促进金融业发展提供相关信息服务；

（10）依法向国家机构提供征信信息查询等服务；

（11）依法核查和处理金融信用信息基础数据库、动产融资统一登记公示系统、应收账款融资服务平台运行中的异议；

（12）负责金融信用信息基础数据库、动产融资统一登记公示系统、应收账款融资服务平台的业务培训、品牌建设、服务推广和对外合作；

（13）中国人民银行授权或交办的其他事项。

（二）金融基础设施

1. 征信系统

征信系统是由国家设立的金融信用信息基础数据库，中国人民银行征信中心是金融信用信息基础数据库的专业运行、维护和管理机构。目前，征信系统已经成为世界规模最大、收录信息全面、覆盖范围和使用广泛的信用信息数据库，基本上为国内每一个有信用活动的企业和个人建立了信用档案，通过建立企业和个人信用信息共享机制，有效解决了金融交易中的信息不对称问题，全面精准助力放贷机构防范和化解信贷风险，帮助企业和个人获得融资，基础核心产品信用报告已成为反映企业和个人信用行为的"经济身份证"。

2. 动产融资统一登记公示系统

2013年，中国人民银行征信中心整合应收账款质押登记公示系统和融资租赁公示系统，建成动产融资统一登记公示系统。根据《国务院关于实施动产和权利担保统一登记的决定》，中国人民银行征信中心自2021年1月1日全面承接全国动产和权利担保统一登记工作，动产融资统一登记公示系统提供七大类动产和权利担保统一登记和查询服务。

3. 应收账款融资服务平台

2013年，中国人民银行征信中心建设应收账款融资服务平台，为应收账款融资供需双方提供融资交易信息中介服务，搭建起中小微企业和银行信息沟通的桥梁，用户可通过平台确认应收账款真实性，提高放贷效率，降低融资成本，提升融资获得感。

视野拓展

个人信用报告

一、个人信用报告内容

目前个人信用报告有三个版本，分别提供给对应的服务对象使用：一是授信机构版，提供给商业银行、保险公司、证券公司等授信机构使用，主要满足其信贷业务风险管理需要。二是本人版，包括个人信用报告（本人版）和个人信用报告两个版本，提供给信息主体满足其对自身信用信息的知情权，以及开展社会经济活动的需要。个人信用报告版的内容简洁，采用文字描述，更通俗易懂。个人信用报告（本人版）是对个人信用报告版的补充，是征信系统对外提供的个人信用信息覆盖面最全的版本，全面展示了个人信息主体在征信系统中的所有信贷业务信息明细及信息来源，主要用于处理个人信息主体对个人信用报告版提出的异议，同时也满足个人信息主体了解自身信用信息详细情况的需要。三是国家机关版，提供给国家机关和司法部门依法履职或司法调查使用。

个人信用报告的主要内容包括个人基本信息、信息概要、信贷交易信息明细、公共信息明细、本人声明、异议标注及查询记录七部分。根据服务对象的不同可对前述内容增减，形成不同版式的信用报告。

个人基本信息由身份信息、配偶信息、职业信息和居住信息组成，反映个人信息主体的身份概况、婚姻状况、职业状况和居住状况。报告使用者可以将其与个人信息主体自己提交的基本资料进行信息交叉比对，也可用于判断个人信息主体的生活状况和职业稳定性。

信息概要反映个人信息主体的信用信息概况，由信贷交易信息概要、公共信息概要、查询记录概要组成，反映个人信息主体的信贷历史结构，以及当前负债、逾期历史、后付费业务欠费、负面公开记录总体情况，可以帮助报告使用者快速了解个人信息主体的信用情况。

信贷交易信息明细是信用报告的核心内容，由被追偿信息、非循环贷账户、循环额度下分账户、循环贷账户、贷记卡账户、准贷记卡账户、相关还款责任信息和授信协议信息组成。反映个人信息主体在信贷领域的当前负债、近5年的历史还款记录、或有负债以及获得的授信情况等，帮助报告使用者全面了解个人信息主体履约意愿和履约能力。

公共信息由欠税记录、民事判决记录、强制执行记录、行政处罚和奖励记录、住房公积金参缴记录、执业资格记录等组成。反映个人信息主体履行法定义务情况、涉诉涉案情况、资质情况等。

本人声明主要描述个人信息主体对信用报告内容作出的说明和解释。个人信息主体可向征信中心邮寄申请材料添加本人声明，或携带身份证原件前往所在地的人民银行分支机构提交申请材料。

异议标注是针对个人信息主体有异议的信息所作出的标注，提示信息使用者被标注的信息存在异议，且正在调查中。异议标注是保护个人信息主体合法权益的有效手段之一。

查询记录主要展示个人信息主体最近两年内被机构因贷款审批、信用卡审批、融资审批、担保资格审查、保前审查等用途查询的记录明细，以及个人信息主体本人发起查询的查询记录明细。

个人信用报告中的不良信息自不良行为或事件终止之日起保留5年。正面信息是个人信息主体的信用财富，一直展示在信用报告中。

二、个人信息主体行使的征信权利

个人信息主体享有知情权、异议权、投诉及诉讼权。个人信息主体若想了解本人信用状况，可通过三种渠道查询自己的信用报告：一是前往所在地的人民银行分支机构，通过人工柜台或自助查询机查询，需携带本人身份证原件。二是登录征信中心官方网站（www.pbccrc.org.cn），进入互联网个人信用信息服务平台查询。三是通过工商银行、建设银行、招商银行等商业银行的网上银行、手机APP和自助柜员机查询。个人信息主体有权每年两次免费获取本人的信用报告。目前，通过征信中心官方网站、商业银行网上银行、手机APP和自助柜员机查询的信用报告均免费。

个人信息主体认为征信系统采集、保存、提供的信息存在错误、遗漏的，有权向所在地人民银行分支机构或信息提供机构提出异议，要求更正；信息提供机构或征信中心对异议信息作出存在异议的标注，自收到异议之日起20日内进行核查和处理，并将结果书面答复异议人。经核查，确认相关信息确有错误、遗漏的，信息提供机构、征信中心将予以更正；确认不存在错误、遗漏的，将取消异议标注；经核查仍不能确认的，将对核查情况和异议内容予以记载。个人信息主体认为侵害自身合法权益的，可以向所在地人民银行分支机构投诉，或直接向人民法院起诉。

资料来源： 中国人民银行征信中心。

练一练

一、名词解释

货币政策委员会　存款准备金　再贴现　伪造币　变造币

二、判断题

1. 中国人民银行各分支机构具有独立的法人资格。　　　　　　　　　　　（　　）
2. 中国人民银行可以为在中国人民银行开立账户的金融机构办理再贴现。　（　　）
3. 中国人民银行履行职责、开展业务，不受各级政府、部门、社会团体和个人的干涉。
　　　　　　　　　　　　　　　　　　　　　　　　　　　　　　　　　（　　）
4. 中国人民银行开展业务，既要讲政策效益，又要讲经济效益。　　　　　（　　）

5. 在我国市场上只允许人民币流通。( )
6. 人民币的发行权属于中国人民银行。( )
7. 中国人民银行根据履行职责的需要,有权要求银行业金融机构报送必要的资产负债表、利润表以及其他财务会计、统计报表和资料。( )
8. 征信机构对个人不良信息的保存期限,自不良行为或者事件终止之日起为3年;超过3年的,应当予以删除。( )

三、单项选择题

1. 货币政策委员会是中国人民银行( )。
   A. 货币政策的决策机构　　　　B. 货币政策的执行机构
   C. 货币政策实施的监督机构　　D. 制定货币政策的咨询议事机构
2. 中国人民银行可以( )。
   A. 向商业银行提供贷款　　　　B. 向非金融机构提供贷款
   C. 为单位提供担保　　　　　　D. 直接认购、包销国债
3. 我国货币发行机构是( )。
   A. 中国人民银行　　　　　　　B. 商业银行
   C. 国务院　　　　　　　　　　D. 财政部
4. 中国人民银行行长的人选,由( )提名。
   A. 国务院总理
   B. 中华人民共和国主席
   C. 全国人民代表大会及其常务委员会
   D. 财政部部长
5. "审批金融机构的设立、变更、终止及其业务范围"应由( )负责。
   A. 国务院　　　　　　　　　　B. 财政部
   C. 国务院银行业监督管理机构　D. 中国人民银行
6. 负责残损人民币回收和销毁的机构是( )。
   A. 中国人民银行
   B. 中国银保监会
   C. 受理残损人民币兑换申请的商业银行
   D. 各级工商行政管理局
7. 鉴定单位应当自受理鉴定之日起( )个工作日内完成鉴定并出具《货币真伪鉴定书》。
   A. 10　　　　B. 15　　　　C. 30　　　　D. 60

四、多项选择题

1. 中国人民银行的职能包括( )。
   A. 发行的银行　B. 银行的银行　C. 政府的银行　D. 企业的银行
2. 中国人民银行实现货币政策目标运用的货币政策工具是( )。
   A. 存款准备金　　　　　　　　B. 再贴现政策
   C. 公开市场业务　　　　　　　D. 基准利率

3. 中国人民银行可以对金融机构的（　　）随时进行稽核，检查和监管。

　　A. 与中国人民银行特种贷款有关的贷款行为

　　B. 执行有关存款准备金管理规定的行为

　　C. 执行有关清算管理规定的行为

　　D. 执行有关银行间同业拆借市场的行为

4. 禁止征信机构采集个人的（　　）信息以及法律、行政法规规定禁止采集的其他个人信息。

　　A. 宗教信仰　　　B. 纳税数额　　　C. 指纹　　　D. 疾病和病史

五、思考题

1. 简述中国人民银行的法律地位。
2. 简述中国人民银行的业务特征。
3. 简述中国人民银行的货币政策工具。
4. 简述假币收缴的注意事项。
5. 简述数字人民币特征。

六、案例分析题

中国人民银行A分行业务近年一直比较出色。在2003年的业务检查中，查明2002年1月1日至2002年12月31日的会计年度中，该行主要从事了以下几项业务：

（1）2002年3月25日，A分行向A市人民政府机电局发放贷款250万元人民币，期限为3年；

（2）2002年5月10日，向A市某信托投资公司发放贷款300万元人民币，期限为4年；

（3）2002年5月28日，向农业银行A分行发放贷款350万元人民币，期限为1年；

（4）2002年6月23日，向农业银行总行再贴现40万元人民币；

（5）2002年8月，直接认购1年期国债20万元；

（6）2002年9月，向在其银行开立账户的建设银行A分行透支40万元人民币；

（7）2002年11月6日，为A市政府某主任贷款10万元人民币，期限为2年；

（8）2002年12月5日，为A市某国有企业提供担保，担保额100万元人民币，期限为2年。

请问：中国人民银行A分行8笔业务中，哪些是合法的？哪些是违法的？为什么？

项目四　金融监督管理制度

【学习目标】

通过本项目的学习，学生能够：
1. 掌握金融监管的定义、模式及各自的优劣势，能够分析不同金融监管模式的适用条件。
2. 掌握我国金融业监督管理的措施。
3. 养成自我约束、自我管理的自律意识。

导入案例

甲银行审贷部门的工作人员利用业余时间为A公司担任财务顾问，为A公司的财务管理、资金融通、投资规划等提供咨询服务，后银行认为该名员工的兼职行为违反了银行从业人员职业道德，采取辞退处理。

讨论：1. 甲银行的工作人员是否违反了职业道德？如果有，违反了哪些规定？

2. 甲银行的处理是否适当？

任务一　金融监督管理概述

一、金融监管的概念及原则

金融监督与管理即金融监管，狭义的金融监管指由政府授权金融监管机构，以维护金融秩序、保护储户及投资者利益为目的，对金融市场、金融机构和金融业务进行约束、监督和管制。而广义的金融监管除了包括狭义的监管活动，还包括金融机构的内控机制和自律性组织的监管等内容。下面主要介绍狭义的金融监管的内容。

金融监管应遵循以下原则：

1. **依法监管原则**

依法监管原则又称合法性原则，指金融监管机构必须在现有法律法规赋予的监管职责权限内实施监管措施、开展监管活动等，所实施的监管措施、开展的监管活动等必须有相应的法律依据。

2. **审慎监管原则**

审慎监管包括合规性监管和风险性监管两方面。金融监管机构为了保证金融业稳定运行，必须防范和化解金融风险。为达到金融监管目的，监管机构制定了一系列金融机构必须遵守的周密而谨慎的经营规则，并对金融机构的风险状况进行客观评价，从而及时地检测、预警和控制金融机构的风险，在必要时将采取措施。

3. 合理适度竞争原则

金融监管机构在监管活动中应注重创造公平、高效、适度、有序的竞争环境。一方面，要避免金融业排斥竞争，甚至形成高度垄断，造成行业效率和活力下降，社会福利损失；另一方面，要防止金融业过度竞争、破坏竞争秩序，从而影响金融业的安全与稳定。

二、金融监管模式

金融监管模式是指由一系列金融法律法规和金融监管主体组合而成的一整套体系，是一国金融监管的制度安排。从全球金融监管实践来看，目前金融监管模式主要有三种类型：分业监管模式、统一监管模式和不完全统一监管模式。

1. 分业监管模式

思考与讨论

美国次贷危机对分业监管模式的冲击表现在哪些方面？

分业监管模式就是将金融业分为银行、保险、证券等不同行业，在每一个行业分别设置专业的金融监管机构对其进行全面监管。分业监管是最早出现的金融监管模式，目前全球范围内仍有较多国家采用这种模式。

分业监管模式的优势有两个：一是分机构监管不同的金融行业，金融监管机构的专业化程度比较高，分工细致、职责明确，有利于提高效率、能更好地实现监管目标；二是虽然面对的是不同行业的金融机构，但各金融监管机构之间存在竞争压力，也有利于提高监管的效率。

当然，分业监管模式的缺点也是比较明显的：首先，不同的金融监管机构之间难以协调，容易产生监管盲区或者重复监管的情况。其次，各金融监管机构的执法强度和执法水平不统一，容易产生分歧，降低金融监管的统一性和稳定性。最后，分业监管模式需要较为庞大的机构设置，会抬高监管成本，造成规模不经济。正是分业监管模式的这些缺点，导致其在金融业迅猛发展的当下越来越难以适应现实的监管要求，因此，越来越多的国家的监管模式逐渐转为统一监管模式。

2. 统一监管模式

1986年，挪威成立了金融监管局，实行对银行、保险、证券等金融机构统一监管，挪威金融监管局成为世界首个统一监管机构。此后，在1988年、1991年，丹麦和瑞典也分别成立了统一监管机构。1997年，英国的统一监管机构——英国金融服务管理局（FSA）宣告成立，这些国家的实践极大地促进了统一监管模式的实行。

统一监管模式即对金融机构不区分所属行业，统一由国家授权的金融监管机构进行监管。这一监管模式的优势具体体现在：一是统一监管模式对整个金融业进行监管，对于不同行业的信息、人力、物力可以共享，从而降低了监管成本，同时还可以进行信息交叉比对，改善信息质量，获得规模经济。二是统一监管模式不需要区分具体行业，因而能够迅速适应新产品、新业态，更适合不断创新和发展的现代金融市场。三是统一的金融监管机构开展监管活动能够避免出现监管真空、监管重叠，同时保证统一的监管水平和监管强度，保证监管的一致性。

统一监管模式的缺点是由于缺乏竞争，监管机构处于垄断地位，因而容易产生机构冗余、效率低下、寻租等问题，降低社会福利水平。

3. 不完全统一监管模式

这种监管模式结合了统一监管模式和分业监管模式的优点，是以上两种监管模式的一种改进型模式。这种模式在一定程度上保持了监管机构间的竞争与相互制约作用，又保持了各金融监管机构在自身监管领域内监管规则的一致性，降低了多重监管机构之间相互协调的成本和难度；同时通过金融监管机构间建立的定期磋商机制，降低了监管机构间的沟通成本，提高了监管效率。

三、我国的金融监管

改革开放以来，我国的金融监管经历了以下两个阶段。

第一阶段，金融监管模式形成阶段（1979—2017年）。1979—1992年，随着中国人民银行逐步剥离商业银行职能，中国人民银行开始独立行使央行职能，并负责金融体系的所有监管工作。1992年中国证券监督管理委员会成立，1998年中国保险监督管理委员会成立，2003年中国银行业监督管理委员会设立，到这个时点，我国"一行三会"的分业监管格局基本形成。

第二阶段，金融监管模式深入改革阶段（2017年至今）。2017年7月，以国家金融稳定发展委员会（以下简称"金稳委"）的成立为标志，我国的金融监管模式开始由分业监管向统一监管转变。"金稳委"是适应我国金融体制改革深化后的监管形势，作为国务院统筹协调金融稳定和改革发展重大问题的议事协调机构，其主要职责范围从审议金融业改革发展重大规划到协调货币政策与金融监管事项；从协调金融、财政及产业政策到研判国内金融形势；从研究系统性金融风险防范处置政策到指导地方金融改革发展，督导金融管理部门和地方政府履职情况等；基本上涵盖了我国金融监管的方方面面。

2018年3月，中国银行业监督管理委员会和中国保险监督管理委员会合并，组建中国银行保险监督管理委员会，"一行三会"成为历史，我国金融监管框架转变为"一委一行两会"。

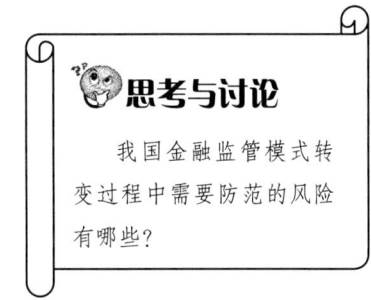

思考与讨论

我国金融监管模式转变过程中需要防范的风险有哪些？

2023年中共中央、国务院印发《党和国家机构改革方案》，提出组建国家金融监督管理总局。国家金融监督管理总局在中国银行保险监督管理委员会基础上组建，将人民银行对金融控股公司等金融集团日常的监管职责、有关金融消费者的保护职责、中国证券监督管理委员会的投资者保护职责划入国家金融监督管理总局，不再保留中国银行保险监督管理委员会。这一改革延续了2017年以来，我国金融监管模式向"统一监管"模式转变的趋势。

任务二　银行业的监督管理

一、银行业监管的目标与原则

（一）银行业监管的目标

我国银行业监管的主要法律依据为《银行业监督管理法》，这是我国第一部针对银行业监督管理的法律。这部法律于 2003 年 12 月 27 日第十届全国人民代表大会常务委员会第六次会议通过，根据 2006 年 10 月 31 日第十届全国人民代表大会常务委员会第二十四次会议《关于修改〈中华人民共和国银行业监督管理法〉的决定》修正。

《银行业监督管理法》第 3 条规定，银行业监督管理的目标是促进银行业的合法、稳健运行，维护公众对银行业的信心。银行业监督管理应当保护银行业公平竞争，提高银行业竞争能力。

（二）银行业监管的原则

《银行业监督管理法》第 4 条规定，银行业监管机构对银行业实施监督管理，应当遵循依法、公开、公正和效率的原则。

具体而言，银行业监管机构实施监管活动应遵守以下原则。

1. 独立监管原则

独立监管原则是指银行业监管机构独立履行对银行业金融机构的监管职责，地方政府、各级政府部门，其他任何社会团体和个人都不得干涉。遵守独立监管原则是也为了保障银行业监督管理的有效性和一致性。

2. 依法监管原则

依法监管原则是指银行业监管机构在相关法律法规许可的范围内，依法履行对银行业金融机构的监管职责，按照《银行业监督管理法》和国务院授权的范围实施监管活动，促进银行业合法、稳健运行，维护公众对银行业的信心。

3. 公开、公正原则

公开原则是指银行业监管机构在履行监管职责的过程中除应当依法保密的信息，其他都应向社会公开。既要求银行业督管机构进行政策制定、标准确定、监管立法、程序确立等方面的信息披露，又要求银行业金融机构依法向社会公开披露风险信息、监管要求达标情况等内容。

公正原则是指银行业监管机构对依法成立的银行业金融机构一视同仁、平等对待、不偏私、不歧视、不专断，在监管职责履行方面体现为程序上的公正，如回避制度。

4. 效率原则

效率原则是指银行业监管机构在监管活动中，尤其是配置监管资源的活动中要进行合理配置、统筹考虑成本和收益，在保证监管目标实现的前提下，尽量提高监管效率、降低监管成本。

5．跨境监管合作原则

随着我国改革开放程度不断扩大，参与国际金融活动的程度不断加深，监管活动的开展必不可少地要进行国际合作，从而实现有效的跨境监管。跨境监管合作原则可以确保所有跨境银行都能得到母国和东道国监管机构的有效监管。母国和东道国监管机构应就跨境银行建立合理的监管分工和合作机制，定期交流、协商银行业监管的原则、目标、内容、标准、方法以及在监管实践中发现的问题，促进跨国银行的稳健发展。

二、国务院银行业监督管理机构的监管职责

根据我国《银行业监督管理法》的规定，国务院银行业监督管理机构在监管中主要有以下职责。

（1）制定监管活动相关的规章制度。国务院银行业监督管理机构依照法律、行政法规制定并发布对银行业金融机构及其业务活动监督管理的规章、规则，这些规章、规则构成了银行业监管活动的制度保障。

（2）金融机构以及高级管理人员任职资格的审批、审核权。国务院银行业监督管理机构依照法律、行政法规规定的条件和程序，审查批准银行业金融机构的设立、变更、终止以及业务范围。

国务院银行业监督管理机构对银行业金融机构的董事和高级管理人员实行任职资格管理。具体办法由国务院银行业监督管理机构制定。

国务院银行业监督管理机构应当在规定的期限，对下列申请事项作出批准或者不批准的书面决定；决定不批准的，应当说明理由：银行业金融机构的设立，自收到申请文件之日起6个月内；银行业金融机构的变更、终止，以及业务范围和增加业务范围内的业务品种，自收到申请文件之日起3个月内；审查董事和高级管理人员的任职资格，自收到申请文件之日起30日内。

（3）审查金融机构的股东。申请设立银行业金融机构，或者银行业金融机构变更持有资本总额或者股份总额达到规定比例以上的股东的，国务院银行业监督管理机构应当对股东的资金来源、财务状况、资本补充能力和诚信状况进行审查。

（4）审查或备案金融机构的金融业务品种。银行业金融机构业务范围内的业务品种，应当按照规定经国务院银行业监督管理机构进行审查批准或者备案。需要审查批准或者备案的业务品种，由国务院银行业监督管理机构依照法律、行政法规作出规定并公布。

（5）对银行业市场准入实施管制。未经国务院银行业监督管理机构批准，任何单位或者个人不得设立银行业金融机构或者从事银行业金融机构的业务活动。

（6）制定银行业金融机构审慎经营规则。国务院银行业监督管理机构依照法律、行政法规制定银行业金融机构的审慎经营规则，包括风险管理、内部控制、资本充足率、资产质量、损失准备金、风险集中、关联交易、资产流动性等内容。

（7）对银行业自律组织的活动进行指导和监督。银行业自律组织的章程应当报国务院银行业监督管理机构备案，由其对银行业自律组织的章程和活动进行行业指导和行政

监管。

（8）建立银行业金融机构的监管评级体系和风险预警机制。国务院银行业监督管理机构应当建立银行业金融机构监督管理评级体系和风险预警机制，根据银行业金融机构的评级情况和风险状况，确定对其现场检查的频率、范围和需要采取的其他措施。

（9）建立银行业金融机构突发事件的发现、报告岗位责任制度。国务院银行业监督管理机构应当建立银行业突发事件的发现、报告岗位责任制度。银行业监督管理机构发现可能引发系统性银行业风险、严重影响社会稳定的突发事件的，应当立即向国务院银行业监督管理机构负责人报告；国务院银行业监督管理机构负责人认为需要向国务院报告的，应当立即向国务院报告，并告知中国人民银行、国务院财政部门等有关部门。

国务院银行业监督管理机构应当会同中国人民银行、国务院财政部门等有关部门建立银行业突发事件处置制度，制定银行业突发事件处置预案，明确处置机构和人员及其职责、处置措施和处置程序，及时、有效地处置银行业突发事件。

（10）负责银行业金融机构数据信息的编制、发表。国务院银行业监督管理机构负责统一编制全国银行业金融机构的统计数据、报表，并按照国家有关规定予以公布。

（11）国际合作。国务院银行业监督管理机构可以开展与银行业监督管理有关的国际交流、合作活动。

三、银行业监督管理机构的监管措施

根据《银行业监督管理法》的规定，银行业监督管理机构可以采取以下监管措施。

1. 要求报送银行业金融机构资料

银行业监督管理机构根据履行职责的需要，有权要求银行业金融机构按照规定报送资产负债表、利润表和其他财务会计、统计报表、经营管理资料以及注册会计师出具的审计报告。

2. 现场检查的具体措施

银行业监督管理机构根据审慎监管的要求，可以采取下列措施进行现场检查：进入银行业金融机构进行检查；询问银行业金融机构的工作人员，要求其对有关检查事项作出说明；查阅、复制银行业金融机构与检查事项有关的文件、资料，对可能被转移、隐匿或者毁损的文件、资料予以封存；检查银行业金融机构运用电子计算机管理业务数据的系统。

特别注意的是：进行现场检查，应当经银行业监督管理机构负责人批准。现场检查时，检查人员不得少于2人，并应当出示合法证件和检查通知书；检查人员少于2人或者未出示合法证件和检查通知书的，银行业金融机构有权拒绝检查。

3. 审慎性监管会谈

银行业监督管理机构根据履行职责的需要，可以与银行业金融机构董事、高级管理人员进行监督管理谈话，要求银行业金融机构董事、高级管理人员就银行业金融机构的业务活动和风险管理的重大事项作出说明。

4. 责令银行业金融机构披露信息

银行业监督管理机构责令应当责令银行业金融机构按照规定，如实向社会公众披露财务会计报告、风险管理状况、董事和高级管理人员变更以及其他重大事项等信息。

5. 对违反审慎性经营规则的银行业金融机构采取强制措施

银行业金融机构违反审慎经营规则的，国务院银行业监督管理机构或者其省一级派出机构应当责令限期改正；逾期未改正的，或者其行为严重危及该银行业金融机构的稳健运行、损害存款人和其他客户合法权益的，经国务院银行业监督管理机构或者其省一级派出机构负责人批准，可以区别情形，采取下列措施：责令暂停部分业务、停止批准开办新业务；限制分配红利和其他收入；限制资产转让；责令控股股东转让股权或者限制有关股东的权利；责令调整董事、高级管理人员或者限制其权利；停止批准增设分支机构。

银行业金融机构整改后，应当向国务院银行业监督管理机构或者其省一级派出机构提交报告。国务院银行业监督管理机构或者其省一级派出机构经验收，符合有关审慎经营规则的，应当自验收完毕之日起3日内解除对其采取的有关限制措施。

6. 查询与申请冻结

经国务院银行业监督管理机构或者其省一级派出机构负责人批准，银行业监督管理机构有权查询涉嫌金融违法的银行业金融机构及其工作人员以及关联行为人的账户；对涉嫌转移或者隐匿违法资金的，经银行业监督管理机构负责人批准，可以申请司法机关予以冻结。

7. 对与涉嫌违法事项有关的单位和个人采取措施

银行业监督管理机构依法对银行业金融机构进行检查时，经设区的市一级以上银行业监督管理机构负责人批准，可以对与涉嫌违法事项有关的单位和个人采取下列措施：询问有关单位或者个人，要求其对有关情况作出说明；查阅、复制有关财务会计、财产权登记等文件、资料；对可能被转移、隐匿、毁损或者伪造的文件、资料，予以先行登记保存。

银行业监督管理机构采取前述规定措施，调查人员不得少于2人，并应当出示合法证件和调查通知书；调查人员少于2人或者未出示合法证件和调查通知书的，有关单位或者个人有权拒绝。对依法采取的措施，有关单位和个人应当配合，如实说明有关情况并提供有关文件、资料，不得拒绝、阻碍和隐瞒。

任务三　证券业的监督管理

一、证券监管的目标和原则

（一）证券监管的目标

国际证券事务监察委员会组织（以下简称IOSCO）将国际范围内的证券监管目标确定为三个：保护投资者利益；保证市场公平、有效和透明；减少系统性风险。

我国于1995年7月11日正式加入IOSCO，我国证券监管的目标基于IOSCO的监管目标，结合我国实际情况，确定为：运用和发挥证券市场机制的积极作用，限制其消极作用；保护投资者利益，保障合法的证券交易活动，监督证券中介机构依法经营；防止人为操纵、欺诈等不法行为，维持证券市场的正常秩序；根据国家宏观经济管理的需要，运用灵活多样的方式，调控证券市场与证券交易规模，引导投资方向，使之与经济发展相适应。

（二）证券监管的原则

证券监管原则指证券监管机构在实施监管活动时所依据的法规和标准，实施监管活动要做到公开、公平、公正。

公开原则，要求参与证券市场活动的主体包括证券监管机构，必须按照相关法律法规规定进行信息披露，信息披露以使投资者充分了解真实情况为标准。它包括发行的信息公开和持续信息公开，证券监管机构对证券市场监管信息公开和执法活动的信息公开等。

公平原则，要求证券市场的所有参者都应被给予平等的法律地位和机会。这条原则保证了每位参与者的合法权益都能得到保护。

公正原则，要求证券监管机构及其他有关部门在履行监管职责的过程中，应当做到依法监管、不偏私、平等对待各方当事人。

二、证券监管的实施

（一）证券监管机构

证券监管机构是指由国家授权专门负责对证券市场实施监督管理的国家行政机构。成立于 1992 年 10 月的中国证券监督管理委员会是目前我国主要履行证券监管职能的国家机关。

（二）国务院证券监督管理机构的监管职责

根据我国《证券法》的规定，国务院证券监督管理机构应履行以下监管职责。

（1）依法制定有关证券市场监督管理的规章、规则，并依法进行审批、核准、注册，办理备案。

（2）依法对证券的发行、上市、交易、登记、存管、结算等行为，进行监督管理。

（3）依法对证券发行人、证券公司、证券服务机构、证券交易场所、证券登记结算机构的证券业务活动，进行监督管理。

（4）依法制定从事证券业务人员的行为准则，并监督实施。

（5）依法监督检查证券发行、上市、交易的信息披露。

（6）依法对证券业协会的自律管理活动进行指导和监督。

（7）依法监测并防范、处置证券市场风险。

（8）依法开展投资者教育。

（9）依法对证券违法行为进行查处。

（10）法律、行政法规规定的其他职责。

（三）国务院证券监督管理机构的监管措施

国务院证券监督管理机构依法履行职责，有权采取以下措施。

（1）对证券发行人、证券公司、证券服务机构、证券交易场所、证券登记结算机构进行现场检查。

（2）进入涉嫌违法行为发生场所调查取证。

（3）询问当事人和与被调查事件有关的单位和个人，要求其对与被调查事件有关的事项作出说明；或者要求其按照指定的方式报送与被调查事件有关的文件和资料。

（4）查阅、复制与被调查事件有关的财产权登记、通讯记录等文件和资料。

（5）查阅、复制当事人和与被调查事件有关的单位和个人的证券交易记录、登记过户记录、财务会计资料及其他相关文件和资料；对可能被转移、隐匿或者毁损的文件和资料，可以予以封存、扣押。

（6）查询当事人和与被调查事件有关的单位和个人的资金账户、证券账户、银行账户以及其他具有支付、托管、结算等功能的账户信息，可以对有关文件和资料进行复制；对有证据证明已经或者可能转移或者隐匿违法资金、证券等涉案财产或者隐匿、伪造、毁损重要证据的，经国务院证券监督管理机构主要负责人或者其授权的其他负责人批准，可以冻结或者查封，期限为6个月；因特殊原因需要延长的，每次延长期限不得超过3个月，冻结、查封期限最长不得超过2年。

（7）在调查操纵证券市场、内幕交易等重大证券违法行为时，经国务院证券监督管理机构主要负责人或者其授权的其他负责人批准，可以限制被调查的当事人的证券买卖，但限制的期限不得超过3个月；案情复杂的，可以延长3个月。

（8）通知出境入境管理机关依法阻止涉嫌违法人员、涉嫌违法单位的主管人员和其他直接责任人员出境。

为防范证券市场风险，维护市场秩序，国务院证券监督管理机构可以采取责令改正、监管谈话、出具警示函等措施。

国务院证券监督管理机构依法履行职责，进行监督检查或者调查，其监督检查、调查的人员不得少于2人，并应当出示合法证件和监督检查、调查通知书或者其他执法文书。监督检查、调查的人员少于2人或者未出示合法证件和监督检查、调查通知书或者其他执法文书的，被检查、调查的单位和个人有权拒绝。

（四）证券业自律性组织

1. 证券交易所

证券交易所是为证券集中交易提供场所和设施，组织和监督证券交易，实行自律管理的法人。根据《证券法》的规定，证券交易所的职能主要有以下几项。

（1）证券交易所应当为组织公平的集中交易提供保障，实时公布证券交易即时行情，并按交易日制作证券市场行情表，予以公布。

（2）证券交易所依照法律、行政法规和国务院证券监督管理机构的规定，制定上市规则、交易规则、会员管理规则和其他有关业务规则，并报国务院证券监督管理机构批准。在证券交易所从事证券交易，应当遵守证券交易所依法制定的业务规则。违反业务规则的，由证券交易所给予纪律处分或者采取其他自律管理措施。

（3）证券交易所可以按照业务规则的规定，决定上市交易股票的停牌或者复牌。

（4）因不可抗力、意外事件、重大技术故障、重大人为差错等突发性事件而影响证券交易正常进行时，为维护证券交易正常秩序和市场公平，证券交易所可以按照业务规则采取技术性停牌、临时停市等处置措施，并应当及时向国务院证券监督管理机构报告。因前述规定的突发性事件导致证券交易结果出现重大异常，按交易结果进行交收将对证券交易正常秩序和市场公平造成重大影响的，证券交易所按照业务规则可以采取取消交易、通知证券登记结算机构暂缓交收等措施，并应当及时向国务院证券监督管理机构报告并公告。证券交易所对其依照本规定采取措施造成的损失，不承担民事赔偿责任，但存在重大过错的除外。

（5）证券交易所对证券交易实行实时监控，并按照国务院证券监督管理机构的要求，对异常的交易情况提出报告。证券交易所根据需要，可以按照业务规则对出现重大异常交易情况的证券账户的投资者限制交易，并及时报告国务院证券监督管理机构。

2. 中国证券业协会

中国证券业协会成立于1991年8月28日，是证券业的自律性组织，属于非营利性社会团体法人。中国证券业协会实行会长负责制，最高权力机构是由全体会员组成的会员大会，理事会为其执行机构。

根据我国《证券法》的规定，中国证券业协会履行下列职责：①教育和组织会员及其从业人员遵守证券法律、行政法规，组织开展证券行业诚信建设，督促证券行业履行社会责任；②依法维护会员的合法权益，向证券监督管理机构反映会员的建议和要求；③督促会员开展投资者教育和保护活动，维护投资者合法权益；④制定和实施证券行业自律规则，监督、检查会员及其从业人员行为，对违反法律、行政法规、自律规则或者协会章程的，按照规定给予纪律处分或者实施其他自律管理措施；⑤制定证券行业业务规范，组织从业人员的业务培训；⑥组织会员就证券行业的发展、运作及有关内容进行研究，收集整理、发布证券相关信息，提供会员服务，组织行业交流，引导行业创新发展；⑦对会员之间、会员与客户之间发生的证券业务纠纷进行调解；⑧证券业协会章程规定的其他职责。

任务四　保险业监督管理

一、保险监管的目标和原则

按照保险业法律法规的要求，我国保险监管的目标是"维护保险市场秩序，保护投保人、被保险人和受益人的合法权益"。为实现该监管目标，保险监督管理机构应遵循"依法、公开、公正"的原则履行监管职责。从《保险法》的相关规定来看，我国保险监管采取实体监管方式，实体监管又称规范监管，即由国务院保险监督管理机构对保险行业的设立、经营、财务、人事乃至破产清算实施有效的监督和管理。实体监管是所有监管方式中最严厉的一种。

二、国务院保险监督管理机构的监管职责

根据我国 2015 年 4 月新修正的《保险法》第 6 章相关条款内容，国务院保险监督管理机构应履行以下职责。

（1）关系社会公众利益的保险险种、依法实行强制保险的险种和新开发的人寿保险险种等的保险条款和保险费率，应当报国务院保险监督管理机构审批。其他保险险种的保险条款和保险费率，应当报保险监督管理机构备案。

（2）国务院保险监督管理机构应当建立健全保险公司偿付能力监管体系，对保险公司的偿付能力实施监控。对偿付能力不足的保险公司，国务院监督管理机构应当将其列为重点监管对象，并可以根据具体情况采取相应措施。

（3）保险公司未依照《保险法》规定提取或者结转各项责任准备金，或者未依照《保险法》规定办理再保险，或者严重违反《保险法》关于资金运用的规定的，由保险监督管理机构责令限期改正，并可以责令调整负责人及有关管理人员。

保险公司逾期未改正的，国务院保险监督管理机构可以决定选派保险专业人员和指定该保险公司的有关人员组成整顿组，对公司进行整顿。整顿过程中，被整顿保险公司的原有业务继续进行，但是国务院保险监督管理机构可以责令被整顿公司停止部分原有业务、停止接受新业务，调整资金运用。

被整顿保险公司经整顿已纠正其违反《保险法》规定的行为，恢复正常经营状况的，由整顿组提出报告，经国务院保险监督管理机构批准，结束整顿，并由国务院保险监督管理机构予以公告。

（4）如果保险公司出现了以下情况之一，国务院保险监督管理机构可以对其实行接管：①公司的偿付能力严重不足；②违反《保险法》规定，损害社会公共利益，可能严重危及或者已经严重危及公司的偿付能力。值得注意的是：被接管的保险公司的债权债务关系不因接管而变化。接管期限届满国务院保险监督管理机构可以决定延长接管期限，但接管期限最长不得超过 2 年。

接管期限届满，被接管的保险公司已恢复正常经营能力的，由国务院保险监督管理机构决定终止接管，并予以公告。被整顿、被接管的保险公司符合《企业破产法》规定的清理债务或者重整情形的，国务院保险监督管理机构可以依法向人民法院申请对该保险公司进行重整或者破产清算。

（5）保险公司因违法经营被依法吊销经营保险业务许可证的，或者偿付能力低于国务院保险监督管理机构规定标准，不予撤销将严重危害保险市场秩序、损害公共利益的，由国务院保险监督管理机构予以撤销并公告，依法及时组织清算组进行清算。

（6）保险公司的股东利用关联交易严重损害公司利益，危及公司偿付能力的，由国务院保险监督管理机构责令改正。在按照要求改正前，国务院保险监督管理机构可以限制其

股东权利；拒不改正的，可以责令其转让所持的保险公司股权。

保险公司在整顿、接管、撤销清算期间，或者出现重大风险时，国务院保险监督管理机构可以对该公司直接负责的董事、监事、高级管理人员和其他直接责任人员采取以下措施：①通知出境管理机关依法阻止其出境；②申请司法机关禁止其转移、转让或者以其他方式处分财产，或者在财产上设定其他权利。

三、保险监督管理机构的监管措施

《保险法》第154条规定，保险监督管理机构依法履行职责，可以采取下列措施。

（1）对保险公司、保险代理人、保险经纪人、保险资产管理公司、外国保险机构的代表机构进行现场检查。

（2）进入涉嫌违法行为发生场所调查取证。

（3）询问当事人及与被调查事件有关的单位和个人，要求其对与被调查事件有关的事项作出说明；

（4）查阅、复制与被调查事件有关的财产权登记等资料。

（5）查阅、复制保险公司、保险代理人、保险经纪人、保险资产管理公司、外国保险机构的代表机构以及与被调查事件有关的单位和个人的财务会计资料及其他相关文件和资料；对可能被转移、隐匿或者毁损的文件和资料予以封存。

（6）查询涉嫌违法经营的保险公司、保险代理人、保险经纪人、保险资产管理公司、外国保险机构的代表机构以及与涉嫌违法事项有关的单位和个人的银行账户。

（7）对有证据证明已经或者可能转移、隐匿违法资金等涉案财产或者隐匿、伪造、毁损重要证据的，经保险监督管理机构主要负责人批准，申请人民法院予以冻结或者查封。

保险监督管理机构依法进行监督检查或者调查，其监督检查、调查的人员不得少于2人，并应当出示合法证件和监督检查、调查通知书；监督检查、调查的人员少于2人或者未出示合法证件和监督检查、调查通知书的，被检查、调查的单位和个人有权拒绝。

练一练

一、名词解释

金融监管　金融监管模式　统一监管模式　分业监管模式　不完全统一监管模式

二、判断题

1. 广义的金融监管仅包括监管机构对从事金融活动主体的监督管理。　　　　（　　）
2. 保险公司若被国务院保险监督管理机构实行监管，其债务债权关系不变。　（　　）
3. 银行监管的目标是促进银行业的合法、稳健运行，防止银行倒闭。　　　　（　　）
4. 银行业监管的发展历程在表象上反映为管制、放松、重新管制。　　　　　（　　）
5. 金融监管的目的是保护金融活动主体的所有权益。　　　　　　　　　　　（　　）

三、单项选择题

1. 世界上首个统一金融监管当局是（　　）。

A．挪威金融监管局　　　　　　B．金融服务局

C．美国联邦储备委员会　　　　C．澳大利亚审慎监管局

2．目前，我国证券市场的监督管理机构是（　　）。

A．中国银监会　　　　　　　　B．中国保监会

C．证券交易所　　　　　　　　D．中国证监会

3．下列关于中国银行业协会的表述，正确的是（　　）。

A．具有金融监管权

B．全国性营利社会团体

C．对会员单位业务进行审批

D．最高权力机构是会员大会

4．下列银行从业人员行为中，符合行为规范的是（　　）。

A．邮储银行工作人员将客户信息透露给中邮保险

B．使用客户风险评估报告的背面打印会议资料

C．按照央行反洗钱要求提供大额交易客户账户信息

D．在同学聚会上透露客户信息

5．银行业监督管理机构依法进行现场检查、调查时，其监督检查、调查的人员不得少于（　　）人，并应当出示合法证件和监督检查、调查通知书。

A．1　　　　　B．2　　　　　C．3　　　　　D．4

四、多项选择题

1．金融监管即（　　）。

A．金融监督　　B．金融管理　　C．金融处罚　　D．金融自律

2．统一监管模式的优势主要包括（　　）。

A．统一监管模式对整个金融业进行监管，对于不同行业的信息、人力、物力可以共享，降低了监管成本，同时还可以进行信息交叉比对，改善了信息质量，获得规模效益。

B．统一监管模式不需要区分具体行业，因而能够迅速适应新产品、新业态，更适合创新层出不穷的现代金融市场。

C．统一的监管机构进行监管活动能够避免出现监管真空、监管重叠，同时保证统一的监管水平和监管强度，保证了监管的一致性。

D．监管机构间通过竞争提高监管效率。

3．我国银行业监督管理的目标是（　　）。

A．银行业监督管理的目标是促进银行业的合法、稳健运行

B．维护公众对银行业的信心

C．银行业监督管理应当保护银行业公平竞争，提高银行业竞争能力

D．促进银行间充分竞争

4．一般而言，银行从业人员可以兼职的机构有（　　）。

A．外资企业　　B．银行业协会　　C．慈善基金会　　D．学术团体

5. 国务院保险监督管理机构需要对保险公司进行监管的情形包括（　　）。

    A. 公司的偿付能力严重不足

    B. 违反《保险法》规定，损害社会公共利益，可能严重危及或者已经严重危及公司的偿付能力

    C. 保险公司未依照《保险法》规定提取或者结转各项责任准备金，但并未影响保险公司的偿付能力

    D. 保险公司未依照《保险法》规定办理再保险，但并未影响保险公司的偿付能力

五、思考题

1. 如何理解金融监管的概念？
2. 试比较统一监管模式和分业监管模式的优缺点。
3. 请简述我国银行业监管的原则。
4. 请简述我国证券监管的目标。
5. 请简述保险机构的接管流程。

六、案例分析题

甲商业银行向A公司发放1亿元人民币流动资金贷款。但由于银行疏于贷后管理，未能及时发现部分贷款并未按约定用途使用，而是用于股票市场的投资，国务院银行业监督管理机构发现此事后，约见该银行负责人进行诫勉谈话，并要求该行迅速核查A公司的问题贷款并对辖内贷款业务开展全面检查。同时没收该行全部违法所得，处违法所得2倍罚款，暂停该行对公贷款业务1年，并取消负有重要责任的商业银行高管的任职资格。

请问：国务院银行业监督管理机构对该行的处罚是否合法？依据是什么？

项目五　反洗钱

【学习目标】

通过本项目的学习，学生能够：
1. 认识洗钱的上游犯罪活动，履行商业银行反洗钱义务。
2. 快速识别大额交易和可疑交易。
3. 了解违反《反洗钱法》应承担的法律责任。
4. 树立依法执业的思想，形成积极的社会担当，提升综合职业素养。

导入案例

张某在网上看到收购闲置银行卡的广告，遂以50元一张的价格出售了3张自己闲置不用的银行卡，后来，司法机关通知张某出售的3张银行卡被用于洗钱活动。

讨论：1. 张某出售银行卡的行为是否构成洗钱罪？如果构成应承担何种法律责任？

2. 如果不构成洗钱罪，请问触犯了哪些法律法规？

任务一　洗钱与反洗钱概述

一、洗钱概述

（一）洗钱的概念

洗钱是指通过各种方式掩饰、隐瞒毒品犯罪、黑社会性质的组织犯罪、恐怖活动犯罪、走私犯罪、贪污贿赂犯罪、破坏金融管理秩序犯罪、金融诈骗犯罪和其他犯罪所得及其收益的来源和性质的各种行为。

洗钱行为并不能独立存在，其存在以其他犯罪行为为基础，因此洗钱行为被称为"下游犯罪"或者"后发性犯罪"，而与之相关的犯罪行为则被称为"上游犯罪"或者"先行犯罪"，没有"上游犯罪"就不存在洗钱行为。

（二）洗钱罪的构成

洗钱罪是行为人违反规定，实施有关洗钱行为而构成的犯罪。犯罪主体、主观表现、犯罪客体、客观表现是洗钱罪的构成要件。

1. 犯罪主体

洗钱罪的犯罪主体一般为自然人，也可以是单位。在我国，年满16周岁具有刑事责任能力的自然人和单位都有可能成为洗钱罪的犯罪主体。

2．主观表现

洗钱罪的主观表现为行为人主观方面的犯罪故意，即强调"明知"是犯罪所得或犯罪产生的收益而继续从事洗钱活动。

3．犯罪客体

洗钱罪的犯罪客体即洗钱行为的指向对象，一般认为是国家的金融管理制度、正常的社会经济活动秩序、国家的金融监督管理活动和外汇管理的相关规定等。

4．客观表现

洗钱罪在行为上的客观表现如下。

（1）提供资金账户。即为犯罪人开设银行资金账户或者将现有的银行资金账户提供给犯罪人使用。

（2）将财产转为现金、金融票据、有价证券。

（3）通过转账或者其他支付结算方式转移资金。

（4）跨境转移资产。

（5）以其他方式掩饰、隐瞒犯罪所得及其收益的来源和性质。

只要行为人实施了上述五种行为方式中的一种，就构成洗钱罪的客观表现。

（三）洗钱的手段

从近年来最高人民法院审理的洗钱相关案例可以将常用的洗钱手段概括如下。

1．利用金融机构

这种是最为常见的一种方式，主要是犯罪主体通过伪造票据、开立假名账户、购买大额保单、金融产品投资、金融衍生品投资等方式，将资金投入金融行业，再通过资金的频繁划转掩盖其真实的来源和目的。

2．通过设立公司

犯罪主体通过向资金密集型行业投资，成立匿名公司，在公司经营过程中通过虚假合同，虚增、虚减成本或收益的方式达到洗钱的目的。这种洗钱方式往往需要会计师事务所、律师事务所等机构的配合。

3．通过商品交易

随着金融监管部门加大对金融机构、律师事务所等重点机构的管控，尤其是存款实名制、现金交易报告等制度的严格执行，犯罪主体转向通过现金交易购买贵金属、古玩、艺术品等大价值商品达到洗钱的目的。

4．其他洗钱方式

主要包括利用"蚂蚁搬家""人体搬运"等方式进行走私，利用"地下钱庄"和民间借贷转移犯罪所得，利用彩票、博彩等方式使非法收入合法化。

二、反洗钱概述

（一）反洗钱的概念

反洗钱是指为了预防通过各种方式掩饰、隐瞒毒品犯罪、黑社会性质的组织犯罪、恐怖活动犯罪、走私犯罪、贪污贿赂犯罪、破坏金融管理秩序犯罪、金融诈骗犯罪和其他犯罪所得及其收益的来源和性质的洗钱活动，依法采取相关措施的行为。

（二）我国反洗钱的主要机构

1. 行政主管部门

国务院反洗钱行政主管部门负责全国的反洗钱监督管理工作。国务院反洗钱行政主管部门、国务院有关部门、监察机关和司法机关在反洗钱工作中应当相互配合。

2. 反洗钱监测分析中心

国务院反洗钱行政主管部门设立反洗钱监测分析机构——中国反洗钱监测分析中心。中国反洗钱监测分析中心隶属于中国人民银行，是中国政府根据联合国有关公约的原则和金融行动特别工作组（FATF）建议以及中国国情建立的行政型国家金融情报机构（FIU），主要负责开展反洗钱资金监测，负责接收、分析大额交易和可疑交易报告，移送分析结果，并按照规定向国务院反洗钱行政主管部门报告工作情况，履行国务院反洗钱行政主管部门规定的其他职责。

任务二 《反洗钱法》解读

我国现行的《反洗钱法》于 2006 年 10 月 31 日第十届全国人民代表大会常务委员会第二十四次会议通过，于 2024 年 11 月 8 日第十四届全国人民代表大会常务委员会第十二次会议修订，自 2025 年 1 月 1 日起施行。

一、反洗钱的主体及义务

（一）反洗钱的主体

根据《反洗钱法》的规定，在中华人民共和国境内设立的金融机构和依照规定应当履行反洗钱义务的特定非金融机构，应当依法采取预防、监控措施，建立健全反洗钱内部控制制度，履行反洗钱义务。

金融机构包括：银行业、证券基金期货业、保险业、信托业金融机构；非银行支付机构；国务院反洗钱行政主管部门确定并公布的其他从事金融业务的机构。

特定非金融机构包括：提供房屋销售、房屋买卖经纪服务的房地产开发企业或者房地产中介机构；接受委托为客户办理买卖不动产，代管资金、证券或者其他资产，代管银行账户、证券账户，为成立、运营企业筹措资金以及代理买卖经营性实体业务的会计师事务所、律师事务所、公证机构；从事规定金额以上贵金属、宝石现货交易的交易商；国务院反洗钱行政主管部门会同国务院有关部门根据洗钱风险状况确定的其他需要履行反洗钱义务的机构。

（二）金融机构应承担的反洗钱义务

我国《反洗钱法》明确规定，金融机构应承担的反洗钱义务主要包括以下几项。

（1）金融机构应当依照规定建立健全反洗钱内部控制制度，设立专门机构或者指定内设机构牵头负责反洗钱工作，根据经营规模和洗钱风险状况配备相应的人员，按照要求开展反洗钱培训和宣传。金融机构应当通过内部审计或者社会审计等方式，监督反洗钱内部控制制度的有效实施。金融机构的负责人对反洗钱内部控制制度的有效实施负责。

（2）金融机构应当定期评估洗钱风险状况并制定相应的风险管理制度和流程，根据需要建立相关信息系统。

（3）金融机构应当按照规定建立客户尽职调查制度。金融机构进行客户尽职调查，可以通过反洗钱行政主管部门以及公安、市场监督管理、民政、税务、移民管理、电信管理等部门依法核实客户身份等有关信息，相关部门应当依法予以支持。客户尽职调查包括识别并采取合理措施核实客户及其受益所有人身份，了解客户建立业务关系和交易的目的，涉及较高洗钱风险的，还应当了解相关资金来源和用途。金融机构开展客户尽职调查，应当根据客户特征和交易活动的性质、风险状况进行，对于涉及较低洗钱风险的，金融机构应当根据情况简化客户尽职调查。金融机构依托第三方开展客户尽职调查的，应当评估第三方的风险状况及其履行反洗钱义务的能力。第三方具有较高风险情形或者不具备履行反洗钱义务能力的，金融机构不得依托其开展客户尽职调查。

（4）在业务关系存续期间，金融机构应当持续关注并评估客户整体状况及交易情况，了解客户的洗钱风险。发现客户进行的交易与金融机构所掌握的客户身份、风险状况等不符的，应当进一步核实客户及其交易有关情况；对存在洗钱高风险情形的，必要时可以采取限制交易方式、金额或者频次，限制业务类型，拒绝办理业务，终止业务关系等洗钱风险管理措施。

（5）金融机构应当按照规定建立客户身份资料和交易记录保存制度。在业务关系存续期间，客户身份信息发生变更的，应当及时更新。客户身份资料在业务关系结束后、客户交易信息在交易结束后，应当至少保存十年。金融机构解散、被撤销或者被宣告破产时，应当将客户身份资料和客户交易信息移交国务院有关部门指定的机构。

（6）金融机构应当按照规定执行大额交易报告制度，客户单笔交易或者在一定期限内的累计交易超过规定金额的，应当及时向反洗钱监测分析机构报告。金融机构应当按照规定执行可疑交易报告制度，制定并不断优化监测标准，有效识别、分析可疑交易活动，及时向反洗钱监测分析机构提交可疑交易报告；提交可疑交易报告的情况应当保密。

二、反洗钱调查

国务院反洗钱行政主管部门或者其设区的市级以上派出机构发现涉嫌洗钱的可疑交易

活动或者违反《反洗钱法》规定的其他行为，需要调查核实的，经国务院反洗钱行政主管部门或者其设区的市级以上派出机构负责人批准，可以向金融机构、特定非金融机构发出调查通知书，开展反洗钱调查。反洗钱行政主管部门开展反洗钱调查，涉及特定非金融机构的，必要时可以请求有关特定非金融机构主管部门予以协助。

金融机构、特定非金融机构应当配合反洗钱调查，在规定时限内如实提供有关文件、资料。开展反洗钱调查，调查人员不得少于2人，并应当出示执法证件和调查通知书；调查人员少于2人或者未出示执法证件和调查通知书的，金融机构、特定非金融机构有权拒绝接受调查。

国务院反洗钱行政主管部门或者其设区的市级以上派出机构开展反洗钱调查，可以采取下列措施：①询问金融机构、特定非金融机构有关人员，要求其说明情况；②查阅、复制被调查对象的账户信息、交易记录和其他有关资料；③对可能被转移、隐匿、篡改或者毁损的文件、资料予以封存。

特别需要注意的是，询问应当制作询问笔录。询问笔录应当交被询问人核对。记载有遗漏或者差错的，被询问人可以要求补充或者更正。被询问人确认笔录无误后，应当签名或者盖章；调查人员也应当在笔录上签名。

调查人员封存文件、资料，应当会同金融机构、特定非金融机构的工作人员查点清楚，当场开列清单一式2份，由调查人员和金融机构、特定非金融机构的工作人员签名或者盖章，一份交金融机构或者特定非金融机构，一份附卷备查。

经调查仍不能排除洗钱嫌疑或者发现其他违法犯罪线索的，应当及时向有管辖权的机关移送。接受移送的机关应当按照有关规定反馈处理结果。客户转移调查所涉及的账户资金，国务院反洗钱行政主管部门认为必要时，经其负责人批准，可以采取临时冻结措施。

接受移送的机关接到线索后，对已依照规定临时冻结的资金，应当及时决定是否继续冻结。接受移送的机关认为需要继续冻结的，依照相关法律规定采取冻结措施；认为不需要继续冻结的，应当立即通知国务院反洗钱行政主管部门，国务院反洗钱行政主管部门应当立即通知金融机构解除冻结。

临时冻结不得超过48小时。金融机构在按照国务院反洗钱行政主管部门的要求采取临时冻结措施后48小时内，未接到国家有关机关继续冻结通知的，应当立即解除冻结。

三、法律责任

（一）行政主管部门

根据《反洗钱法》的规定，反洗钱行政主管部门和其他依法负有反洗钱监督管理职责的部门从事反洗钱工作的人员有下列行为之一的，依法给予行政处分：①违反规定进行检查、调查或者采取临时冻结措施；②泄露因反洗钱知悉的国家秘密、商业秘密或者个人隐私；③违反规定对有关机构和人员实施行政处罚；④其他不依法履行职责的行为。

其他国家机关工作人员有前述第2项工作行为的，依法给予处分。

（二）金融机构

（1）金融机构有下列情形之一的，由国务院反洗钱行政主管部门或者其设区的市级以上派出机构责令限期改正；情节较重的，给予警告或者处20万元以下罚款；情节严重或者逾期未改正的，处20万元以上200万元以下罚款，可以根据情形在职责范围内或者建议有关金融管理部门限制或者禁止其开展相关业务：①未按照规定制定、完善反洗钱内部控制制度规范；②未按照规定设立专门机构或者指定内设机构牵头负责反洗钱工作；③未按照规定根据经营规模和洗钱风险状况配备相应人员；④未按照规定开展洗钱风险评估或者健全相应的风险管理制度；⑤未按照规定制定、完善可疑交易监测标准；⑥未按照规定开展反洗钱内部审计或者社会审计；⑦未按照规定开展反洗钱培训；⑧）应当建立反洗钱相关信息系统而未建立，或者未按照规定完善反洗钱相关信息系统；⑨金融机构的负责人未能有效履行反洗钱职责。

（2）金融机构有下列行为之一的，由国务院反洗钱行政主管部门或者其设区的市级以上派出机构责令限期改正，可以给予警告或者处20万元以下罚款；情节严重或者逾期未改正的，处20万元以上200万元以下罚款：①未按照规定开展客户尽职调查；②未按照规定保存客户身份资料和交易记录；③未按照规定报告大额交易；④未按照规定报告可疑交易。

（3）金融机构有下列行为之一的，由国务院反洗钱行政主管部门或者其设区的市级以上派出机构责令限期改正，处50万元以下罚款；情节严重的，处50万元以上500万元以下罚款，可以根据情形在职责范围内或者建议有关金融管理部门限制或者禁止其开展相关业务：①为身份不明的客户提供服务、与其进行交易，为客户开立匿名账户、假名账户，或者为冒用他人身份的客户开立账户；②未按照规定对洗钱高风险情形采取相应洗钱风险管理措施；③未按照规定采取反洗钱特别预防措施；④违反保密规定，查询、泄露有关信息；⑤拒绝、阻碍反洗钱监督管理、调查，或者故意提供虚假材料；⑥篡改、伪造或者无正当理由删除客户身份资料、交易记录；⑦自行或者协助客户以拆分交易等方式故意逃避履行反洗钱义务。

此外，国务院反洗钱行政主管部门或者其设区的市级以上派出机构依照前述规定对金融机构进行处罚的，还可以根据情形对负有责任的董事、监事、高级管理人员或者其他直接责任人员，给予警告或者处20万元以下罚款；情节严重的，可以根据情形在职责范围内实施或者建议有关金融管理部门实施取消其任职资格、禁止其从事有关金融行业工作等处罚。

任务三　反洗钱三大基本制度

一、大额交易和可疑交易的报告制度

为了规范金融机构大额交易和可疑交易报告行为，根据《反洗钱法》《中国人民银行法》《反恐怖主义法》等法律法规，中国人民银行对《金融机构大额交易和可疑交易报告

管理办法》（以下简称《管理办法》）进行了修订，经 2016 年 12 月 9 日第 9 次行长办公会议通过，自 2017 年 7 月 1 日起施行。

（一）适用范围及相关要求

大额交易报告指金融机构对规定金额以上的资金交易依法向中国反洗钱监测分析中心提交的报告。

可疑交易报告指金融机构发现或者有合理理由怀疑客户、客户的资金或者其他资产、客户的交易或者试图进行的交易与洗钱、恐怖融资等犯罪活动相关的，不论所涉资金金额或者资产价值大小，应按照要求，向中国反洗钱监测分析中心提交报告。

1. 适用范围

根据《管理办法》的规定，在中华人民共和国境内依法设立的下列金融机构应当按照相关规定履行大额交易和可疑交易报告义务。

（1）政策性银行、商业银行、农村合作银行、农村信用社、村镇银行。

（2）证券公司、期货公司、基金管理公司。

（3）保险公司、保险资产管理公司、保险专业代理公司、保险经纪公司。

（4）信托公司、金融资产管理公司、企业集团财务公司、金融租赁公司、汽车金融公司、消费金融公司、货币经纪公司、贷款公司。

（5）中国人民银行确定并公布的应当履行反洗钱义务的从事金融业务的其他机构。

另外，非银行支付机构、从事汇兑业务和基金销售业务的机构报告大额交易和可疑交易适用《管理办法》。银行卡清算机构、资金清算中心等从事清算业务的机构应当按照中国人民银行有关规定开展交易监测分析、报告工作。

2. 报告要求

金融机构应当履行大额交易和可疑交易报告义务，向<u>中国反洗钱监测分析中心报送大额交易和可疑交易报告</u>，接受中国人民银行及其分支机构的监督、检查。<u>金融机构应当在大额交易发生之日起 5 个工作日内以电子方式提交大额交易报告。金融机构应当在按本机构可疑交易报告内部操作规程确认为可疑交易后，及时以电子方式提交可疑交易报告。既属于大额交易又属于可疑交易的交易，金融机构应当分别提交大额交易报告和可疑交易报告。</u>

3. 内部管理要求

金融机构应当根据《管理办法》制定大额交易和可疑交易报告内部管理制度和操作规程，对本机构的大额交易和可疑交易报告工作做出统一要求，并对分支机构、附属机构大额交易和可疑交易报告制度的执行情况进行监督管理。

金融机构应当将大额交易和可疑交易报告制度向中国人民银行或其总部所在地的中国人民银行分支机构报备。

金融机构应当设立专职的反洗钱岗位，配备专职人员负责大额交易和可疑交易报告工作，并提供必要的资源保障和信息支持。

（二）大额交易认定标准

（1）当日单笔或者累计交易人民币 5 万元以上（含 5 万元）、外币等值 1 万美元以上（含 1 万美元）的现金缴存、现金支取、现金结售汇、现钞兑换、现金汇款、现金票据解付及其他形式的现金收支。

（2）非自然人客户银行账户与其他的银行账户发生当日单笔或者累计交易人民币 200 万元以上（含 200 万元）、外币等值 20 万美元以上（含 20 万美元）的款项划转。

（3）自然人客户银行账户与其他的银行账户发生当日单笔或者累计交易人民币 50 万元以上（含 50 万元）、外币等值 10 万美元以上（含 10 万美元）的境内款项划转。

（4）自然人客户银行账户与其他的银行账户发生当日单笔或者累计交易人民币 20 万元以上（含 20 万元）、外币等值 1 万美元以上（含 1 万美元）的跨境款项划转。

累计交易金额以客户为单位，按资金收入或者支出单边累计计算并报告。中国人民银行另有规定的除外。对同时符合两项以上大额交易标准的交易，金融机构应当分别提交大额交易报告。

根据《管理办法》的规定，下列大额交易如未发现交易或行为可疑的，金融机构可以不报告：

（1）定期存款到期后，不直接提取或者划转，而是本金或者本金加全部或者部分利息持续存入在同一金融机构开立的同一户名下的另一账户。

（2）自然人实盘外汇买卖交易过程中不同外币币种间的转换。

（3）交易一方为各级党的机关、国家权力机关、行政机关、司法机关、军事机关、人民政协机关和人民解放军、武警部队，但不包含其下属的各类企事业单位。

（4）金融机构同业拆借、在银行间债券市场进行的债券交易。

（5）金融机构在黄金交易所进行的黄金交易。

（6）金融机构内部调拨资金。

（7）国际金融组织和外国政府贷款转贷业务项下的交易。

（8）国际金融组织和外国政府贷款项下的债务掉期交易。

（9）政策性银行、商业银行、农村合作银行、农村信用社、村镇银行办理的税收、错账冲正、利息支付。

（10）中国人民银行确定的其他情形。

此外，下列金融机构与客户进行金融交易并通过银行账户划转款项的，由银行机构按照《管理办法》的规定提交大额交易报告。

（1）证券公司、期货公司、基金管理公司。

（2）保险公司、保险资产管理公司、保险专业代理公司、保险经纪公司。

（3）信托公司、金融资产管理公司、企业集团财务公司、金融租赁公司、汽车金融公司、消费金融公司、货币经纪公司、贷款公司。

客户通过在境内金融机构开立的账户或者境内银行卡所发生的大额交易，由开立账户的金融机构或者发卡银行报告；客户通过境外银行卡所发生的大额交易，由收单机构报告；客户不通过账户或者银行卡发生的大额交易，由办理业务的金融机构报告。

（三）可疑交易认定规定

金融机构应当制定本机构的交易监测标准，并对其有效性负责。交易监测标准包括并不限于客户的身份、行为，交易的资金来源、金额、频率、流向、性质等存在异常的情形，并应当参考以下因素：①中国人民银行及其分支机构发布的反洗钱、反恐怖融资规定及指引、风险提示、洗钱类型分析报告和风险评估报告。②公安机关、司法机关发布的犯罪形势分析、风险提示、犯罪类型报告和工作报告。③本机构的资产规模、地域分布、业务特点、客户群体、交易特征，洗钱和恐怖融资风险评估结论。④中国人民银行及其分支机构出具的反洗钱监管意见。⑤中国人民银行要求关注的其他因素。

金融机构应当定期对交易监测标准进行评估，并根据评估结果完善交易监测标准。金融机构应当对通过交易监测标准筛选出的交易进行人工分析、识别，并记录分析过程；不作为可疑交易报告的，应当记录分析排除的合理理由；确认为可疑交易的，应当在可疑交易报告理由中完整记录对客户身份特征、交易特征或行为特征的分析过程。

可疑交易符合下列情形之一的，金融机构应当在向中国反洗钱监测分析中心提交可疑交易报告的同时，以电子形式或书面形式向所在地中国人民银行或者其分支机构报告，并配合反洗钱调查：①明显涉嫌洗钱、恐怖融资等犯罪活动；②严重危害国家安全或者影响社会稳定；③其他情节严重或者情况紧急的情形。

案例

甲某拥有几家空壳公司，公司经营范围十分广泛，注册资本10万—20万元不等。甲某具有多张个人额度较大的信用卡。甲某通过在空壳公司的POS机刷卡，每月从银行套出资金近千万元，再通过网上银行将资金分拆，分别转入甲某个人账户及利用他人身份证开立的个人账户，然后取现。取现后，甲某又通过网络等媒体发布信息，将套出资金从事民间借贷、代他人验资、垫资等非法融资活动。

请问：案例中涉及的交易是不是大额交易？是不是可疑交易？

二、客户身份识别制度

2024年修订前的《反洗钱法》第16条规定，金融机构应当按照规定建立客户身份识别制度。修改后的《反洗钱法》第28条规定，金融机构应当按照规定建立客户尽职调查制度。可见，在新修订的《反洗钱法》中客户身份识别制度已被客户尽职调查制度替代。但目前，在部门规章层面，仍然有效的是《金融机构客户身份识别和客户身份资料及交易记录保存管理办法》。2007年6月21日，中国人民银行、中国银行业监督管理委员会、中国证券监督管理委员会和中国保险监督管理委员会联合公布《金融机构客户身份识别和客户身份资料及交易记录保存管理办法》，该办法自2007年8月1日起实施。

(一)客户身份识别的含义及措施

1. 客户身份识别的含义

客户身份识别,是指金融机构在与客户建立业务关系或与其进行交易时,应当根据法定的有效身份证件或其他身份证明文件信息,确认客户的真实身份,同时了解客户的职业情况或经营背景、交易目的、交易性质以及资金来源等。

2. 客户身份识别的措施

客户身份识别主要采取以下措施。

(1)识别客户身份,并通过来源可靠、独立的证明材料、数据或者信息核实客户身份。

(2)了解客户建立业务关系和交易的目的,并根据风险状况获取相关信息。

(3)对于洗钱或者恐怖融资风险较高的情况,了解客户的资金来源和用途,并根据风险状况采取强化的尽职调查措施。

(4)在业务关系存续期间,对客户采取持续的尽职调查措施,审查客户状况及其交易情况,以确认为客户提供的各类服务和交易符合金融机构对客户身份背景、业务需求、风险状况以及资金来源和用途等方面的认识。

(5)对于客户为法人或者非法人组织的,识别并采取合理措施核实客户的所有受益人。

金融机构除核对有效身份证件或者其他身份证明文件外,可以采取以下的一种或者几种措施,识别或者重新识别客户身份:①要求客户补充其他身份资料或者身份证明文件;②回访客户;③实地查访;④向公安、工商行政管理等部门核实;⑤其他可依法采取的措施。

银行业金融机构履行客户身份识别义务时,按照法律、行政法规或部门规章的规定需核对自然人的居民身份证的,应通过中国人民银行建立的联网核查公民身份信息系统进行核查。其他金融机构核实自然人的公民身份信息时,可以通过中国人民银行建立的联网核查公民身份信息系统进行核查。

金融机构委托其他金融机构向客户销售金融产品时,应在委托协议中明确双方在识别客户身份方面的职责,相互提供必要的协助,相应采取有效的客户身份识别措施。

3. 委托第三方识别客户身份的要求

金融机构委托金融机构以外的第三方识别客户身份的,应当符合下列要求。

(1)能够证明第三方按照反洗钱法律、行政法规等的要求,采取了客户身份识别和身份资料保存的必要措施。

(2)第三方为本金融机构提供客户信息,不存在法律制度、技术等方面的障碍。

(3)本金融机构在办理业务时,能立即获得第三方提供的客户信息,还可在必要时从第三方获得客户的有效身份证件、身份证明文件的原件、复印件或者影印件。

委托第三方代为履行识别客户身份的,金融机构应当承担未履行客户身份识别义务的责任。

(二)客户身份识别的情形

1. 银行业金融机构客户身份识别的情形

根据《金融机构客户身份识别和客户身份资料及交易记录保存管理办法》的规定,在下列情况下,银行业金融机构需要履行客户身份识别义务。

(1)政策性银行、商业银行、农村合作银行、城市信用合作社、农村信用合作社等金融机构和从事汇兑业务的机构,在以开立账户等方式与客户建立业务关系,为不在本机构开立账户的客户提供现金汇款、现钞兑换、票据兑付等一次性金融服务且交易金额单笔人民币1万元以上或者外币等值1000美元以上的,应当识别客户身份,了解实际控制客户的自然人和交易的实际受益人,核对客户的有效身份证件或者其他身份证明文件,登记客户身份基本信息,并留存有效身份证件或者其他身份证明文件的复印件或者影印件。

(2)商业银行、农村合作银行、城市信用合作社、农村信用合作社等金融机构为自然人客户办理人民币单笔5万元以上或者外币等值1万美元以上现金存取业务的,应当核对客户的有效身份证件或者其他身份证明文件。

(3)金融机构提供保管箱服务时,应了解保管箱的实际使用人。

(4)政策性银行、商业银行、农村合作银行、城市信用合作社、农村信用合作社等金融机构和从事汇兑业务的机构为客户向境外汇出资金时,应当登记汇款人的姓名或者名称、账号、住所和收款人的姓名、住所等信息,在汇兑凭证或者相关信息系统中留存前述信息,并向接收汇款的境外机构提供汇款人的姓名或者名称、账号、住所等信息。汇款人没有在本金融机构开户,金融机构无法登记汇款人账号的,可登记并向接收汇款的境外机构提供其他相关信息,确保该笔交易的可跟踪稽核。境外收款人住所不明确的,金融机构可登记接收汇款的境外机构所在地名称。

(5)接收境外汇入款的金融机构,发现汇款人姓名或者名称、汇款人账号和汇款人住所三项信息中任何一项缺失的,应要求境外机构补充。如汇款人没有在办理汇出业务的境外机构开立账户,接收汇款的境内金融机构无法登记汇款人账号的,可登记其他相关信息,确保该笔交易的可跟踪稽核。境外汇款人住所不明确的,境内金融机构可登记资金汇出地名称。

2. 证券业金融机构客户身份识别的情形

证券公司、期货公司、基金管理公司以及其他从事基金销售业务的机构在办理以下业务时,应当识别客户身份,了解实际控制客户的自然人和交易的实际受益人,核对客户的有效身份证件或者其他身份证明文件,登记客户身份基本信息,并留存有效身份证件或者其他身份证明文件的复印件或者影印件:①资金账户开户、销户、变更,资金存取等;②开立基金账户;③代办证券账户的开户、挂失、销户或者期货客户交易编码的申请、挂失、销户;④与客户签订期货经纪合同;⑤为客户办理代理授权或者取消代理授权;⑥转托管,指定交易、撤销指定交易;⑦代办股份确认;⑧交易密码挂失;⑨修改客户身份基本信息等资料;⑩开通网上交易、电话交易等非柜面交易方式;⑪与客户签订融资融券等信用交易合同;⑫办理中国人民银行和中国证券监督管理委员会确定的其他业务。

3. 保险业金融机构客户身份识别的情形

（1）订立保险合同

对于保险费金额人民币1万元以上或者外币等值1000美元以上且以现金形式缴纳的财产保险合同，单个被保险人保险费金额人民币2万元以上或者外币等值2000美元以上且以现金形式缴纳的人身保险合同，保险费金额人民币20万元以上或者外币等值2万美元以上且以转账形式缴纳的保险合同，保险公司在订立保险合同时，应确认投保人与被保险人的关系，核对投保人和人身保险被保险人、法定继承人以外的指定受益人的有效身份证件或者其他身份证明文件，登记投保人、被保险人、法定继承人以外的指定受益人的身份基本信息，并留存有效身份证件或者其他身份证明文件的复印件或者影印件。

（2）解除保险合同

在客户申请解除保险合同时，如退还的保险费或者退还的保险单的现金价值金额为人民币1万元以上或者外币等值1000美元以上的，保险公司应当要求退保申请人出示保险合同原件或者保险凭证原件，核对退保申请人的有效身份证件或者其他身份证明文件，确认申请人的身份。

（3）要求给付赔偿金

在被保险人或者受益人请求保险公司赔偿或者给付保险金时，如金额为人民币1万元以上或者外币等值1000美元以上，保险公司应当核对被保险人或者受益人的有效身份证件或者其他身份证明文件，确认被保险人、受益人与投保人之间的关系，登记被保险人、受益人身份基本信息，并留存有效身份证件或者其他身份证明文件的复印件或者影印件。

（三）重新客户身份识别的情形

出现以下情况时，金融机构应当重新识别客户身份。

（1）客户要求变更姓名或者名称、身份证件或者身份证明文件种类、身份证件号码、注册资本、经营范围、法定代表人或者负责人。

（2）客户行为或者交易情况出现异常。

（3）客户姓名或者名称与国务院有关部门、机构和司法机关依法要求金融机构协查或者关注的犯罪嫌疑人、洗钱和恐怖融资分子的姓名或者名称相同。

（4）客户有洗钱、恐怖融资活动嫌疑。

（5）金融机构获得的客户信息与先前已经掌握的相关信息存在不一致或者相互矛盾。

（6）先前获得的客户身份资料的真实性、有效性、完整性存在疑点。

（7）金融机构认为应重新识别客户身份的其他情形。

（四）代销机构的识别义务

金融机构委托其他金融机构向客户销售金融产品时，应在委托协议中明确双方在识别客户身份方面的职责，相互间提供必要的协助，相应采取有效的客户身份识别措施。

符合下列条件时，金融机构可信赖销售金融产品的金融机构所提供的客户身份识别结果，不再重复进行已完成的客户身份识别程序，但仍应承担未履行客户身份识别义务的责任：①销售金融产品的金融机构采取的客户身份识别措施符合反洗钱法律、行政法规和《金融机构客户身份识别和客户身份资料及交易记录保存管理办法》的要求；②金融机构能够有效获得并保存客户身份资料信息。

> **案例**
>
> 2024年6月1日，甲和乙到丙银行申请开户并存入200万元现金，银行工作人员没有核对存款人的身份证件、资金来源等，便为其办理了业务。
>
> **请问：** 该银行工作人员的行为是否有违规之处？

三、客户身份资料和交易记录保存制度

金融机构应当按照安全、准确、完整、保密的原则，妥善保存客户身份资料和交易记录，提供识别客户身份、监测分析交易情况、调查可疑交易活动和查处洗钱案件所需的信息。

金融机构应当保存的客户身份资料包括记载客户身份信息、资料以及反映金融机构开展客户身份识别工作情况的各种记录和资料。

金融机构应当保存的交易记录包括关于每笔交易的数据信息、业务凭证、账簿以及有关规定要求的反映交易真实情况的合同、业务凭证、单据、业务函件和其他资料。

金融机构应采取必要管理措施和技术措施，防止客户身份资料和交易记录的缺失、损毁，防止泄露客户身份信息和交易信息。

金融机构应采取切实可行的措施保存客户身份资料和交易记录，便于反洗钱调查和监督管理。

金融机构应当按照下列期限保存客户身份资料和交易记录：

（1）客户身份资料，自业务关系结束当年或者一次性交易结束后至少保存5年。
（2）交易记录自交易结束后至少保存5年。

如客户身份资料和交易记录涉及正在被反洗钱调查的可疑交易活动，且反洗钱调查工作在前述规定的最低保存期届满时仍未结束的，金融机构应将其保存至反洗钱调查工作结束。

同一介质上存有不同保存期限客户身份资料或者交易记录的，应当按最长期限保存。同一客户身份资料或者交易记录采用不同介质保存的，至少应当按照前述期限要求保存一种介质的客户身份资料或者交易记录。

法律、行政法规和其他规章对客户身份资料和交易记录有更长保存期限要求的，遵守其规定。

任务四　金融机构反洗钱和反恐怖融资监督管理办法

为了应对日益严峻的国际反恐形势和越来越猖獗的国际恐怖活动，督促金融机构有效

履行反洗钱和反恐怖融资义务，规范反洗钱和反恐怖融资监督管理行为，根据《反洗钱法》《中国人民银行法》《反恐怖主义法》等法律法规，2021年4月中国人民银行发布了《金融机构反洗钱和反恐怖融资监督管理办法》，自2021年8月1日起施行。《金融机构反洗钱和反恐怖融资监督管理办法》包括总则在内共5章39条，主要对金融机构反洗钱和反恐怖融资内部控制和风险管理、反洗钱和反恐怖融资监督管理和所应承担的法律责任作出了规定。

恐怖融资主要包括三种形式：一是恐怖组织、恐怖分子募集、占有、使用资金或者其他形式财产；二是以资金或者其他形式财产协助恐怖组织、恐怖分子以及恐怖主义、恐怖活动犯罪；三是为恐怖主义和实施恐怖活动犯罪占有、使用以及募集资金或者其他形式财产。

根据《金融机构反洗钱和反恐怖融资监督管理办法》的规定，金融机构应当结合内部控制制度和风险管理机制的相关要求，履行客户尽职调查、客户身份资料和交易记录保存、大额交易和可疑交易报告等义务。

金融机构应当按照中国人民银行的规定报送反洗钱和反恐怖融资工作信息。金融机构应当对相关信息的真实性、完整性、有效性负责。

金融机构应当将涉嫌恐怖融资的可疑交易报告报其总部，由金融机构总部或者由总部指定的一个机构，在相关情况发生后的10个工作日内以电子方式报送中国反洗钱监测分析中心。没有总部或者无法通过总部及总部指定的机构向中国反洗钱监测分析中心报送可疑交易报告的，其报告方式由中国人民银行另行确定。

发生下列情况的，金融机构应当按照规定及时向中国人民银行或者所在地中国人民银行分支机构报告。

（1）制定或者修订主要反洗钱和反恐怖融资内部控制制度的；

（2）牵头负责反洗钱和反恐怖融资工作的高级管理人员、牵头管理部门或者部门主要负责人调整的；

（3）发生涉及反洗钱和反恐怖融资工作的重大风险事项的；

（4）境外分支机构和控股附属机构受到当地监管当局或者司法部门开展的与反洗钱和反恐怖融资相关的执法检查、行政处罚、刑事调查或者发生其他重大风险事件的；

（5）中国人民银行要求报告的其他事项。

练一练

一、名词解释

洗钱　反洗钱　大额交易报告　可疑交易报告

二、判断题

1. 洗钱是一种独立的犯罪活动。　　　　　　　　　　　　　　　　　（　　）

2. 只要存在洗钱的客观表现形式就可以认定为洗钱罪。　　　　　　　（　　）

3. 违反《反洗钱法》相关规定主体只能追究其行政法律责任。　　　　（　　）

4. 对于既属于大额交易又属于可疑交易的交易，金融机构可以合并报告。　　（　　）

5. 金融机构履行客户身份识别义务时只需核查其身份证明文件即可。　　（　　）

三、单项选择题

1. 我国现行的《反洗钱法》于（　　）第十四届全国人民代表大会常务委员会第十二次会议修订。

   A. 2024年11月8日　　　　　　B. 2025年1月1日
   C. 2005年10月31日　　　　　D. 2005年12月31日

2. 我国的反洗钱行政主管机构是（　　）。

   A. 国务院　　　　　　　　　　B. 中国银保监会
   C. 中国人民银行　　　　　　　D. 反洗钱部际联席会议

3. 经国务院反洗钱行政主管部门负责人批准，可以采取临时冻结措施。临时冻结不得超过（　　）小时。

   A. 12　　　　B. 24　　　　C. 36　　　　D. 48

4. 反洗钱三大基本制度不包括（　　）。

   A. 大额交易和可疑交易的报告制度　　B. 监督管理制度
   C. 客户身份识别制度　　　　　　　　D. 客户身份资料和交易记录保存制度

5. 农业银行、农村合作银行、城市信用合作社、农村信用合作社等金融机构为自然人客户办理人民币单笔（　　）以上或者外币等值1万美元以上现金存取业务的，应当核对客户的有效身份证件或者其他身份证明文件。

   A. 1万元　　　B. 3万元　　　C. 5万元　　　D. 8万元

6. 客户身份资料，自业务关系结束当年或者一次性交易记账当年计起至少保存（　　）。

   A. 3年　　　B. 5年　　　C. 8年　　　D. 10年

四、多项选择题

1. 洗钱活动的上游犯罪活动包括（　　）。

   A. 毒品犯罪　　　　　　　　　B. 黑社会性质的组织活动
   C. 贪污贿赂　　　　　　　　　D. 金融诈骗

2. 金融机构应当依法履行的反洗钱义务包括（　　）。

   A. 客户尽职调查　　　　　　　B. 客户身份资料和交易记录保存
   C. 大额交易和可疑交易报告　　D. 监督管理

3. 以下属于大额交易的是（　　）。

   A. 张某从自己的银行账户提取现金10万元
   B. 张某给甲公司转账80万元
   C. A公司给B公司转账210万元
   D. 张某给境外的朋友Alex跨境转账5000美元

4. 以下属于可疑交易认定标准的是（　　）。

   A. 中国人民银行及其分支机构发布的反洗钱、反恐怖融资规定及指引、风险提示、

洗钱类型分析报告和风险评估报告

B. 公安机关、司注机关发布的犯罪形势分析、风险提示、犯罪类型报告和工作报告

C. 本机构的资产规模、地域分布、业务特点、客户群体、交易特征、洗钱和恐怖融资风险评估结论

D. 中国人民银行及其分支机构出具的反洗钱监管意见

5. 对于订立财产保险合同、人身保险：保险费金额人民币 1 万元以上或者外币等值 1000 美元以上且以现金形式缴纳的财产保险合同，保险费金额人民币 20 万元以上或者外币等值 2 万美元以上且以转账形式缴纳的保险合同，保险公司需要采取的客户身份识别措施包括（　　）。

A. 应当识别并核实投保人、被保险人身份

B. 登记投保人、被保险人、受益人的姓名或者名称、联系方式、有效身份证件或者其他身份证明文件的种类、号码和有效期限

C. 留存投保人有效身份证件或者其他身份证明文件的复印件或者影印件

D. 核对保险人、投保人、被保险人交易背景

五、思考题

1. 请简述洗钱罪的构成要件。
2. 请简述金融机构需要承担的反洗钱义务有哪些？
3. 请总结需要留存客户身份证件的客户身份识别情形。
4. 请简述恐怖融资的表现形式。

六、案例分析题

检察机关在审理晏某非法敛财案时，对其妻子付某作出如下指控：被告人晏某先后将其受贿所得赃款中的 2165 万余元交给付某。

付某明知该款系晏某受贿所得，为掩饰、隐瞒其来源和性质，以其本人和亲戚朋友的名义，将其中的 745 万余元在重庆市区购置了 7 处房产；将其中的 113 万余元存入以其本人名义开设的银行资金账户；以本人和亲友的名义，将其中的 85 万元用于投资理财产品。

请问：案例中涉及哪些洗钱手段？洗钱的三个阶段各有哪些操作？

项目六　商业银行法概述

【学习目标】

通过本项目的学习，学生能够：
1. 准确说出商业银行的概念及特征。
2. 列举商业银行的业务范围。
3. 列举并解释商业银行的经营原则。
4. 识别商业银行的变更、接管、终止。
5. 提升依法合规、严谨认真的职业素养。

导入案例

2023年12月21日，由阿克苏地区8家农村信用社和农商银行合并组建的新疆首家地市级农商银行——阿克苏塔里木农商银行揭牌开业。根据国家金融监督管理总局网站发布的相关批复，阿克苏塔里木农商银行为股份制农村商业银行，注册资本42亿元，实行一级法人、统一核算、分级管理、授权经营的管理体制。阿克苏塔里木农商银行成立后，原新疆阿克苏农商银行、原新疆温宿农商银行、原新疆沙雅农商银行、原新疆乌什农商银行、原新疆阿瓦提农商银行、原库车县农村信用合作联社、原拜城县农村信用合作联社、原新和县农村信用合作联社的债权债务，将由阿克苏塔里木农商银行承担。

讨论：商业银行的成立要求与普通企业是否一样？

任务一　商业银行与商业银行法

商业银行法是调整商业银行的组织及业务活动的法律规范。1995年5月第八届全国人民代表大会常务委员会第十三次会议通过了《中华人民共和国商业银行法》，并分别于2003年12月和2015年8月进行了修订。

一、商业银行概述

（一）商业银行的概念

商业银行是指依照《商业银行法》和《公司法》设立的吸收公众存款、发放贷款、办理结算等业务的企业法人。

（二）商业银行的特征

1. 商业银行是企业。商业银行与一般的工商企业一样，都是以盈利为目的，追求利润最大化，都须依法经营、照章纳税，实行自主经营、自担风险、自负盈亏、自我约束。

2. 商业银行是企业法人。商业银行的法律形式是企业法人，商业银行依法设立，有自己的名称、组织机构和营业场所，有独立的财产，能够以自己的名义从事经济活动，商业银行以其全部法人财产独立承担民事责任。因此，商业银行是一个具有民事权利和民事行为能力、依法独立享有民事权利和民事义务的民事主体，符合法人的构成要件，是具有法人资格的企业。

3. 商业银行是特殊的金融企业。商业银行是不同于一般工商企业的特殊企业——金融企业。普通工商企业从事的是一般商品的生产和流通，而商业银行经营的是特殊商品——货币。商业银行的主要业务是吸收公众存款、发放贷款、办理结算等，是典型的金融企业，区别于一般工商企业。

二、商业银行的业务范围

目前，我国金融业采取分业经营的体制，银行业、证券业、保险业经营相互分离，因此商业银行只能经营银行业务。《商业银行法》第 3 条规定，商业银行可以经营下列部分或者全部业务：①吸收公众存款；②发放短期、中期和长期贷款；③办理国内外结算；④办理票据承兑与贴现；⑤发行金融债券；⑥代理发行、代理兑付、承销政府债券；⑦买卖政府债券、金融债券；⑧从事同业拆借；⑨买卖、代理买卖外汇；⑩从事银行卡业务；⑪提供信用证服务及担保；⑫代理收付款项及代理保险业务；⑬提供保管箱服务；⑭经国务院银行业监督管理机构批准的其他业务。商业银行的经营范围由商业银行章程规定，报国务院银行业监督管理机构批准。商业银行经中国人民银行批准，可以经营结汇、售汇业务。

同时，《商业银行法》第 43 条明确规定，商业银行在中华人民共和国境内不得从事信托投资和证券经营业务，不得向非自用不动产投资或者向非银行金融机构和企业投资，但国家另有规定的除外。

三、商业银行的经营原则

《商业银行法》明确了商业银行经营过程中要遵循的基本原则，主要包括以下几项：

（1）"三性"原则。"三性"原则是指商业银行以安全性、流动性、效益性为经营原则，是商业银行必须遵守的最基本的经营原则。其中，"安全性"是指商业银行在进行经营活动时，必须防范和化解各种经营风险，确保商业银行经营保持长期稳定。"流动性"是指银行资金的流动和融通，能够随时应付客户的提现、借贷的需求。"效益性"体现在：一方面，商业银行经营要追求利润最大化，增强银行自身的经营实力；另一方面，商业银行在经营过程中还要履行社会责任，提高自身声誉，更好地服务于经济社会发展。商业银行安全性、流动性、效益性的经营原则有其内在的逻辑关系，要在确保安全性和流动性的基础上追求效益性。

（2）"四自方针"原则。"四自方针"原则是指商业银行实行自主经营，自担风险，自负盈亏，自我约束的原则。其中，"自主经营"是指商业银行依法开展业务，不受外部干预或控制。"自担风险"是指商业银行要独自承担经营中面临的信用风险、市场风险、操作风险、法律风险、国家风险、流动性风险、声誉风险、战略风险等。"自负盈亏"是指商业银行作为自主经营者既享有通过自主经营所取得的利润的权利，也要承担由此而造成的损失，以自己的全部资产承担民事责任。"自我约束"是指商业银行要建立自我约束机制，建立健全本行的业务管理和内部稽核、检查制度。商业银行的"四自方针"原则是商业银行作为企业法人的必然要求，有利于商业银行建立现代企业制度。

（3）平等、自愿、公平和诚实信用原则。平等、自愿、公平和诚实信用原则要求商业银行与客户处于同等的法律地位，享有同等的权利，双方各自为独立的民事权利义务主体，不允许一方以大欺小、以强凌弱；双方在业务往来时完全受自己的意志支配，不受其他任何人干涉；双方在享有民事权利和承担民事义务上要对等、合理；商业银行要以诚信为本，遵守商业道德，要做到如实告知、不得欺瞒客户。平等、自愿、公平和诚实信用原则是商业银行在经营过程中必须始终遵守的原则之一。

（4）不得损害国家利益、社会公共利益原则。国家利益是指国家的根本利益，社会公共利益是指社会全体成员的共同利益，两者是相辅相成的。在一般情况下，银行利益与国家利益、社会公共利益是统一的，但在实践中，商业银行在进行业务活动时，其利益有时会与国家利益、社会公共利益产生矛盾，这就需要商业银行依照法律、行政法规的有关规定，调整好与国家利益、社会公共利益之间的关系，不得损害国家利益和社会公共利益。

（5）公平竞争原则。在市场经济中，商业银行的竞争不可避免，商业银行应当遵守公平竞争的原则，在经营中遵守国家法律，通过提升自身管理水平、增强服务意识，开展有序、正当竞争。不得从事不正当竞争，不得违反法律法规规定，损害其他经营者的合法权益，扰乱社会经济秩序。

（6）依法接受监督管理原则。商业银行依法接受国务院银行业监督管理机构的监督管理，但法律规定其有关业务接受其他监督管理部门或者机构监督管理的，依照其规定。

四、商业银行法的立法宗旨

为了保护商业银行、存款人和其他客户的合法权益，规范商业银行的行为，提高信贷资产质量，加强监督管理，保障商业银行的稳健运行，维护金融秩序，促进社会主义市场经济的发展，制定了《商业银行法》。制定商业银行法的目的，也就是商业银行法的立法宗旨，主要表现在以下三个方面。

（一）保护商业银行、存款人和其他客户的合法权益

我国目前的融资方式以间接融资为主，商业银行在经济社会发展中起到了十分重要的作用，其经营的好坏对经济社会将产生重大的影响，因此，商业银行的合法权益必须得到有力的保障，才能使其安全稳健地运行。

商业银行与其他企业相比，具有高负债率的特点，其资金来源主要是吸收公众存款，存款人和商业银行之间形成了债权债务关系，在资金运用时还面临着较高风险。因此，商业银行经营的好坏，直接影响着存款人的权益，同时作为商业银行债权人的存款人是分散的，不甚了解或者基本不了解银行的经营运作情况，相对于银行处于弱势地位。如果不强调对存款人权益的保护，一旦银行发生破产，广大存款人的权益将得不到保障，就可能引起社会动荡，直接影响社会的安定团结。因此，以明确的法律规定及具体措施保护存款人的合法权益是商业银行立法的重要目的之一。

（二）规范商业银行的行为，保障商业银行的稳健运行

从《商业银行法》所规定的内容来看，主要是规范商业银行行为，保障商业银行稳健运行的规定，这是制定商业银行法最直接的目的。以商业银行为主体的金融业是现代经济的核心，商业银行的发展关系到整个国民经济的发展，但是商业银行的创新与发展不能以牺牲稳定为代价，我国商业银行在经营过程中还存在一些问题，因此，从监管与法律责任方面作出规定也是保障商业银行稳健运行的重要措施。

（三）促进社会主义市场经济的发展

商业银行作为金融市场的主体，在发挥金融资源配置作用的过程中，对于促进我国社会主义市场经济发展具有重大作用。

特别需要注意的是，在保护存款人合法权益和保障商业银行稳健运行、促进社会主义市场经济发展过程中，起关键作用的是保障商业银行的稳健运行，只有商业银行稳健运行，才能更好地保护存款人的合法权益，并促进社会主义市场经济的发展。因此，商业银行法立法的核心目的是保障商业银行的稳健运行。

任务二　商业银行组织机构规则

一、商业银行的设立

设立商业银行，应当经国务院银行业监督管理机构审查批准。未经国务院银行业监督管理机构批准，任何单位和个人不得从事吸收公众存款等商业银行业务，任何单位不得在名称中使用"银行"字样。

（一）商业银行的设立条件

设立商业银行，应当具备下列条件。

（1）有符合《商业银行法》和《公司法》规定的章程。

（2）有符合《商业银行法》规定的注册资本最低限额。《商业银行法》明确规定，设立全国性商业银行的注册资本最低限额为10亿元人民币。设立城市商业银行的注册资本最低限额为1亿元人民币，设立农村商业银行的注册资本最低限额为五千万元人民币。注册资本应当是实缴资本。国务院银行业监督管理机构根据审慎监管的要求可以调整注册资

本最低限额,但不得少于前述规定的限额。

(3)有具备任职专业知识和业务工作经验的董事、高级管理人员。

(4)有健全的组织机构和管理制度。

(5)有符合要求的营业场所、安全防范措施和与业务有关的其他设施。设立商业银行,还应当符合其他审慎性条件。

(二)商业银行的设立流程

商业银行的设立流程比一般工商企业的设立要严格,具体分为三步。

(1)提交申请材料。设立商业银行,申请人应当向国务院银行业监督管理机构提交如下文件、资料:①申请书,申请书应当载明拟设立的商业银行的名称、所在地、注册资本、业务范围等;②可行性研究报告;③国务院银行业监督管理机构规定提交的其他文件、资料。

(2)填写正式申请表。申请材料经审查符合要求后,申请人应当填写正式申请表,并提交章程草案;拟任职的董事、高级管理人员的资格证明;法定验资机构出具的验资证明;股东名册及其出资额、股份;持有注册资本百分之五以上的股东的资信证明和有关资料;经营方针和计划;营业场所、安全防范措施和与业务有关的其他设施的资料;国务院银行业监督管理机构规定的其他文件、资料。

(3)领取经营许可证与营业执照。经批准设立的商业银行,由国务院银行业监督管理机构颁发经营许可证,并凭该许可证向工商行政管理部门办理登记,领取营业执照。

(三)商业银行分支机构的设立要求

《商业银行法》第19条规定,商业银行根据业务需要可以在中华人民共和国境内外设立分支机构。设立分支机构必须经国务院银行业监督管理机构审查批准。在中华人民共和国境内的分支机构,不按行政区划设立。商业银行在中华人民共和国境内设立分支机构,应当按照规定拨付与其经营规模相适应的营运资金。拨付各分支机构营运资金额的总和,不得超过总行资本金总额的60%。

经批准设立的商业银行分支机构,由国务院银行业监督管理机构颁发经营许可证,并凭该许可证向工商行政管理部门办理登记,领取营业执照。商业银行分支机构不具有法人资格,在总行授权范围内依法开展业务,其民事责任由总行承担。

商业银行及其分支机构自取得营业执照之日起无正当理由超过6个月未开业的,或者开业后自行停业连续6个月以上的,由国务院银行业监督管理机构吊销其经营许可证,并予以公告。

二、商业银行的变更

商业银行的变更是指商业银行的一些重大事项变动。商业银行有下列变更事项之一的,应当经国务院银行业监督管理机构批准:①变更名称;②变更注册资本;③变更总行或者分支行所在地;④调整业务范围;⑤变更持有资本总额或者股份总额百分之五以上的股东;⑥修改章程;⑦国务院银行业监督管理机构规定的其他变更事项。更换董事、高级管理人员时,应当报经国务院银行业监督管理机构审查其任职资格。

三、商业银行的接管

商业银行已经或者可能发生信用危机,严重影响存款人的利益时,国务院银行业监督管理机构可以对该银行实行接管。接管的目的是对被接管的商业银行采取必要措施,以保护存款人的利益,恢复商业银行的正常经营能力。商业银行的接管本质上是一种行政行为,被接管的商业银行的债权债务关系不因接管而变化。

商业银行的接管由国务院银行业监督管理机构决定,并组织实施。接管自接管决定实施之日起开始。自接管开始之日起,由接管组织行使商业银行的经营管理权力。国务院银行业监督管理机构的接管决定应当载明被接管的商业银行名称、接管理由、接管组织、接管期限,接管决定由国务院银行业监督管理机构予以公告。

接管期限届满,国务院银行业监督管理机构可以决定延期,但接管期限最长不得超过二年。有下列情形之一的,接管终止:①接管决定规定的期限届满或者国务院银行业监督管理机构决定的接管延期届满;②接管期限届满前,该商业银行已恢复正常经营能力;③接管期限届满前,该商业银行被合并或者被依法宣告破产。

四、商业银行的终止

商业银行虽是特殊的金融企业,在经营过程中,也会面临经营终止,即丧失了法人主体资格,丧失了民事权利能力和民事行为能力。商业银行经营终止有三种情况,即解散、被撤销和被宣告破产。

(一)解散

商业银行的解散,是指商业银行因分立、合并或者出现公司章程规定的解散事由需要解散的,应当向国务院银行业监督管理机构提出申请,并附解散的理由和支付存款的本金和利息等债务清偿计划。经国务院银行业监督管理机构批准后解散。商业银行解散的,应当依法成立清算组,进行清算,按照清偿计划及时偿还存款本金和利息等债务。国务院银行业监督管理机构监督清算过程。

(二)撤销

商业银行的撤销,是指商业银行因吊销经营许可证被撤销的,国务院银行业监督管理机构应当依法及时组织成立清算组,进行清算,按照清偿计划及时偿还存款本金和利息等债务。

(三)破产

商业银行的破产,是指商业银行不能支付到期债务,经国务院银行业监督管理机构同意,由人民法院依法宣告其破产。商业银行被宣告破产的,由人民法院组织国务院银行业监督管理机构等有关部门和有关人员成立清算组，进行清算。商业银行破产清算时，在支付清算费用、所欠职工工资和劳动保险费用后，应当优先支付个人储蓄存款的本金和利息。

一、名词解释

商业银行　三性原则　商业银行接管　解散　撤销　破产

二、判断题

1. 商业银行拨付各分支机构营运资金额的总和，不得超过总行资本金总额的60%。　　　　　　　　　　　　　　　　　　　　　　　　　　（　　）

2. 被接管的商业银行的债权债务由接管组织者承担。　　　　（　　）

项目七　商业银行负债业务相关法规

【学习目标】

通过本项目的学习，学生能够：
1. 熟悉商业银行存款业务的法律性质。
2. 掌握并解释存款合同的特点。
3. 分析存单纠纷的处理要点与流程。
4. 养成严谨认真的职业素养。

导入案例

张某在甲银行存入了 3 万元定期储蓄存款，存期为 3 年。张某的前夫以办理手续为由，从张某手里借来了身份证，并偷偷复印了几份，然后张某的前夫持张某的身份证复印件及其本人户籍证明，到甲银行将张某的 3 万元定期储蓄存款进行挂失。银行为其办理了挂失手续，又应张某前夫的要求，重新办理了存款手续，存单上的户名仍为张某，存折交给了张某前夫。对此，张某毫不知情。不久后，张某前夫持新办理的存折将存款全部取走。直到存款到期后张某去银行取款，才知道该笔存款已经被取走。张某要求甲银行赔偿，与银行协商未果，遂向法院起诉，要求甲银行赔偿其全部存款及利息损失。

讨论：张某的要求是否合理，张某能否获得银行赔偿？

任务一　存款业务规则

一、商业银行存款业务法律性质

存款是存款人基于对银行的信任而将资金存入银行，并可以随时或按约定时间支取款项的一种信用行为。存款业务是银行的传统业务，是商业银行负债业务中最基础、最核心的业务，是银行最主要的资金来源。

存款人在银行存款的行为在银行和客户间形成债权债务关系，其中存款人是债权人，银行是债务人。

二、商业银行存款合同

存款人和银行之间的法律关系主要表现为合同关系。存款合同是指存款人与存款机构约定将存款人所有或合法持有的货币资金存入存款机构，存款机构在存款人取出存款时支付本金和利息的协议。

（一）存款合同主要条款

存款合同主要记载了存款客户的名称、地址、币种、金额、利率、存期、计息方式等。

（二）存款合同当事人的权利与义务

存款人作为存款合同的债权人，依法享有还本付息请求权、存款利益保护权、损害赔偿请求权、存款权益继承权，依法承担如实告知等义务。

商业银行作为存款合同的债务人，依法享有客户身份审核权、闲置存款投资权、大额、可疑交易报告权，依法承担随时或按期支付存款本息的义务。

（三）存款合同的特点

存款合同是一种要式合同，必须采用书面形式，表现为存单、存折等；存款合同是实践合同，除了存款人与银行达成协议，还需要交付资金给商业银行，才能使存款合同成立；存款合同是一种格式合同，存款合同往往由商业银行单方面拟定，存款人选择是否接受；由于存款合同不是《民法典》中单独列示的一类合同，因此存款合同还是无名合同。

（四）存款合同的效力

存款合同生效，既要满足形式要件，又要具备实质要件。形式要件是指存款合同必须表现为书面合同，而实质要件包括三方面的要求：一是当事人必须具有相应的行为能力；二是当事人意思表示必须真实、一致；三是存款合同的内容必须合法。满足这些条件，存款合同才真正具备法律效力。

三、商业银行办理存款业务的原则

商业银行主要通过存款业务吸收社会公众存款，而保护存款人的权益能够维护社会稳定和国家金融安全。因此，商业银行在办理存款业务时，要保护存款人的合法权益，主要遵循以下原则。

（1）商业银行应当保障存款人的合法权益不受任何单位和个人的侵犯。

（2）商业银行办理个人储蓄存款业务，应当遵循存款自愿、取款自由、存款有息、为存款人保密的原则。

（3）对个人储蓄存款，商业银行有权拒绝任何单位或个人查询、冻结、扣划，但法律另有规定的除外。对单位存款，商业银行有权拒绝任何单位或者个人查询，但法律、行政法规另有规定的除外；有权拒绝任何单位或者个人冻结、扣划，但法律另有规定的除外。

（4）商业银行应当保证存款本金和利息的支付，不得拖延、拒绝支付存款本金和利息。

（5）商业银行应当按照规定确定存款利率，并予以公告。

任务二　商业银行存单相关业务及纠纷处理

一、存单挂失基本规定

存单是指由储蓄机构开立的，证明存款人享有债权的凭证。存单按是否记名分为记名式存单和不记名式存单。记名式存单可以挂失，不记名式存单不能挂失。储户遗失存单，必须持本人身份证明，并提供储户的姓名、开户时间、储蓄种类、金额、账号及住址等有关信息，向其开户的储蓄机构书面申请挂失。在特殊情况下，储户可申请临时挂失，但必须在规定时间内补办书面挂失手续。储蓄机构受理挂失后，必须立即停止支付该储蓄存款；受理挂失前该储蓄存款已被他人支取的，储蓄机构不负赔偿责任。

二、存单质押相关规定

存单质押是指债务人以自己或第三人所有的存单向债权人进行质押的担保方式。存单质押作为权利质押的一种，因其相较于不动产抵押担保、动产质押担保等其他担保形式具有金额固定、变现便捷的优势，在实践中是一种常见的担保方式，日渐成为债权担保和资金融通的重要手段。

单位定期存单是指借款人为办理质押贷款而委托贷款人依据开户证实书向接受存款的金融机构申请开具的人民币定期存款权利凭证。单位定期存单只能为质押贷款而开立和使用。单位在金融机构办理定期存款时，金融机构为其开具的《单位定期存款开户证实书》不得作为质押的权利凭证。办理单位定期存单质押贷款，贷款人和出质人应当订立书面质押合同。单位定期存单质押担保的范围包括贷款本金和利息、罚息、损害赔偿金、违约金和实现质权的费用。质押合同另有约定的，按照约定。

三、存单纠纷的处理

为正确审理存单纠纷案件，根据《民法典》的有关规定和在总结审判经验的基础上，最高人民法院制定了《关于审理存单纠纷案件的若干规定》，为存单纠纷的处理提供了详细依据。

（一）存单纠纷案件的范围

存单纠纷案件的范围主要分为以下四类：①存单持有人以存单为重要证据向人民法院提起诉讼的纠纷案件；②当事人以进账单、对账单、存款合同等凭证为主要证据向人民法院提起诉讼的纠纷案件；③金融机构向人民法院起诉要求确认存单、进账单、对账单、存款合同等凭证无效的纠纷案件；④以存单为表现形式的借贷纠纷案件。

（二）存单纠纷案件的管辖

存单纠纷案件由被告住所地人民法院或出具存单、进账单、对账单或与当事人签订存款合同的金融机构住所地人民法院管辖。住所地与经常居住地不一致的，由经常居住地人民法院管辖。

（三）存单相关纠纷的认定与处理

1. 对一般存单纠纷案件的认定和处理

（1）认定

当事人以存单或进账单、对账单、存款合同等凭证为主要证据向人民法院提起诉讼的存单纠纷案件和金融机构向人民法院提起的确认存单或进账单、对账单、存款合同等凭证无效的存单纠纷案件，为一般存单纠纷案件。

（2）处理

人民法院在审理一般存单纠纷案件中，除应审查存单、进账单、对账单、存款合同等凭证的真实性外，还应审查持有人与金融机构间存款关系的真实性，并以存单、进账单、对账单、存款合同等凭证的真实性以及存款关系的真实性为依据，作出正确处理。

第一，持有人以前述真实凭证为证据提起诉讼的，金融机构应当对持有人与金融机构间是否存在存款关系负举证责任。如金融机构有充分证据证明持有人未向金融机构交付前述凭证所记载的款项的，人民法院应当认定持有人与金融机构间不存在存款关系，并判决驳回原告的诉讼请求。

第二，持有人以前述真实凭证为证据提起诉讼的，如金融机构不能提供证明存款关系不真实的证据，或仅以金融机构底单的记载内容与前述凭证记载内容不符为由进行抗辩的，人民法院应认定持有人与金融机构间存款关系成立，金融机构应当承担兑付款项的义务。

第三，持有人以在样式、印鉴、记载事项上有别于真实凭证，但无充分证据证明系伪造或变造的瑕疵凭证提起诉讼的，持有人应对瑕疵凭证的取得提供合理的陈述。如持有人对瑕疵凭证的取得提供了合理陈述，而金融机构否认存款关系存在的，金融机构应当对持有人与金融机构间是否存在存款关系负举证责任。如金融机构有充分证据证明持有人未向金融机构交付前述凭证所记载的款项，人民法院应当认定持有人与金融机构间不存在存款关系，判决驳回原告的诉讼请求；如金融机构不能提供证明存款关系不真实的证据，或仅以金融机构底单的记载内容与前述凭证记载内容不符为由进行抗辩的，人民法院应认定持有人与金融机构间存款关系成立，金融机构应当承担兑付款项的义务。

2. 对以存单为表现形式的借贷纠纷案件的认定和处理

（1）认定

在出资人直接将款项交与用资人使用，或通过金融机构将款项交与用资人使用，金融机构向出资人出具存单或进账单、对账单或与出资人签订存款合同，因出资人从用资人或从金融机构取得或约定取得高额利差的行为发生的存单纠纷案件，为以存单为表现形式的借贷纠纷案件。

（2）处理

以存单为表现形式的借贷，属于违法借贷，出资人收取的高额利差应冲抵本金，出资人、金融机构与用资人因参与违法借贷均应当承担相应的民事责任。可分为以下几种情况处理：

第一，出资人将款项或票据（以下统称资金）交付给金融机构，金融机构给出资人出具存单或进账单、对账单或与出资人签订存款合同，并将资金自行转给用资人的，金融机构与用资人对偿还出资人本金及利息承担连带责任；利息按人民银行同期存款利率计算至给付之日。

第二，出资人未将资金交付给金融机构，而是依照金融机构的指定将资金直接转给用资人，金融机构给出资人出具存单或进账单、对账单或与出资人签订存款合同的，首先由用资人偿还出资人本金及利息，金融机构对用资人不能偿还出资人本金及利息部分承担补充赔偿责任；利息按人民银行同期存款利率计算至给付之日。

第三，出资人将资金交付给金融机构，金融机构给出资人出具存单或进账单、对账单或与出资人签订存款合同，出资人再指定金融机构将资金转给用资人的，首先由用资人返还出资人本金和利息。利息按人民银行同期存款利率计算至给付之日。金融机构因其帮助违法借贷的过错，应当对用资人不能偿还出资人本金部分承担赔偿责任，但不超过不能偿还本金部分的40%。

第四，出资人未将资金交付给金融机构，而是自行将资金直接转给用资人，金融机构给出资人出具存单或进账单、对账单或与出资人签订存款合同的，首先由用资人返还出资人本金和利息。利息按人民银行同期存款利率计算至给付之日。金融机构因其帮助违法借贷的过错，应当对用资人不能偿还出资人本金部分承担赔偿责任，但不超过不能偿还本金部分的20%。

3. 对存单纠纷案件中存在的委托贷款关系和信托贷款关系的认定和纠纷的处理

（1）认定

存单纠纷案件中，出资人与金融机构、用资人之间按有关委托贷款的要求签订委托贷款协议的，人民法院应认定出资人与金融机构间成立委托贷款关系。金融机构向出资人出具的存单或进账单、对账单或与出资人签订的存款合同，均不影响金融机构与出资人间委托贷款关系的成立。出资人与金融机构签订委托贷款协议后，由金融机构自行确定用资人的，人民法院应认定出资人与金融机构间成立信托贷款关系。

委托贷款协议和信托贷款协议应当用书面形式。口头委托贷款或信托贷款，当事人无异议的，人民法院可予以认定；有其他证据能够证明金融机构与出资人之间确系委托贷款或信托贷款关系的，人民法院亦予以认定。

（2）处理

构成委托贷款的，金融机构出具的存单或进账单、对账单或与出资人签订的存款合同不作为存款关系的证明，借款方不能偿还贷款的风险应当由委托人承担。如有证据证明金融机构出具前述凭证是对委托贷款进行担保的，金融机构对偿还贷款承担连带担保责任。委托贷款中约定的利率超过人民银行规定的部分无效。构成信托贷款的，按人民银行有关信托贷款的规定处理。

4．对存单质押的认定和处理

存单持有人以伪造、变造的虚假存单质押的，质押合同无效。接受虚假存单质押的当事人如以该存单质押为由起诉金融机构，要求兑付存款优先受偿的，人民法院应当判决驳回其诉讼请求，并告知其可另案起诉出质人。

存单持有人以金融机构开具的、未有实际存款或与实际存款不符的存单进行质押，以骗取或占用他人财产的，该质押关系无效。接受存单质押的人起诉的，该存单持有人与开具存单的金融机构为共同被告。利用存单骗取或占用他人财产的存单持有人对侵犯他人财产权承担赔偿责任，开具存单的金融机构因其过错致他人财产权受损，对所造成的损失承担连带赔偿责任。接受存单质押的人在审查存单的真实性上有重大过失的，开具存单的金融机构仅对所造成的损失承担补充赔偿责任。明知存单虚假而接受存单质押的，开具存单的金融机构不承担民事赔偿责任。

以金融机构核押的存单出质的，即便存单系伪造、变造、虚开，质押合同均为有效，金融机构应当依法向质权人兑付存单所记载的款项。

一、名词解释

存款　存单质押　存单挂失

二、判断题

1．存款业务是银行的传统业务，是商业银行负债业务中最基础、最核心的业务，是银行最主要的资金来源。　　　　　　　　　　　　　　　　　　　　　　　（　　）

2．单位定期存单只能为质押贷款而开立和使用。　　　　　　　　　　（　　）

3．人民法院在审理一般存单纠纷案件时，只需审查存单等凭证的真实性即可。（　　）

项目八 商业银行资产业务相关法规

【学习目标】

通过本项目的学习,学生能够:
1. 掌握商业银行贷款业务的类别和基本规则。
2. 掌握商业银行贷款担保的方式和基本规则。
3. 提升遵规守纪的职业素养。

导入案例

甲房地产开发公司为获取贷款,将其名下的一座商住楼抵押给了乙商业银行。然而,在这之后,该房地产开发公司又将这座商住楼出租给了不同的租户。随着时间的推移,由于无法按时偿还银行贷款,该房地产开发公司决定与商业银行协商,最终同意将这座商住楼的所有权转让给银行,以抵销其未偿还的贷款。商业银行在取得商住楼的所有权后,计划将其用于自身业务,因此向所有租户发出了书面通知,要求解除现有的租赁合同。然而,租户们认为他们的租赁合同尚未到期,因此拒绝搬离该商住楼。

讨论:1. 该房地产开发公司先将商住楼抵押,而后出租的行为是否有效?
2. 该商业银行是否有权解除租赁合同?
3. 如果是先出租后抵押,情形有何变化?

商业银行的主要业务包括负债业务、资产业务和中间业务。其中,商业银行的资产业务是指商业银行将其通过负债业务所聚集的货币资金加以投资运用的业务,是其获得收入的主要途径。资产业务主要包括现金资产、贷款业务、证券投资业务和其他资产等。其一,现金资产是商业银行中最富有流动性的资产,包括准备金(银行库存现金和存款准备金等)、应收现金、同业存款等;其二,贷款业务是商业银行作为贷款人按照一定的贷款原则和政策,以还本付息为条件,将一定数量的货币资金提供给借款人使用的一种借贷行为,是商业银行的传统核心业务,也是商业银行中占比最大、最重要的资产业务;其三,证券投资业务是指商业银行在金融市场上购买各种有价证券的业务活动。它也是商业银行的一项重要资产业务,是商业银行收入的主要来源之一;其四,其他资产包括商业银行拥有的实物资产,如建筑、设备等。这些资产业务是商业银行运营的重要组成部分,通过合理的资产配置和管理,商业银行可以实现盈利和风险控制的目标。在我国,商业银行的资产业务主要指的是贷款业务,因此,本项目重点介绍商业银行贷款业务和贷款担保相关的法律法规。

任务一　商业银行贷款业务相关法规

商业银行通过吸收公众存款和发行金融债券等方式增加资金来源，并将其中的大部分资金进行投资利用以获得收入。而贷款业务是商业银行主要的资金利用渠道，是目前最主要的资产业务。

一、贷款业务概述

（一）贷款的含义

贷款在静态上是指经国务院银行业监督管理机构批准的金融机构，以社会公众为服务对象，以还本付息为条件，出借的货币资金，在动态上则是指<u>金融机构所从事的，以还本付息为条件出借货币资金使用权的营业活动</u>。贷款人是指经国务院银行业监督管理机构批准在中华人民共和国境内依法设立并具有经营贷款业务资格的金融机构。借款人是指与贷款人建立贷款法律关系的法人、其他组织或自然人。

因此，贷款业务是金融机构依法把货币资金按约定的利率贷放给客户，并按约定期限由客户还本付息的一种信用活动。贷款人和借款人之间通过贷款业务形成债权债务关系，其中商业银行等金融机构作为贷款人是债权人，享有按期收回贷款本息的请求权；而自然人和个体工商户等作为借款人是债务人，负有按期归还贷款本息的义务。

（二）贷款的基本原则

1. 依法合规，不损害国家社会利益的原则

金融机构在中华人民共和国境内从事贷款业务，应当遵守法律、行政法规的有关规定，不得损害国家利益、社会公共利益。

2. 平等、自愿、公平和诚实信用的原则

借贷双方应当遵循平等、自愿、公平和诚实信用的原则。这是金融机构在贷款业务中，处理与借款当事人关系的基本准则。

3. 公平竞争，不从事不正当竞争的原则

商业银行开展贷款业务，应当遵守公平竞争的原则，不得从事不正当竞争。任何法人、其他组织或自然人不得干涉贷款人依法开展贷款业务。

（三）贷款的分类

商业银行的贷款业务按照不同的标准可以划分为不同的种类。

1. 短期贷款、中期贷款和长期贷款

根据贷款期限长短不同，贷款可以分为短期贷款、中期贷款和长期贷款。短期贷款是指贷款期限在 1 年以内（含 1 年）的贷款。中期贷款是指贷款期限在 1 年以上（不含 1 年）

5 年以下（含 5 年）的贷款。长期贷款是指贷款期限在 5 年（不含 5 年）以上的贷款。

2. 信用贷款、担保贷款和票据贴现

根据贷款有无担保，贷款可以分为信用贷款、担保贷款和票据贴现。信用贷款是指没有担保、仅依据借款人的信用状况发放的贷款。担保贷款是指由借款人或第三方依法提供担保而发放的贷款。担保贷款包括保证贷款、抵押贷款、质押贷款。保证贷款、抵押贷款或质押贷款是指按《民法典》规定的保证方式、抵押方式或质押方式发放的贷款。票据贴现是指贷款人以购买借款人未到期商业票据的方式发放的贷款。

3. 自营贷款、委托贷款和特定贷款

根据贷款人是否承担贷款风险，贷款可以分为自营贷款、委托贷款和特定贷款。自营贷款是指贷款人以合法方式筹集的资金自主发放的贷款，其风险由贷款人承担，并由贷款人收回本金和利息。委托贷款是指由政府部门、企事业单位及个人等委托人提供资金，由贷款人（即受托人）根据委托人确定的贷款对象、用途、金额、期限、利率等代为发放、监督使用并协助收回的贷款，贷款人（受托人）只收取手续费，不承担贷款风险。特定贷款是指经国务院批准并对贷款可能造成的损失采取相应补救措施后责成国有商业银行发放的贷款。

4. 商业性贷款和政策性贷款

根据贷款性质的不同，贷款可以分为商业性贷款和政策性贷款。商业性贷款是指贷款人以营利为目的所发放的贷款，是银行和非银行金融机构贷款的主要形式，也是它们获取利益的主要途径。政策性贷款则是指政策性银行和经营政策性业务的非银行金融机构，以及受政策性银行委托的商业银行，按照政府产业政策和经济发展战略的要求，对特定对象和项目所发放的，不以营利为主要目的的贷款。其贷款的对象、利率、金额、期限等，都以国家在一定时期的政策目标来具体确定。

5. 流动资金贷款和固定资产贷款

根据贷款在社会再生产中占用形态不同，贷款可以分为流动资金贷款和固定资产贷款。流动资金贷款，是指贷款人向法人或非法人组织（按照国家有关规定不得办理银行贷款的除外）发放的，用于借款人日常经营周转的贷款，可分为工业流动资金贷款、商业流动资金贷款以及其他流动资金贷款。固定资产贷款是银行为解决企业固定资产投资活动的资金需求而发放的贷款，主要用于固定资产项目的建设、购置、改造等，包括专用基金贷款、技术改造贷款和基本建设贷款。

6. 对公贷款和个人贷款

根据贷款的对象不同，贷款可以分为对公贷款和个人贷款。对公贷款是银行对符合条件的机构（企业、事业单位等）发放的贷款，是相对于个人贷款而言的。个人贷款是指贷款人向符合条件的自然人发放的用于个人消费、生产经营等的本外币贷款。个人贷款种类较多，常见的有个人消费类贷款、个人经营类贷款等。

(四)贷款的主体

贷款主体包括贷款人和借款人。贷款人必须经国务院银行业监督管理机构批准经营贷款业务,持有国务院银行业监督管理机构颁发的经营许可证,并经工商行政管理部门核准登记。

借款人为法人或其他组织的,应具备以下基本条件:①依法办理工商登记的法人已经向工商行政管理部门登记并连续办理了年检手续;②事业法人依照《事业单位登记管理暂行条例》的规定已经向事业单位登记管理机关办理了登记或备案;③有合法稳定的收入或收入来源,具备按期还本付息的能力;④已开立基本账户、结算账户或一般存款账户;⑤按照中国人民银行的有关规定,应持有贷款卡(号)的,必须持有中国人民银行核准的贷款卡(号);⑥管理机关另有规定的除外。

借款人为自然人的,应具备以下基本条件:①具有合法身份证件或境内有效居住证明;②具有完全民事行为能力;③信用良好,有稳定的收入或资产,具备按期还本付息的能力;④管理机关另有规定的除外。

(五)贷款的期限

1. 贷款期限

贷款期限由借贷双方根据贷款用途、资金状况、资产转换周期等自主协商后确定。

2. 贷款展期

借款人申请贷款展期,应当在贷款到期日前提出,经贷款人同意,可以办理展期。贷款人收到借款人的展期申请后,应对借款人的还款能力、信用状况以及展期原因等进行审查,决定是否同意展期。若贷款人同意展期,则借款人与贷款人应签订书面展期协议,明确展期后的还款期限、还款金额等要素,展期协议生效后,借款人应按照展期协议的约定履行还款义务。

3. 提前还贷

提前还贷应在借款合同中约定,并按合同约定执行。事先未约定的,应征得贷款人同意。

(六)贷款的合同

贷款人应当与借款人订立书面合同。合同应当约定贷款种类、借款用途、金额、利率、还款期限、还款方式、违约责任和双方认为需要约定的其他事项。

(七)贷款的利率

贷款人应当按照中国人民银行的相关规定,协商确定贷款利率。

(八)贷款的程序

贷款人根据国民经济和社会发展的需要,在国家产业政策指导下开展贷款业务。

1. 借款人申请贷款

借款人申请贷款，应当同时提供以下一项或多项资料：①借款人（及担保人）的基本情况；②自然人必须提供有效身份证明和有关资信状况证明；③法人、其他组织必须提供有关财务报告，其中年度报告必须经具有法律效力的有关部门或会计（审计）事务所审计，企（事）业法人还应提供贷款卡（号）；④抵押物（质物）清单、有处分权人的同意抵押（质押）的证明或保证人同意保证的有关证明文件；⑤贷款人认为需要提供的其他有关资料。

2. 贷款人审核贷款申请

接到贷款申请后，贷款人应同时审核以下一项或几项情况：①借款人提供的各类信息；②借款人的财务状况、现金流量以及历史还款记录等其他非财务因素，评估借款人的还款能力；③评估借款人的信用等级。根据借款人的人员素质、经济实力、资金情况、履约记录、经营效益和发展前景等因素，评定借款人的信用等级。评级可由贷款人独立进行，内部掌握，也可由有权部门批准的评估机构进行；④担保的质量和法律效力；⑤发放公司贷款时，必须严格审查借款人的资产负债状况以及预测借款人的现金流量；⑥发放项目贷款时，必须评估贷款项目的未来现金流量预测情况和质权、抵押权以及保证或保险等，并严格审查贷款项目的项目建议书和可行性研究报告；⑦发放关联企业贷款时，应统一评估审核所有关联企业的资产负债、财务状况、对外担保以及关联企业之间的互保等情况。

3. 贷款审批

贷款人发放贷款，应当对借款人的借款用途、偿还能力、还款方式等情况进行严格审查。贷款人应当实行审贷分离、分级审批的贷款管理制度。

贷款人发放担保贷款时，应当对保证人的偿还能力，以及是否违反国家规定担当保证人，抵押物、质物的权属和价值以及实现抵押权、质权的可行性进行严格审查。贷款人发放信用贷款时，必须对借款人进行严格审查、评估，确认其资信具备还款能力。

4. 签订借款合同

贷款人与借款人应根据规定签订借款合同，国家另有规定的除外。发放担保贷款，必须按照规定，签订担保合同，办理担保手续，需要办理登记的，应依法办理登记；需要交付的，应依法交付。贷款人在以权利质押方式发放担保贷款时，用于质押的权利应当是依法已明确为可以质押的权利。

5. 贷款发放

贷款人要按借款合同规定按期发放贷款。贷款人不按合同约定按期发放贷款的，应偿付违约金。

6. 贷款归还

借款人应当按照借款合同规定按时足额归还贷款本息。贷款人可以与借款人书面约定，若借款人未按期还本付息，贷款人可以从借款人在贷款人的营业机构开立的账户中扣划贷款本息，并及时通知借款人。分期偿还的贷款，贷款人可以与借款人约定，若某一期贷款未能偿还，该期贷款可以展期或计收逾期利息，其他未到期的贷款可以视为到期贷款处理。贷款人应当根据贷款风险状况将贷款划分为正常类、关注类、次级类、可疑类和损失类。贷款人应当及时催收逾期的贷款。

对借款人不能依照合同约定归还贷款本息或不能落实还本付息事宜的，贷款人应当及时进行债权保全，必要时可以依法在新闻媒体披露或采取诉讼等法律措施。贷款人可以接受借款人、保证人、抵押人或出质人以非货币资产作价偿还贷款。作价金额不足以清偿贷款本息的，借款人应当继续清偿未偿还部分；作价金额超过未清偿贷款本息的，贷款人应当向借款人支付超出部分的价款。贷款人取得的非货币资产，应当遵循审慎原则及时处置。贷款人应当建立和完善贷款的风险预警体系和质量监控制度，对不良贷款进行分类、认定、登记、考核和催收。

二、贷款业务相关规则

我国关于贷款业务的现行法律主要有《商业银行法》《民法典》等。

（一）国家产业政策指导

《商业银行法》第34条规定，<u>商业银行根据国民经济和社会发展的需要，在国家产业政策指导下开展贷款业务</u>。国家通过发布某一特定时期内的产业指导政策来鼓励或限制某些行业的发展，商业银行在国家产业政策指导下开展贷款业务有利于自身商业利益的最大化。商业银行作为国家经济的重要载体，应承担一定的社会责任，有义务配合国家产业政策开展业务。

（二）严格贷款审查制度

1. 贷前调查

贷款人受理借款人申请后，应当对借款人的信用等级以及借款的合法性、安全性、盈利性等情况进行调查，核实抵押物、质物、保证人情况，测定贷款的风险度。

2. 贷中审查

审查人员应当对调查人员提供的资料进行核实、评定，复测贷款风险度，提出意见，按规定权限报批。

3. 贷后检查

贷款发放后，贷款人应当对借款人执行借款合同情况及借款人的经营情况进行追踪调查和检查。

4. 审贷分离、分级审批

第一，建立审贷分离制度。贷款调查评估人员负责贷款调查评估，承担调查失误和评估失准的责任；贷款审查人员负责贷款风险的审查，承担审查失误的责任；贷款发放人员负责贷款的检查和清收，承担检查失误、清收不力的责任。

第二，建立贷款分级审批制度。贷款人应当根据业务量大小、管理水平和贷款风险程度确定各级分支机构的审批权限，超过审批权限的贷款，应当报上级审批。各级分支机构应当根据贷款种类、借款人的信用等级和抵押物、质物、保证人等情况确定每一笔贷款的风险等级。

（三）资产负债比例管理

根据《商业银行法》的规定，商业银行贷款应当遵守下列资产负债比例管理的规定：①资本充足率不得低于8%；②流动性资产余额与流动性负债余额的比例不得低于25%；③对同一借款人的贷款余额与商业银行资本余额的比例不得超过10%；④国务院银行业监督管理机构对资产负债比例管理的其他规定。

（四）其他贷款业务规则

商业银行不得向关系人发放信用贷款；向关系人发放担保贷款的条件不得优于其他借款人同类贷款的条件。前述所称关系人是指：商业银行的董事、监事、管理人员、信贷业务人员及其近亲属；前项所列人员投资或者担任高级管理职务的公司、企业和其他经济组织。

 案例

违法向关系人发放贷款案

乐清一银行工作人员办理贷款业务时，违反国家有关贷款业务的规定，徇私向关系人发放贷款，而实际用款人就是其弟弟和妹妹。经查实，最终乐清法院判决该银行工作人员余某犯违法发放贷款罪，判处有期徒刑5年半，并处罚金3万元。

案件详情：

余某是乐清市城南街道人，原系乐清某银行总行营业部副总经理。2013年8月，余某的弟弟余甲为筹措资金，便与当时担任银行总行营业部副总经理的余某联系贷款事宜，余某当时的工作职责是负责该银行总行的贷款审查工作。

后余甲以其同学吴某、阮某、亲戚黄某3人的名义，在余某所在的银行申请办理每人150万元的个人流动资金贷款。

而余某明知该3笔贷款的实际使用人为其弟弟余甲，仍将该3笔信贷业务交由客户经理周某办理，并向周某提供了吴某、阮某、黄某3人的虚假经营信息，余某明知贷款用途不真实，在审查贷款申请时仍然审批同意，该银行于2013年8月向吴某、阮某、黄某3人各发放一笔150万元的流动资金贷款，后该3笔资金实际由余甲使用。

2014年8月，吴某、阮某、黄某3人的贷款到期后，余某的妹妹余乙为该3笔贷款提供过桥资金进行还贷。后该3人又提供相关材料予以续贷。

余某作为该银行贷款审查人员，明知其妹妹余乙这一行为，仍未对续贷材料的真实性、准确性、完整性进行全面客观的审查，该银行于2014年8月再次向吴某、阮某、黄某3人各发

放一笔150万元的流动资金贷款，该3笔贷款由余乙实际使用。至公安机关立案时，该450万元贷款仍无法归还。

2017年8月29日，余某到乐清市公安局主动投案。

乐清法院认为余某作为银行贷款业务审查人员，违反国家规定向关系人发放贷款，数额巨大，且造成重大损失，其行为已构成违法发放贷款罪。该案开庭当天，乐清金融机构组织280余名工作人员旁听了该案庭审，接受警示教育。

任何单位和个人不得强令商业银行发放贷款或者提供担保。商业银行有权拒绝任何单位和个人强令要求其发放贷款或者提供担保。

借款人应当按期归还贷款的本金和利息。借款人到期不归还担保贷款的，商业银行依法享有要求保证人归还贷款本金和利息或者就该担保物优先受偿的权利。商业银行因行使抵押权、质权而取得的不动产或者股权，应当自取得之日起2年内予以处分。借款人到期不归还信用贷款的，应当按照合同约定承担责任。

任务二　商业银行担保相关规则

根据《商业银行法》的规定："商业银行贷款，借款人应当提供担保。商业银行应当对保证人的偿还能力，抵押物、质物的权属和价值以及实现抵押权、质权的可行性进行严格审查。经商业银行审查、评估，确认借款人资信良好，确能偿还贷款的，可以不提供担保。"因此，贷款担保制度是商业银行防控贷款风险的有力保障。

一、担保概述

（一）担保的含义和特征

担保是指根据法律规定或当事人的约定，以第三人的信用或在特定财产上设定的权利来确保合同债权实现，并促使债务人履行债务的法律制度。

根据担保法律制度的规定，担保主要具有如下特征：

（1）从属性。担保债权的成立和存在必须以一定的主债权关系的存在为前提。主债权有效，担保债权是否有效取决于其自身生效要件，而若主债权转移或消灭（如无效、被撤销或清偿等），担保债权则随之转移或消灭。

（2）补充性。担保合同是主债权合同中责任财产和效力的补充，即通过签订担保合同，保障债权实现的责任财产得以扩张，债权人实现债权的可能性得以增强，且只有主债务不履行或不完全履行时，担保合同中担保人的义务才需履行。

（3）保障性。担保的最根本特征即通过签订担保合同来保障主合同的正常履行。

（4）要式性。担保合同是要式合同，即采用书面形式，包括单独订立的书面合同、主合同中的担保条款以及具有担保性质的信函和传真等，否则担保不成立。

（二）担保的分类

担保根据不同标准进行分类，主要有以下几种。

1. 法定担保和约定担保

按照担保的设定方式不同，担保可以分为法定担保和约定担保。法定担保是指由法律规定直接设定的担保形式，比如留置担保等。约定担保是指由当事人自行协商确定担保的方式、条件、范围以及担保权的行使等的担保形式，比如抵押担保等。

2. 人的担保、物的担保和钱的担保

按照担保的标的不同，担保可以分为人的担保、物的担保和钱的担保。人的担保是指以债务人之外的第三人的信用为债务人提供的担保，比如保证。物的担保是指以债务人自己或第三人的特定财产为债务人提供的担保，比如抵押和质押等。钱的担保是指由主合同当中的一方当事人提供一定数量的金钱作为担保的担保形式，比如定金。

3. 原担保和反担保

按照担保的对象不同，担保可以分为原担保和反担保。原担保，也称本担保，是一般民事活动中常见的担保形式，具体是指担保人为主合同提供的担保。反担保，也称求偿担保，是在本担保的基础上设立的，债务人对担保人提供的担保形式。设立反担保的意义在于保障担保人在其承担担保责任后，具有向债务人追偿损失的权利。

二、保证

（一）保证的含义和特征

保证是指为保障债权的实现，债务人以外的第三人和债权人约定，当债务人不履行到期债务或者发生当事人约定的情形时，由其按照约定履行债务或者承担责任的行为。其中，保证履行债务的第三人称为保证人，被保证履行债务的债务人称为被保证人。

保证的当事人为主债权人和保证人，通过签署保证合同约定保证责任。保证具有以下特征。

（1）从属性。保证所订立的保证合同是依附于主合同的从合同，以主合同的存在为前提，保证所担保的债务为主债务，保证债务为从债务，保证担保的范围以被保证人的债务为限，主债务解除，从债务随之解除。

（2）人身性。保证是以保证人的信誉和财产提供担保，与保证人的人格、身份紧密联系，其担保的属性称为"人保"。

（3）补充性。保证合同以主债务不履行为生效条件，即只有在债务期限届满债务人不履行主债务的情况下，保证人才需要履行保证责任。

（4）相对独立性。保证债务虽依附于主债务而存在，但与主债务也有一定区别，属于独立于主债务的单独债务。保证人可就主债务的部分债务提供担保；主债务不附条件，保证债务可附条件；主合同有效，保证合同未必有效。

（二）保证人的资格

保证的目的是防止债务人不履行债务，保证人的民事法律责任是代为履行债务，因此，保证人的资格情况对于其履行保证责任具有重要意义。通常情况下，具有民事行为能力和相当财产保证实力的自然人、法人和非法人组织均能够作为保证人，为债权人提供保证担保。

但是，根据我国《民法典》的规定，下列主体不得担任保证人：①机关法人不得为保证人，但是经国务院批准为使用外国政府或者国际经济组织贷款进行转贷的除外；②以公益为目的的非营利法人、非法人组织不得为保证人。

民办学校是否可以担任保证人？

2013 年 5 月 30 日，甲公司为借款与乙信托公司签订《信托贷款合同》。同时，丙学校与乙信托公司签订《保证合同》，为确保《信托贷款合同》项下甲公司履行债务，丙学校愿意为甲公司按时依约履行《信托贷款合同》义务提供无限连带责任保证。后甲公司因到期未能偿还借款，乙信托公司起诉至法院要求其承担借款本金及利息，并要求丙学校承担保证责任。

本案历经二审，最终最高人民法院判决：①丙学校与乙信托公司签订的《保证合同》无效；②丙学校就甲公司应承担的所有债务不能清偿部分承担 1/2 的赔偿责任。

请问：法院的判决依据是什么？

（三）保证合同

根据我国《民法典》的规定，保证合同是要式合同，必须采用书面形式。保证合同的具体表现形式包括：①单独订立的书面合同。即在主合同之外，另行订立保证合同。②主合同中的保证条款。保证合同可以是在主合同中设置的保证条款，但需要在合同当事人中列明保证人，且在主合同上签字或盖章。③保证书或保函。即第三人单方面以书面形式向债权人作出保证，债权人接收且未提出异议的，保证合同成立。

保证合同是主债权债务合同的从合同。主债权债务合同无效的，保证合同无效，但是法律另有规定的除外。保证合同被确认无效后，债务人、保证人、债权人有过错的，应当根据其过错各自承担相应的民事责任。

根据意思自治的原则，保证合同的内容应当由当事人约定。在订立保证合同时，一般应包括以下条款：①被保证的主债权的种类、数额；②债务人履行债务的期限；③保证的方式；④保证的范围；⑤保证的期间；⑥当事人认为需要约定的其他事项。

（四）保证方式

保证方式是指保证人承担保证责任的具体方式。根据我国《民法典》的规定，保证的方式包括一般保证和连带责任保证。当事人在保证合同中需要对承担的具体保证方式进行约定，如果没有约定或者约定不明确的，按照一般保证承担保证责任。

1. 一般保证

根据我国《民法典》的规定，一般保证是指当事人在保证合同中约定，当债务人不能履行债务时，由保证人承担保证责任的一种保证方式。一般保证是保证的普遍形式，实际是附条件的保证，即债务人不能履行债务时，保证人才补充性地承担保证责任。

一般保证的保证人享有先诉抗辩权。先诉抗辩权，也称检索抗辩权，是指一般保证的保证人在主合同纠纷未经审判或者仲裁，并就债务人财产依法强制执行仍不能履行债务前，有权拒绝向债权人承担保证责任。先诉抗辩权的行使条件是主合同纠纷未经审判或者仲裁，并就债务人财产依法强制执行仍不能履行债务，也就是说债务人实际已无财产可供强制执行。保证人一旦行使先诉抗辩权，即可对抗债权人的债务履行请求，拒绝承担保证责任。

但是，一般保证的保证人行使先诉抗辩权还存在一些除外情形，具体包括：①债务人下落不明，且无财产可供执行；②人民法院已经受理债务人破产案件；③债权人有证据证明债务人的财产不足以履行全部债务或者丧失履行债务能力；④保证人书面表示放弃先诉抗辩权。当出现以上法定事由时，保证人不得以先诉抗辩权对抗债权人清偿债权的请求，即不能拒绝承担保证责任。

案例

2023年3月初，市民张某急需一笔资金从事服装批发和零售业务，找到邻居李某，想借款人民币6万元。李某同意，双方于3月13日签订了借款合同，合同约定：张某向李某借款人民币6万元，从3月23日起，借期为6个月。3月23日李某将钱交给张某后，感觉不放心，遂要求张某提供担保，张某便找到从事汽车服务业的朋友王某，要其提供担保，王某立即写了一份保证书，写明：如果张某到期不还款，我愿承担全部的还款责任，并在保证书上签了字。2023年9月23日，李某按约定向张某要求还款6万元，并要求支付利息。张某妻子称张某生意做得不顺，去深圳打工去了，要过年才能回来。李某遂找到王某要求其承担保证责任，王某称李某没有在保证书上签字，保证合同无效，其不应承担还款责任，李某遂起诉至法院，要求王某承担还款责任以及利息。

请问：（1）担保合同是否有效？（2）王某是否需要承担保证责任？

---

2. 连带责任保证

根据我国《民法典》的规定，当事人在保证合同中约定保证人和债务人对债务承担连带责任的，为连带责任保证。

连带责任保证，是指债务人在债务履行期届满时未履行债务或者发生当事人约定的情形时，债权人既可以请求债务人履行债务，也可以请求保证人在其保证范围内履行保证责任的保证方式。

连带责任保证中，保证人与债务人的地位是平等的，保证人不享有先诉抗辩权。只要债务履行期届满或者约定的情形出现，债务人未履行债务的，不论债务人的财产能否清偿，债权人可直接向保证人请求履行保证责任，保证人须承担保证责任，不享有抗辩权。

> **案例**
>
> 甲企业向银行贷款 30 万元用于采购设备，企业以一辆自有货车作为抵押，估值 10 万元，县财政局为此作了保证，并约定和债务人承担连带责任。贷款到期时，企业仅偿还了 15 万元，剩余贷款及利息未能支付。因此，银行向法院提起诉讼，要求县财政局承担连带清偿责任。
>
> **请问**：县财政局是否承担连带责任？该如何处理？

（五）共同保证

共同保证，是指两个以上的保证人共同为同一债务提供保证的行为。在某些情况下，由于主债务数额较大，债权人可以要求债务人寻找两个以上保证人承担保证责任。根据我国《民法典》的规定，同一债务有两个以上保证人的，保证人应当按照保证合同约定的保证份额，承担保证责任；没有约定保证份额的，债权人可以请求任何一个保证人在其保证范围内承担保证责任。因此，共同保证分为按份共同保证和连带共同保证。

按份共同保证，是指数个共同保证人与债权人约定保证的各自份额，并承担相应保证责任的共同保证。在按份共同保证中，保证人不承担连带责任，但需要由保证人与债权人进行按份共同保证的特别约定。

连带共同保证，是指数个共同保证人与债权人没有约定保证份额或者约定不明确，各保证人均对全部债务承担连带责任的共同保证。在连带共同保证中，债权人可以请求任何一个保证人承担全部保证责任，保证人都负有担保全部债权实现的义务。

> **案例**
>
> 甲公司因拓展业务需要向丁银行贷款 50 万元，乙公司和丙公司为该贷款提供了担保，借款合同中写明：贷款期满甲公司不能履行债务时，由乙、丙两公司承担保证责任。然而，在贷款期限届满时，甲公司仅偿还贷款 10 万元，剩余部分未能履行。丁银行因此提起诉讼，要求甲公司偿还剩余贷款本息及滞期罚金，并要求乙公司和丙公司承担保证责任。对于乙公司和丙公司之间的责任分配问题，乙公司认为丙公司资产更为雄厚，应由丙公司承担大部分保证责任，而丙公司则认为应平均承担保证责任。
>
> **请问**：乙、丙两公司应如何承担保证责任？

（六）保证责任

1. 保证范围

保证范围，是指在保证关系中，保证人应当承担的保证责任的范围。保证合同是从合同，应当根据主债权来确定保证范围，保证人承担保证责任不应超出主债权范围。根据我国《民法典》的规定，<u>保证的范围包括主债权及其利息、违约金、损害赔偿金和实现债权的费用。</u>当事人另有约定的，按照其约定。

2. 保证期间

根据我国《民法典》的规定，保证期间是确定保证人承担保证责任的期间。保证人只在保证期间内对其担保的主债务负保证责任，保证期间届满后，保证人不再承担保证责任。保证期间是除斥期间和不变期间，不发生中止、中断和延长的情形。如果债权人没有在保证期间主张权利，保证人的保证责任可免除。

<u>债权人与保证人可以约定保证期间，但是约定的保证期间早于主债务履行期限或者与主债务履行期限同时届满的，视为没有约定；没有约定或者约定不明确的，保证期间为主债务履行期限届满之日起 6 个月。</u>债权人与债务人对主债务履行期限没有约定或者约定不明确的，保证期间自债权人请求债务人履行债务的宽限期届满之日起计算。

一般保证的债权人未在保证期间对债务人提起诉讼或者申请仲裁的，保证人不再承担保证责任。连带责任保证的债权人未在保证期间请求保证人承担保证责任的，保证人不再承担保证责任。

📓 案例

在 2023 年 6 月 14 日，原告甲银行与被告张先生、刘女士签订了一份《保证担保借款合同》，约定银行贷款 10 万元给张先生，借款期限自 2023 年 6 月 14 日起至 2023 年 9 月 14 日止。刘女士作为该笔贷款的保证人，保证方式为连带责任保证，保证期间自 2023 年 6 月 14 日起至贷款本息清偿之日止。随后，银行按照约定将 10 万元贷给张先生。然而，借款期限届满后，张先生没有按照合同约定还款。一段时间后，张先生仍然没有履行还款义务。于是，甲银行在 2024 年 2 月 29 日向张先生发出《催收逾期贷款通知书》，并要求其在通知书上签名确认。张先生在通知书上签名后，甲银行在 2024 年 5 月 6 日向法院提起诉讼，请求被告张先生归还借款 10 万元及利息，同时要求被告刘女士作为保证人，对上述借款及利息承担连带清偿责任。

请问： 保证人刘女士是否承担连带保证责任？为什么？

3. 诉讼时效

根据我国《民法典》的规定，一般保证的债权人在保证期间届满前对债务人提起诉讼或者申请仲裁的，从保证人拒绝承担保证责任的权利消灭之日起，开始计算保证债务的诉讼时效。连带责任保证的债权人在保证期间届满前请求保证人承担保证责任的，从债权人请求保证人承担保证责任之日起,开始计算保证债务的诉讼时效。

4. 主债务、主债权等变更对保证责任的影响

因为保证具有从属性的特征,所以当主债务债权合同发生内容变更或主体变更时,会对保证人承担的保证责任带来一定的影响。

(1)主债务债权合同内容变更对保证责任的影响

债权人和债务人未经保证人书面同意,协商变更主债权债务合同内容,减轻债务的,保证人仍对变更后的债务承担保证责任;加重债务的,保证人对加重的部分不承担保证责任。债权人和债务人变更主债权债务合同的履行期限,未经保证人书面同意的,保证期间不受影响。

案例

A、B于2008年10月5日签订一借款合同,C作为担保方在合同上签字,约定承担连带保证责任,合同约定B应在2009年2月5日偿还本金30万元。然而,在借款期限内,A、B双方协商将还款日期延至2009年4月5日,并通知了C,C对此不置可否。直到2009年5月1日,因为B未能按期还款,A要求C偿还借款本息。

请问:下列说法是否正确:(1)由于C对延期还款期不置可否,故C不再承担保证责任。

(2)根据约定的保证方式,A应该先向B主张权利后才能向C主张权利。

(3)若C不同意变更还款期,则A向C主张权利的保证期间止于2009年8月5日。

(2)主债权转让对保证责任的影响

债权人转让全部或者部分债权,未通知保证人的,该转让对保证人不发生效力。保证人与债权人约定禁止债权转让,债权人未经保证人书面同意转让债权的,保证人对受让人不再承担保证责任。

(3)主债务转让对保证责任的影响

债权人未经保证人书面同意,允许债务人转移全部或者部分债务,保证人对未经其同意转移的债务不再承担保证责任,但是债权人和保证人另有约定的除外。第三人加入债务的,保证人的保证责任不受影响。

(七)追偿权、抗辩权和抵销权

1. 保证人的追偿权

根据我国《民法典》的规定,保证人的追偿权,是指保证人承担保证责任后,除当事人另有约定外,有权在其承担保证责任的范围内向债务人追偿,享有债权人对债务人的权利,但是不得损害债权人的利益。

2. 保证人的抗辩权

根据我国《民法典》的规定,保证人的抗辩权,即保证人可以主张债务人对债权人的抗辩。债务人放弃抗辩的,保证人仍有权向债权人主张抗辩。

3. 保证人的抵销权

根据我国《民法典》的规定，债务人对债权人享有抵销权或者撤销权的，保证人可以在相应范围内拒绝承担保证责任。

三、抵押

（一）抵押的含义和特征

根据我国《民法典》的规定，抵押是指为担保债务的履行，债务人或者第三人不转移财产的占有，将该财产抵押给债权人的，债务人不履行到期债务或者发生当事人约定的实现抵押权的情形，债权人有权就该财产优先受偿。其中的债务人或者第三人为抵押人，债权人为抵押权人，提供担保的财产为抵押财产。

抵押是最重要的担保类型，被赋予最高的担保地位。抵押的特征包括：①抵押权的性质属于担保物权；②抵押权的标的物是债务人或者第三人的不动产、动产或者权利；③抵押权的标的物不需要转移占有；④抵押权的价值功能在于就抵押财产所卖得的价款优先受偿。

（二）抵押物的范围

抵押权的实现是抵押权人对抵押的财产行使优先受偿权，所以抵押财产须具有可转让性，不可转让的财产或者即使可以转让但是转让后其价款将会受到影响的财产，则不能设置抵押权。

1. 可抵押的财产范围

根据我国《民法典》的规定，债务人或者第三人有权处分的下列财产可以抵押：①建筑物和其他土地附着物；②建设用地使用权；③海域使用权；④生产设备、原材料、半成品、产品；⑤正在建造的建筑物、船舶、航空器；⑥交通运输工具；⑦法律、行政法规未禁止抵押的其他财产。抵押人可以将前述所列财产一并抵押。

以建筑物抵押的，该建筑物占用范围内的建设用地使用权一并抵押。以建设用地使用权抵押的，该土地上的建筑物一并抵押。乡镇、村企业的建设用地使用权不得单独抵押。以乡镇、村企业的厂房等建筑物抵押的，其占用范围内的建设用地使用权一并抵押。建设用地使用权抵押后，该土地上新增的建筑物不属于抵押财产。该建设用地使用权实现抵押权时，应当将该土地上新增的建筑物与建设用地使用权一并处分。但是，新增建筑物所得的价款，抵押权人无权优先受偿。

企业、个体工商户、农业生产经营者可以将现有的以及将有的生产设备、原材料、半成品、产品抵押，债务人不履行到期债务或者发生当事人约定的实现抵押权的情形，债权人有权就抵押财产确定时的动产优先受偿，这称为浮动抵押，也称动产浮动抵押。浮动抵押的特征包括：①抵押人具有特殊性，只包括企业、个体工商户和农业生产经营者；②抵押财产具有特殊性，既包括抵押人现有的财产，也包括将来取得的财产；③抵押财产在浮动抵押权实现前处于变动之中，数额是不固定的；④抵押人在抵押期间可以使用和处分抵押财产。

2. 不可抵押的财产范围

根据我国《民法典》的规定，下列财产不得抵押：①土地所有权；②宅基地、自留地、自留山等集体所有土地的使用权，但是法律规定可以抵押的除外；③学校、幼儿园、医疗机构等为公益目的成立的非营利法人的教育设施、医疗卫生设施和其他公益设施；④所有权、使用权不明或者有争议的财产；⑤依法被查封、扣押、监管的财产；⑥法律、行政法规规定不得抵押的其他财产。

（三）抵押合同

抵押合同是债权人与债务人或者第三人签订的确定双方权利义务关系的具有担保性质的书面协议。根据我国《民法典》的规定，设立抵押权，当事人应当采用书面形式设立抵押合同。

抵押合同一般包括下列条款：①被担保债权的种类和数额；②债务人履行债务的期限；③抵押财产的名称、数量等情况；④担保的范围。

抵押权人在债务履行期限届满前，与抵押人约定债务人不履行到期债务时抵押财产归债权人所有的，只能依法就抵押财产优先受偿。抵押人和抵押权人双方都在抵押合同上签字或盖章，抵押合同便成立并生效，除非法律另有规定或者合同另有约定。

案例

2000年12月，甲公司与乙银行签订了一份借款合同，借款金额为50万元，同时与乙银行签订了一份房产抵押合同，以甲公司的一处房产作为抵押。抵押合同规定，如果借款期满甲公司不能偿还债务，抵押房产将归银行所有。在贷款期满后，甲公司未能清偿贷款，银行要求将抵押的房产所有权和使用权转归自己，但甲公司认为房产价格上涨已超过贷款价值很多，不同意银行的要求。银行认为他们与甲公司基于平等自愿、协商一致达成了抵押协议，这是一份合法合同，因此向法院起诉，要求取得抵押房产的所有权和使用权。

请问：（1）该抵押合同属于哪一类抵押合同？

（2）乙银行是否有权按约定取得抵押房产的所有权和使用权？

（四）抵押登记

抵押登记，是指根据财产权利人的申请，登记机关将在某财产上设定抵押权的事实予以记载的行为。抵押登记使抵押权获得社会公信力，有助于保障交易安全、强化担保效力、预防和解决纠纷。

按照抵押物的不同，抵押登记分为不动产抵押登记和动产抵押登记。

1. 不动产抵押登记

根据我国《民法典》的规定，以建筑物和其他土地附着物、建设用地使用权、海域使用权、正在建造的建筑物抵押的，应当办理抵押登记。抵押权自登记时设立。因此，<u>对不动产抵押权采取登记生效主义，抵押登记是不动产抵押权的生效要件</u>。

📁 案例

2010年9月，张某因拖欠王某80万元的业务款，以一块国有土地及地上建筑物作为抵押。双方签订抵押合同后，王某持有相关产权证件，但未向有关管理部门办理登记手续。后来，张某取走了土地权证，但没有归还。王某多次要求归还，但张某一直以各种理由推脱，并拖欠了60万元及相关利息。因此，王某在2011年将张某及其公司告上法庭。

在法庭审理过程中，法院认为王某与张某及其公司签订的《抵押合同》是双方真实意思表示，不违反法律的相关规定，合同依法成立。但由于双方没有到有关部门办理抵押登记，导致未能办理他项权证书，所以该抵押物未能产生物权的效力。因此，法院要求张某立即将土地证交由王某办理他项权证，王某撤出所抵押办公大楼。

请问：法院的判决是否合理？

2. 动产抵押登记

根据我国《民法典》的规定，以生产设备、原材料、半成品、产品、正在建造的船舶、航空器、交通运输工具等动产抵押的，抵押权自抵押合同生效时设立；未经登记，不得对抗善意第三人。因此，<u>对动产抵押权采取登记对抗主义，抵押权自抵押合同生效时设立，未经抵押权登记的，抵押权亦设立，只是不得对抗善意第三人</u>。以动产抵押的，不得对抗正常经营活动中已经支付合理价款并取得抵押财产的买受人。

（五）抵押权的效力

抵押权的效力是指抵押权人就抵押财产在担保债权的范围内优先受偿的效力。当事人在抵押合同中约定抵押担保范围的，按照合同约定办理。如果当事人对此没有约定，那么抵押担保的范围为：主债权及其利息、违约金、损害赔偿金和实现抵押权的费用。

1. 抵押期间转让抵押财产的效力

根据我国《民法典》的规定，抵押期间，抵押人可以转让抵押财产。当事人另有约定的，按照其约定。抵押财产转让的，抵押权不受影响。

抵押人转让抵押财产的，应当及时通知抵押权人。抵押权人能够证明抵押财产转让可能损害抵押权的，可以请求抵押人将转让所得的价款向抵押权人提前清偿债务或者提存。转让的价款超过债权数额的部分归抵押人所有，不足部分由债务人清偿。

2. 抵押对租赁关系的效力

根据我国《民法典》的规定，抵押权设立前，抵押财产已经出租并转移占有的，原租赁关系不受该抵押权的影响。这称为"抵押不破租赁"条款，是"买卖不破租赁"规则在抵押中的体现。承租人主张"抵押不破租赁"需要同时满足两个条件：一是在抵押权设立前，租赁关系已成立；二是抵押财产已转移占有。

因此，抵押对租赁关系的影响表现在两个方面：①抵押财产出租位于抵押权设立之前，则租赁关系不受抵押权的影响。②抵押权设立之前成立租赁关系但未被承租人实际占有，或者抵押财产出租于抵押权设立之后，则租赁关系受到抵押权的影响。

3．抵押物孳息的归属效力

抵押财产原本属于抵押人占有，抵押权人并不占有抵押财产，因此，抵押期间抵押财产的孳息应属于抵押人，与抵押权人没有关系。但是，根据我国《民法典》的规定，债务人不履行到期债务或者发生当事人约定的实现抵押权的情形，致使抵押财产被人民法院依法扣押的，自扣押之日起，抵押权人有权收取该抵押财产的天然孳息或者法定孳息，但是抵押权人未通知应当清偿法定孳息义务人的除外。前述孳息应当先充抵收取孳息的费用。

（六）抵押权的实现

抵押权的实现，是指债务履行期限届满债务人未履行债务，或者发生当事人约定实现抵押权的情形，通过依法处理抵押财产，债权获得清偿的行为。

根据我国《民法典》的规定，<u>债务人不履行到期债务或者发生当事人约定的实现抵押权的情形，抵押权人可以与抵押人协议以抵押财产折价或者以拍卖、变卖该抵押财产所得的价款优先受偿</u>。协议损害其他债权人利益的，其他债权人可以请求人民法院撤销该协议。抵押权人与抵押人未就抵押权实现方式达成协议的，抵押权人可以请求人民法院拍卖、变卖抵押财产。

以集体所有土地的使用权依法抵押的，实现抵押权后，未经法定程序，不得改变土地所有权的性质和土地用途。

1．抵押权实现的方式

抵押权实现的具体方式包括：

（1）折价，是指在抵押权实现时，抵押权人与抵押人协议，或者协议不成经由人民法院判决，按照抵押财产自身的品质、参考市场价格折算为价款，把抵押财产的所有权转移给抵押权人，从而实现抵押权的方式。

（2）拍卖，是指拍卖机构通过拍卖程序将所拍得的价款清偿担保债权的方式。

（3）变卖，是指以一般的买卖形式出卖抵押财产，以其价款清偿担保债权的方式。

当事人可以通过协商将抵押财产变卖。协商不成的，抵押权人可以向法院提起诉讼，通过法院的判决和强制执行程序将抵押财产拍卖或变卖。人民法院处置抵押财产，一般采用以拍卖为原则、以变卖为例外的形式。

抵押财产折价或者变卖的，应当参照市场价格。抵押财产折价或者拍卖、变卖后，其价款超过债权数额的部分归抵押人所有，不足部分由债务人清偿。

2．抵押权实现的期间

债权不能永续存在，抵押权也不能永续存在，都受到一定时间的限制。对于从属于债权的抵押权，其存续期间与主债权的诉讼时效期间一致。我国《民法典》规定，抵押权人应当在主债权诉讼时效期间行使抵押权；未行使的，人民法院不予保护。

3. 抵押权实现的顺序

抵押权实现的顺序，是指就同一财产设定数个抵押权时，各抵押权人实现优先受偿的先后顺序。

根据我国《民法典》的规定，同一财产向两个以上债权人抵押的，拍卖、变卖抵押财产所得的价款依照下列规定清偿：①抵押权已经登记的，按照登记的时间先后确定清偿顺序；②抵押权已经登记的先于未登记的受偿；③抵押权未登记的，按照债权比例清偿。其他可以登记的担保物权，清偿顺序参照适用前述规定。

同一财产既设立抵押权又设立质权的，拍卖、变卖该财产所得价款按照登记、交付的时间先后确定清偿顺序。

（七）最高额抵押

根据我国《民法典》的规定，为担保债务的履行，债务人或者第三人对一定期间内将要连续发生的债权提供担保财产的，债务人不履行到期债务或者发生当事人约定的实现抵押权的情形，抵押权人有权在最高债权额限度内就该担保财产优先受偿，称为最高额抵押。最高额抵押设立前已经存在的债权，经当事人同意，可以转入最高额抵押担保的债权范围。

最高额抵押是为适应当代市场经济发展的需要而产生的一种特殊抵押担保。它是为债权人一定范围内的不特定的债权，预定一个最高的限额，由债务人或第三人提供抵押财产予以担保的特殊抵押权。

最高额抵押的特征包括：①设定担保债权的上限，在该限额内为一定期间连续发生的债权提供担保；②最高额抵押并不从属于特定的债权，债权通常现在尚未发生，将来才会发生；③抵押权人真实的优先受清偿额并不一定是最高限额；④最高额抵押只需一次登记即可设置。

最高额抵押担保的是一定范围内的不特定债权。根据我国《民法典》的规定，有下列情形之一的，抵押权人的债权确定：①约定的债权确定期间届满；②没有约定债权确定期间或者约定不明确，抵押权人或者抵押人自最高额抵押权设立之日起满2年后请求确定债权；③新的债权不可能发生；④抵押权人知道或者应当知道抵押财产被查封、扣押；⑤债务人、抵押人被宣告破产或者解散；⑥法律规定债权确定的其他情形。

最高额抵押权的转让较普通抵押权的转让具有一定的特殊性。我国《民法典》规定，最高额抵押担保的债权确定前，部分债权转让的，最高额抵押权不得转让，但是当事人另有约定的除外。最高额抵押担保的债权确定前，抵押权人与抵押人可以通过协议变更债权确定的期间、债权范围以及最高债权额。但是，变更的内容不得对其他抵押权人产生不利影响。

四、质押

（一）质押概述

质押，是指债务人或第三人将动产或权利交由债权人占有，并将其作为债权的担保，债务人不履行到期债务或者发生当事人约定的实现质权的情形，债权人有权就该财产折价或拍卖、变卖所得价款优先受偿。债务人或第三人交由债权人占有的动产或权利称为质押财产，也称质押物或质物；债权人称为质权人，债务人或第三人称为出质人。

质押的特征包括：①质押财产包括动产和可转让的权利，不包括不动产；②质押是转移质押财产占有的担保物权，质权自出质人交付质押财产时设立。

根据质押标的的不同，质押分为动产质押和权利质押。

（二）动产质押

动产质押，是指为担保债务的履行，债务人或者第三人将其动产出质给债权人占有的，债务人不履行到期债务或者发生当事人约定的实现质权的情形，债权人有权就该动产优先受偿。其中的债务人或第三人为出质人，债权人为质权人，交付的动产为质押财产。

1. 出质动产的范围

质押财产就是质物。我国《民法典》规定，法律、行政法规禁止转让的动产不得出质。也就是说，出质的动产应当是允许转让的动产，法律、行政法规禁止转让的动产不能作为质押财产。

2. 质押合同的内容

动产质押合同为要式合同，是双方当事人签字盖章即宣告成立并生效的书面协议。根据我国《民法典》的规定，设立质权，当事人应当采用书面形式订立质押合同。质押合同一般包括下列内容：①被担保债权的种类和数额；②债务人履行债务的期限；③质押财产的名称、数量等情况；④担保的范围；⑤质押财产交付的时间、方式。

3. 流质条款无效

流质条款，也称绝押条款，指转移质物所有权的预先约定。订立质押合同时，出质人和质权人在合同中不得约定在债务人履行期限届满质权人未受清偿时，将质物所有权转移为债权人所有。我国《民法典》规定，质权人在债务履行期限届满前，与出质人约定债务人不履行到期债务时质押财产归债权人所有的，只能依法就质押财产优先受偿。因此，当事人在质押合同中约定流质条款的，流质条款无效，但是质押合同还是有效的，因此，只能依法就质押财产优先受偿。

4. 质权设立时间

根据我国《民法典》的规定，质权自出质人交付质押财产时设立，即动产质权的生效采取交付要件主义。质押合同签署后，在出质人未将质押财产移交质权人占有之前，质押合同生效，但质权不生效。出质人将质押财产的占有转移给质权人，不局限于现实的转移占有，还包括简易交付或指示交付，但出质人不得以占有改定的方式继续占有质押物，即出质人代质权人占有质押财产的，质权不生效。如果出质人未按质押合同约定的时间交付质押财产，给质权人带来损失的，则出质人需根据其过错程度承担赔偿责任。

5. 质押担保的范围

质押担保的范围，如果质押合同有约定的，按照约定执行；如果没有约定或者约定不明确，则适用法定质押担保的范围，包括主债权及其利息、违约金、损害赔偿金、质物保管费用和实现质权的费用。其中，质物保管费用是指质权人占有质押物期间因履行保管义务所花费的支出。

6. 动产质押的权责范围

根据我国《民法典》的规定，动产质押的出质人和质权人各自享有一定的权利，同时需要履行相应的义务。由于出质人和质权人的权利义务相对应，故掌握质权人的权利和义务，即可以掌握出质人的义务和权利。

（1）在质押期间，动产质权人享有以下权利。

第一，占有质物的权利。动产质权的生效采取交付要件主义，因此，在债务存续期间，质权人享有占有质物的权利，以保障债权的实现。

第二，收取孳息的权利。质权人有权收取质押财产的孳息，包括天然孳息和法定孳息，但是合同另有约定的，按照其约定。质权人收取质押财产的孳息，并不取得孳息的所有权，其所有权仍属于出质人。质权人收取的质押财产的孳息，应当先充抵收取孳息的费用。

第三，保全质权的权利。在质权存续期间，质权人对质押财产享有保全请求权。因不可归责于质权人的事由可能使质押财产毁损或者价值明显减少，足以危害质权人权利的，质权人有权请求出质人提供相应的担保；出质人不提供的，质权人可以拍卖、变卖质押财产，并与出质人协议将拍卖、变卖所得的价款提前清偿债务或者提存。

第四，转质押的权利。转质押，是指质权人在质权存续期间，为了担保自己的债务，经出质人同意，将质押财产为第三人设定质权的权利。转质权担保的债权范围，应当在原质权所担保的债权范围内，超过的部分不具有优先受偿的效力。转质权的效力优于原质权。

第五，优先受偿的权利。债务人不履行到期债务或者发生当事人约定的实现质权的情形，质权人可以与出质人协议以质押财产折价，也可以就拍卖、变卖质押财产所得的价款优先受偿。

第六，放弃质权的权利。质权人可以放弃质权。债务人以自己的财产出质，质权人放弃该质权的，其他担保人在质权人丧失优先受偿权益的范围内免除担保责任，但是其他担保人承诺仍然提供担保的除外。

（2）在质押期间，动产质权人履行以下义务。

第一，保管质物的义务。质权人负有妥善保管质押财产的义务；因保管不善致使质押财产毁损、灭失的，应当承担赔偿责任。质权人的行为可能使质押财产毁损、灭失的，出质人可以请求质权人将质押财产提存，或者请求提前清偿债务并返还质押财产。

第二，不得擅自处分质物的义务。质权人在质权存续期间，未经出质人同意，擅自使用、处分质押财产，造成出质人损害的，应当承担赔偿责任。此外，质权人在质权存续期间，未经出质人同意转质，造成质押财产毁损、灭失的，应当承担赔偿责任。

第三，及时履行质权的义务。出质人可以请求质权人在债务履行期限届满后及时行使质权；质权人不行使的，出质人可以请求人民法院拍卖、变卖质押财产。出质人请求质权人及时行使质权，因质权人怠于行使权利造成出质人损害的，由质权人承担赔偿责任。

第四，返还质物的义务。债务人履行债务或者出质人提前清偿所担保的债权的，质权人应当返还质押财产。返还质押财产，是指质权人基于自己的意思将质押财产在事实上的占有移转给出质人。

7. 动产质权的实现

动产质权的实现，是指债务人不履行到期债务或者发生当事人约定的实现质权的情形，质权人可以与出质人协议以质押财产折价，也可以就拍卖、变卖质押财产所得的价款优先受偿。因此，动产质权的实现方式包括：①折价；②拍卖；③变卖。其中，拍卖是主要方式。此外，质押财产折价或者变卖的，应当参照市场价格。质押财产折价或者拍卖、变卖后，其价款超过债权数额的部分归出质人所有，不足部分由债务人清偿。

（三）权利质押

权利质押，是指以所有权之外的财产权为标的物而设定的质押。权利质押的特征包括：①以所有权以外的财产权为标的物；②以登记或权利凭证的交付为生效要件。

1. 出质权利的范围

根据我国《民法典》的规定，债务人或者第三人有权处分的下列权利可以出质：①汇票、本票、支票；②债券、存款单；③仓单、提单；④可以转让的基金份额、股权；⑤可以转让的注册商标专用权、专利权、著作权等知识产权中的财产权；⑥现有的以及将有的应收账款；⑦法律、行政法规规定可以出质的其他财产权利。

2. 权利质权的设立规则

根据我国《民法典》的规定，不同类型权利质权的设立生效有一定差异。

（1）以汇票、本票、支票、债券、存款单、仓单、提单出质的，质权自权利凭证交付质权人时设立；没有权利凭证的，质权自办理出质登记时设立。法律另有规定的，依照其规定。

（2）以基金份额、股权出质的，质权自办理出质登记时设立。

（3）以注册商标专用权、专利权、著作权等知识产权中的财产权出质的，质权自办理出质登记时设立。

（4）以应收账款出质的，质权自办理出质登记时设立。

案例

甲公司向乙银行申请贷款50万元，并提出以其持有的丙公司10%的股份作为质押。经过核实，丙公司的注册资本为1000万元，丙公司已经全额缴纳。

请问：如果乙银行接受股份质押，是否符合法律要求？如果合法，质押合同何时生效？

3. 权利质权的实现和转让规则

根据我国《民法典》的规定，不同类型权利质权的转让规则有一定差异。

（1）汇票、本票、支票、债券、存款单、仓单、提单的兑现日期或者提货日期先于主

债权到期的，质权人可以兑现或者提货，并与出质人协议将兑现的价款或者提取的货物提前清偿债务或者提存。

（2）基金份额、股权出质后，不得转让，但是出质人与质权人协商同意的除外。出质人转让基金份额、股权所得的价款，应当向质权人提前清偿债务或者提存。

（3）知识产权中的财产权出质后，出质人不得转让或者许可他人使用，但是出质人与质权人协商同意的除外。出质人转让或者许可他人使用出质的知识产权中的财产权所得的价款，应当向质权人提前清偿债务或者提存。

（4）应收账款出质后，不得转让，但是出质人与质权人协商同意的除外。出质人转让应收账款所得的价款，应当向质权人提前清偿债务或者提存。

练一练

一、名词解释

资产业务　贷款　抵押　质押　保证　一般保证　连带责任保证　最高额抵押　动产质押　权利质押

二、判断题

1. 商业银行根据国民经济和社会发展的需要，在国家产业政策指导下开展贷款业务。（　　）
2. 当事人可以在合同中约定保证期间。如果没有约定的，保证期间为6个月。（　　）
3. 个人住房贷款担保方式有抵押、质押两种。（　　）
4. 质押贷款不转移质押物的占有。（　　）

三、单项选择题

1. 下列有关商业银行贷款的表述，不正确的是（　　）。
    A. 除国务院批准的特定贷款外，有权拒绝任何单位和个人强令其发放贷款或提供担保
    B. 商业银行贷款，应当对借款人的借款用途等进行严格审查
    C. 借款人到期未归还担保贷款的，商业银行只能要求保证人归还贷款本金或就该担保物优先受偿，不能要求保证人归还利息
    D. 商业银行不能利用拆入资金发放固定资产贷款
2. 根据《民法典》的规定，当事人对保证方式没有约定或者约定不明确的，处理的方式是（　　）。
    A. 按照连带责任保证承担保证责任　　B. 按照一般保证承担保证责任
    C. 保证合同无效　　D. 不承担保证责任
3. 下列可以作为抵押财产的是（　　）。
    A. 正在建造的建筑物、船舶　　B. 土地所有权
    C. 医院设备　　D. 大学教学楼
4. 下列选项中不可出质的是（　　）。
    A. 依法可转让的股票　　B. 大额存单
    C. 一台电脑　　D. 某影星的肖像权

四、多项选择题

1. 下列属于对贷款人的限制的有（　　）。
   A. 不得向关系人发放担保贷款
   B. 未经中国人民银行批准，不得对自然人发放外币币种的贷款
   C. 严格控制信用贷款，谨慎提供担保贷款
   D. 除另有规定外不得给委托人垫付资金

2. 保证担保的范围包括（　　）。
   A. 主债权及其利息　　　　　　B. 违约金
   C. 损害赔偿金　　　　　　　　D. 实现债权的费用

3. 关于同一抵押物上多个抵押权的受偿顺序，下列选项正确的有（　　）。
   A. 对于已登记且必须登记的抵押财产，在时间上登记在先的优先受偿
   B. 对于应登记但未登记的财产，抵押合同成立在先的优先受偿
   C. 对于不需登记且未登记的动产，抵押合同成立在先的优先受偿
   D. 对不需登记但已登记的财产，登记的财产优先受偿（动产例外）

4. 下列关于质押的说法正确的有（　　）。
   A. 质押时债务人或者第三人为质权人，债权人为出质人
   B. 权利质押设立法定手续有交付权利凭证和履行登记手续两类
   C. 设立质权，当事人既可以采取书面形式，也可以采取口头形式
   D. 我国《民法典》确立了两类质押，一是动产质押；二是权利质押

五、思考题

1. 简述商业银行的贷款种类。
2. 简述保证方式的分类。
3. 简述不可抵押的财产范围。
4. 简述出质权利的范围。

六、案例分析题

甲向乙借款 10 万元做生意，甲将其价值 15 万元的汽车质押给乙，双方签订了质押合同。乙认为将车放在自家附近不安全，因此决定仍将车放在甲处保管。后来，甲因经营亏损导致无力偿还债务，乙因此将甲起诉至法院，请求行使质权以实现清偿。

请问：质押合同和质权的法律效力如何？说明理由。

项目九　商业银行中间业务相关法规

【学习目标】

通过本项目的学习，学生能够：

1. 区分不同类别的中间业务；
2. 掌握票据的概念和分类，能够区分汇票、本票、支票；
3. 掌握出票、背书、承兑、保证、付款的票据行为规则；
4. 理解票据权利的概念、分类、取得、行使、保全和消灭规则；
5. 掌握票据抗辩的分类和适用情形，准确区分票据伪造和票据变造，掌握票据丧失后的补救办法；
6. 提升守法合规的职业素养。

导入案例

A 公司为了购买一批货物，于 2022 年 5 月 11 日签发了一张同城转账支票给 B 公司。B 公司在收到支票后，于 2022 年 5 月 13 日将其背书转让给了 C 公司。随后，A 公司和 B 公司之间的买卖合同由于某些原因被解除。

讨论：1. 持票人 C 公司是否可以要求付款银行支付款项？说明理由。

2. 付款银行是否可以拒绝向 C 公司支付款项？说明理由。

3. 如果 C 公司于 2022 年 5 月 23 日向付款银行提示付款，银行可否拒绝付款？说明理由。

商业银行中间业务是指银行不运用或较少运用自己的资产，以中间人的身份为客户办理资金收付和其他委托事项，提供各类金融服务并收取手续费的业务。中间业务有狭义和广义之分，狭义的中间业务指那些没有列入资产负债表，但同资产业务和负债业务关系密切，并在一定条件下会转为资产业务和负债业务的经营活动；广义的中间业务则除了狭义的中间业务，还包括结算、代理、咨询等无风险的经营活动，所以广义的中间业务是指商业银行从事的所有不在资产负债表内反映的业务。

按照功能和形式分类，商业银行中间业务可以分为以下几类。

结算类中间业务，是指商业银行利用汇票、支票、本票和其他信用工具清算债权人和债务人之间的债权债务关系的银行业务，包括银行汇票结算等。

担保型中间业务，主要是指银行为商业汇票提供承兑服务。一般做法是由持票人请求银行承兑未到期的票据，银行审查该票据具有承兑和贴现资格后，同意为其承兑。在票据到期前，如果承兑申请人未能足额交付票据款项，银行必须无条件地履行付款责任。

融资型中间业务主要包括融资租赁、出口押汇、国际保理、福费廷等业务。

代理型中间业务，是指商业银行利用自身在经营管理等方面的优势，接受客户的委托，为客户办理有关业务，提供管理服务并收取费用的业务。包括委托贷款、代发工资、代理收付款项、保管箱业务等。

在中间业务中，商业银行扮演中介或代理人的角色，通常提供有偿服务。这些业务为商业银行带来了非利息收入，是其重要的收入来源之一。总的来说，商业银行中间业务是银行除资产业务和负债业务之外的重要业务，具有风险低、收入稳定等特点，对于银行的经营和发展具有重要意义。

特别需要强调的是，票据业务在商业银行的经营活动中占据着重要的地位。通过开展票据业务，商业银行可以促进商业信用的票据化，加强对商业信用的管理。同时，票据业务也为商业银行带来了可观的中间业务收入，有助于提升银行的服务水平和市场竞争力。因此，本项目重点介绍与商业银行票据业务相关的法律规定。

任务一　票据业务概述

一、票据的含义和分类

（一）票据的定义

1995年5月10日第八届全国人民代表大会常务委员会第十三次会议通过了《中华人民共和国票据法》，于1996年1月1日起开始施行。根据2004年8月24日第十届全国人民代表大会常务委员会第十一次会议《关于修改〈中华人民共和国票据法〉的决定》作出修正。

关于票据的含义，有广义和狭义之分。广义的票据泛指各种有价证券和一切权利凭证，包括股票、债券、发票、提单、保险单、汇票、本票、支票等；而狭义的票据则仅指我国《票据法》中所规定的票据，包括汇票、本票和支票。此外，我国《支付结算办法》中所规定的票据，则特指银行汇票、商业汇票、银行本票和支票。

票据是由出票人依法签发的，承诺自己或者委托付款人在见票时或者指定日期无条件支付确定的金额给收款人或持票人的有价证券。

（二）票据的分类

1. 汇票

根据我国《票据法》的规定，汇票是出票人签发的，委托付款人在见票时或者指定日期无条件支付确定的金额给收款人或者持票人的票据。汇票分为银行汇票和商业汇票。根据承兑人的不同，商业汇票又分为银行承兑汇票和商业承兑汇票。

2. 本票

根据我国《票据法》的规定，本票是出票人签发的，承诺自己在见票时无条件支付确定的金额给收款人或者持票人的票据。我国的本票，仅指银行本票。

3. 支票

根据我国《票据法》的规定，支票是出票人签发的，委托办理支票存款业务的银行或者其他金融机构在见票时无条件支付确定的金额给收款人或者持票人的票据。我国的支票包括普通支票、现金支票和转账支票三种。

二、票据的特征

一般来说，票据作为支付结算的工具，具有以下几个方面的特征。

1. 票据是设权证券

所谓设权证券，是指在做成票据的同时票据权利一并产生。没有票据，或者票据没有做成，票据权利也就不存在。

2. 票据是债权证券

所谓债权证券，是指票据上所创设的权利是金钱债权，即票据持有人享有请求付款人在见票或指定日期支付确定的金额的权利。

3. 票据是文义证券

所谓文义证券，是指票据的权利义务关系完全依据票据上所记载的文义，不得进行任意解释或者依据票据之外的文件加以确定。即使票据上记载的文义有错，也不得用票据之外的文件加以变更或补充。

4. 票据是无因证券

所谓无因证券，是指只要依据《票据法》做成票据，票据权利宣告生成，持票人就享有票据权利，而不需要考虑票据权利取得的原因或持有票据的原因，即使这些原因无效或被撤销，也不影响票据关系，付款人都需要在见票时或者指定日期无条件支付确定的金额给持票人。

案例

甲向乙购买了一批货物，并签发了一张以乙为收款人的汇票。乙随后将该汇票背书转让给了丙。但在丙持有该汇票期间，甲和乙之间的买卖合同撤销了。

请问：买卖合同撤销是否影响汇票的效力？说明理由。

5. 票据是要式证券

所谓要式证券，是指票据的格式和记载事项必须严格依据《票据法》的规定，如果不符合法律规定，则可能影响票据效力，甚至导致票据无效。此外，票据的签发、转让、承兑、付款和追索等行为均需要严格依据法律规定的程序和方式开展。

6. 票据是流通证券

所谓流通证券，是指依法做成的票据可以通过背书或者单纯交付将票据权利转让给他人，流通方式简单灵活。一般来说，记名票据需要通过背书交付转让票据权利；而无记名票据只需单纯交付即可转让票据权利。

7. 票据是完全有价证券

所谓完全有价证券，是指票据权利和票据的占有不可分离，票据权利的产生、转让与交付都以票据存在为前提。因此，票据具有提示性和返还性。提示性，是指持票人行使票据权利时必须向票据债务人出示票据。返还性，是指持票人受领票据金额后，需将票据返还给付款人，以消灭票据关系或使后手得以向其前手行使再追索权。

三、票据法律关系

票据法律关系是指票据当事人在票据的签发和流通转让过程中，依据相应的票据法律规范所形成的权利义务关系，分为票据关系和非票据关系。

（一）票据关系

票据关系，是指票据当事人基于票据行为而发生的权利义务关系，由主体、客体和内容构成。

1. 票据关系的主体，是票据关系的参加者（或当事人），即享有票据权利、承担票据义务的当事人，包括出票人、付款人、收款人、持票人、承兑人、背书人和保证人等。

2. 票据关系的客体，是指票据当事人的权利和义务所共同指向的对象，只能是一定数额的货币。

3. 票据关系的内容，是指票据当事人因票据行为依法享有的权利和承担的义务；票据权利是指持票人向票据债务人请求支付票据金额的权利，即付款请求权和追索权；票据义务，又称票据责任，是指票据义务人向持票人支付票据金额的义务。

（二）非票据关系

非票据关系包括票据法上的非票据关系和民法上的非票据关系。其中，票据法上的非票据关系，是指根据我国《票据法》的规定而产生的，但不是基于票据行为直接发生的法律关系；而民法上的非票据关系，又称为票据的基础关系，一般是指票据关系赖以产生的民事基础法律关系。

1. 票据法上的非票据关系

票据法上的非票据关系是由《票据法》直接规定的与票据行为有关的法律关系，包括票据返还请求权、利益偿还请求权和交出票据请求权。

（1）票据返还请求权，是指享有票据权利或已经履行付款义务的当事人可以要求采用非法手段或出于恶意而不当占有的票据者向其返还票据的权利。

（2）利益偿还请求权，是指持票人因超过票据权利时效或者因票据记载事项欠缺而丧失票据权利的，仍享有民事权利，可以请求出票人或者承兑人返还其与未支付的票据金额相当的利益。

（3）交出票据请求权，是指持票人要求票据的占有人或非法持有人交还票据的权利。这种权利是基于票据的物权属性而产生的，因为票据作为一种有价证券，其持有者通常被视为票据权利的享有者。当票据被非法占有或持有时，真正的权利人有权要求对方交出票据。

2. 民法上的非票据关系

民法上的非票据关系不是票据法律关系，而是作为票据法律关系产生的事实和前提条件存在的，是票据法律关系之外的一种关系。因民法上的非票据关系为票据法律关系产生的前提和基础，故称为票据的基础关系。

票据的基础关系是基于授受票据的原因等而形成的关系，不属于票据关系的范围，也不属于《票据法》规范的对象。这类关系是由民法来调整的，因而也称为民法上的非票据关系。

票据的基础关系可分为票据原因关系、票据资金关系和票据预约关系。

（1）票据原因关系，是指当事人之间基于授受票据的原因而形成的关系，如买卖、借贷、担保和赠与等原因。

（2）票据资金关系，是指存在于汇票出票人与付款人之间、支票出票人与银行（付款人）之间的基础关系，如存款、承诺等。

（3）票据预约关系，是指当事人之间以授受票据为目的的约定，票据当事人在签发票据之前，会就票据的种类、金额、到期日、有无记名、有无利息、付款地点等发行与让与事项达成协议；票据预约关系既存在于出票人和收款人之间，也存在于背书人与被背书人之间。

四、票据当事人

票据当事人，是指在依据我国《票据法》做成的票据上所产生的票据法律关系的主体，包括基本当事人和非基本当事人。其中，基本当事人包括出票人、收款人和付款人；非基本当事人包括承兑人、背书人、被背书人和保证人等。

任务二　票据行为

一、票据行为的含义和特征

票据行为有广义和狭义之分。广义的票据行为，是指引起票据关系产生、变更或终止的所有法律行为，涵盖出票、承兑、背书、保证、付款、改写、涂销等。狭义的票据行为，仅指我国《票据法》所规定的出票、背书、承兑和保证四种行为。

与其他法律行为相比，票据行为具有如下几个方面的特殊特征。

（1）文义性。票据行为的内容完全以票据上记载的文义为准，不允许当事人以票据之外的事实或证据对记载的文义加以补充或变更，即使与实际情况不符，也以记载的文义为准。

（2）要式性。票据行为必须严格遵守《票据法》规定的形式和要求，例如，任何一种票据行为均要以书面形式做成；任何一种票据行为都要求行为人在票据上签章或签名等。

（3）无因性。票据是无因证券，只要票据行为符合法定格式则为有效，与票据原因关系无关。

（4）独立性。同一票据上的各个票据行为相互独立，各票据行为根据其在票据上记载的文义分别发生效力，某一票据行为无效不影响其他票据行为的效力。如我国《票据法》规定，无民事行为能力人或者限制民事行为能力人在票据上签章的，其签章无效，但是不影响其他签章的效力。

二、票据行为的有效要件

票据行为属于民事法律行为，因此，有效的票据行为必须符合民事法律行为成立的一般条件。根据我国《民法典》和《票据法》的相关规定，有效的票据行为需要满足实质要件和形式要件。

（一）实质要件

1. 必须具备票据行为能力

根据我国《票据法》的规定，无民事行为能力人或者限制民事行为能力人在票据上签章的，其签章无效。因此，票据行为当事人必须是具有完全民事行为能力的自然人、法人和非法人组织。

2. 意思表示真实、合法

根据我国《票据法》的规定，以欺诈、偷盗或者胁迫等手段取得票据的，或者明知有前列情形，出于恶意取得票据的，不得享有票据权利；持票人因重大过失取得不符合《票据法》规定的票据的，也不得享有票据权利。因此，票据行为人的意思表示必须真实、合法。

3. 内容必须符合法律规定

根据我国《票据法》的规定，票据活动应当遵守法律、行政法规，不得损害社会公共利益。因此，票据行为的内容必须符合我国的相关法律规定。

（二）形式要件

票据是文义证券、要式证券和无因证券，我国《票据法》对票据行为的形式要件进行了严格的规定，具体包括以下几个方面。

1. 书面形式

票据当事人应当使用中国人民银行规定的统一格式的票据。票据的格式、联次、颜色、规格及防伪技术要求和印制，由中国人民银行规定。因此，票据行为必须符合法律规定的书面形式要求，否则直接影响票据行为的法律效力。

2. 记载事项

根据我国《票据法》的规定，票据行为需要依法在票据上记载相应事项才能确保有效。根据记载事项的效力不同，分为绝对记载事项、相对记载事项、任意记载事项和不得记载事项四类。

（1）绝对记载事项，是指依据《票据法》规定必须记载，如未记载，票据即归无效的事项。

（2）相对记载事项，是指依据《票据法》规定必须记载，如未记载，则以《票据法》的规定为准，不影响票据的效力。

（3）任意记载事项，是指由票据当事人决定是否记载事项，若不记载，票据仍然有效；若记载，该事项具有《票据法》上的效力。如在汇票上记载"禁止背书"等。

（4）不得记载事项，又称禁止记载事项，是指记载于票据上，使记载事项本身或票据归于无效的事项。根据记载后果不同，分为无益记载事项和有害记载事项。无益记载事项包括记载后不具有《票据法》上效力的事项和记载本身无效的事项；有害记载事项是指事项一经记载，则使票据归于无效，如出票人记载了附条件的支付委托等。

3. 签章要求

根据我国《票据法》的规定，票据出票人制作票据，应当按照法定条件在票据上签章，并按照所记载的事项承担票据责任；持票人行使票据权利，应当按照法定程序在票据上签章，并出示票据；其他票据债务人在票据上签章的，按照票据所记载的事项承担票据责任。票据上的签章，为签名、盖章或者签名加盖章；法人和其他使用票据的单位在票据上的签章，为该法人或者该单位的盖章加其法定代表人或者其授权的代理人的签章；在票据上的签名，应当为该当事人的本名。因此，签章是所有票据行为需要严格遵守的强制性要求，其意义在于识别行为人，辨别行为人的真伪，明确行为人的票据责任。

4. 交付要求

所谓票据交付，是指票据行为人将合法有效的票据交付给相对人持有的行为。我国《票据法》规定，出票是指出票人签发票据并将其交付给收款人的票据行为。因此，有效的票据行为除了需要具备前述形式要件之外，还需要将票据交付给相对人，如出票人需要将票据交付给收款人，背书人需要将票据交付给被背书人等。

三、票据行为的代理

票据行为的代理，是指票据行为的当事人由于某种原因不能亲自实施票据行为时，授权他人代为实施票据行为。代理人在票据上需明示被代理人的名义，记明为被代理人代理的意思并签章，由此产生的法律后果由被代理人承担。

根据我国《票据法》的规定，票据当事人可以委托其代理人在票据上签章，并应当在票据上表明其代理关系。没有代理权而以代理人名义在票据上签章的，应当由签章人承担票据责任；代理人超越代理权限的，应当就其超越权限的部分承担票据责任。因此，票据行为依法可以代理，但需要满足如下条件：①应当记明被代理人的姓名或名称；②在票据上必须显示票据代理关系；③代理人需在票据上签章。

任务三　票据权利

一、票据权利的含义和分类

根据我国《票据法》的规定，票据权利是指持票人向票据债务人请求支付票据金额的权利，包括付款请求权和追索权。票据权利实质是一种金钱债权，其中付款请求权是第一次请求权，追索权是第二次请求权。

1. 付款请求权

付款请求权，是指票据的持票人依法要求票据的主债务人或其他付款人按照票据上所记载的金额付款的权利。付款请求权是票据赋予持票人的最基本权利。持票人可能为收款人，也可能是最后被背书人，也可能是汇票、本票的参加付款人。主债务人可能为汇票的承兑人、本票的出票人和支票的付款人等。

2. 追索权

追索权，是指汇票到期被拒绝付款的，持票人可以对背书人、出票人以及汇票的其他债务人行使追索权。汇票到期日前，有下列情形之一的，持票人也可以行使追索权：①汇票被拒绝承兑的；②承兑人或者付款人死亡、逃匿的；③承兑人或者付款人被依法宣告破产的或者因违法被责令终止业务活动的。

持票人行使追索权时，应当提供被拒绝承兑或者被拒绝付款的有关证明。持票人提示承兑或者提示付款被拒绝的，承兑人或者付款人必须出具拒绝证明，或者出具退票理由书。未出具拒绝证明或者退票理由书的，应当承担由此产生的民事责任。持票人因承兑人或者付款人死亡、逃匿或者其他原因，不能取得拒绝证明的，可以依法取得其他有关证明。承兑人或者付款人被人民法院依法宣告破产的，人民法院的有关司法文书具有拒绝证明的效力。承兑人或者付款人因违法被责令终止业务活动的，有关行政主管部门的处罚决定具有拒绝证明的效力。

持票人不能出示拒绝证明、退票理由书或者未按照规定期限提供其他合法证明的，丧失对其前手的追索权。但是，承兑人或者付款人仍应当对持票人承担责任。

持票人应当自收到被拒绝承兑或者被拒绝付款的有关证明之日起3日内，将被拒绝事由书面通知其前手；其前手应当自收到通知之日起3日内书面通知其再前手。持票人也可以同时向各汇票债务人发出书面通知。该书面通知应当记明汇票的主要记载事项，并说明该汇票已被退票。未按照前款规定期限通知的，持票人仍可以行使追索权。因延期通知给其前手或者出票人造成损失的，由没有按照规定期限通知的汇票当事人，承担对该损失的赔偿责任，但是所赔偿的金额以汇票金额为限。在规定期限内将通知按照法定地址或者约定的地址邮寄的，视为已经发出通知。

汇票的出票人、背书人、承兑人和保证人对持票人承担连带责任。持票人可以不按照汇票债务人的先后顺序，对其中任何一人、数人或者全体行使追索权。持票人对汇票债务人中的一人或者数人已经进行追索的，对其他汇票债务人仍可以行使追索权。被追索人清偿债务后，与持票人享有同一权利。持票人为出票人的，对其前手无追索权。持票人为背书人的，对其后手无追索权。

持票人行使追索权，可以请求被追索人支付下列金额和费用：①被拒绝付款的汇票金额；②汇票金额自到期日或者提示付款日至清偿日止，按照中国人民银行规定的利率计算的利息；③取得有关拒绝证明和发出通知书的费用。被追索人清偿债务时，持票人应当交出汇票和有关拒绝证明，并出具所收到利息和费用的收据。

被追索人依照前条规定清偿后，可以向其他汇票债务人行使再追索权，请求其他汇票债务人支付下列金额和费用：①已清偿的全部金额；②前项金额自清偿日起至再追索清偿日止，按照中国人民银行规定的利率计算的利息；③发出通知书的费用。行使再追索权的被追索人获得清偿时，应当交出汇票和有关拒绝证明，并出具所收到利息和费用的收据。

> **案例**
>
> 甲公司与乙公司签订了一份价值40万元的布料购销合同。乙公司为此向甲公司签发了一张以丙银行为承兑人的银行承兑汇票。汇票的记载事项完全符合《票据法》的要求。甲公司将汇票贴现给丁银行。然而，当丁银行向丙银行提示付款时，遭到了拒付。
>
> 理由是：乙公司发函告知甲公司，由于布料存在瑕疵，该汇票无法解付，请求甲公司协助退回汇票。甲公司贴现该汇票后，丁银行成为该汇票的善意持有人，购销合同纠纷并不影响丁银行的票据权利。因此，丁银行向法院提起诉讼，向甲公司追索权利。
>
> **请问**：丁银行可否向甲公司行使追索权？说明理由。

二、票据权利的取得

票据权利的取得，是指依法占有票据，取得票据所有权的方式，分为原始取得和继受取得两类。

1. 原始取得

原始取得包括出票取得和善意取得。（1）出票取得，是指出票人签发票据交付给持票人，持票人最初取得票据权利的方式。（2）善意取得，是指持票人善意或无重大过失，从无权利人之手受让票据，取得票据权利的方式。我国《民法典》和《票据法》对善意取得进行了严格的限制，具体包括：①让与人无处分权；②取得方式符合《票据法》的规定；③取得票据时没有恶意或重大过失；④取得票据时支付相应对价等。

2. 继受取得

继受取得，是指持票人从有权处分票据权利的前手处，通过背书交付或单纯交付的方式取得票据权利。票据权利的继受取得包括《票据法》上的继受取得和非《票据法》上的继受取得。其中，《票据法》上的继受取得是以背书、质押、保证、贴现、付款等方式继受取得票据权利；而非《票据法》上的继受取得是以继承、赠与、公司合并或分立、清算等方式继受取得票据权利。

三、票据权利的限制

根据我国《票据法》的规定，票据的签发、取得和转让，应当遵循诚实信用的原则，具有真实的交易关系和债权债务关系。票据的取得，必须给付对价，即应当给付票据双方当事人认可的相对应的代价。

<u>因税收、继承、赠与可以依法无偿取得票据的，不受给付对价的限制。但是，所享有的票据权利不得优于其前手的权利</u>。前手是指在票据签章人或者持票人之前签章的其他票据债务人。

以欺诈、偷盗或者胁迫等手段取得票据的，或者明知有前列情形，出于恶意取得票据的，不得享有票据权利。持票人因重大过失取得不符合《票据法》规定的票据的，也不得享有票据权利。

📝 案例

甲为了偿还贷款，向乙签发了一张汇票并交付给乙，但乙未能按照约定交付货物。后来，乙丢失了这张汇票，被丙拾得。丙为了支付学费，将这张汇票背书给了丁，丁对丙拾得并转让汇票一事毫不知情。

讨论：（1）丙持有票据时是否享有票据权利？说明理由。

（2）丁是否取得票据权利？说明理由。

（3）如果丁的儿子戊在丁去世后继承取得该票据，则戊是否享有票据权利？票据权利是否有瑕疵？说明理由。

四、票据权利的行使和保全

票据权利的行使，是指票据债权人请求票据债务人履行票据债务的行为。票据权利的保全，是指票据债权人为防止其票据权利丧失，依据《票据法》规定而采取的一切行为。根据我国《票据法》的规定，持票人对票据债务人行使票据权利，或者保全票据权利，应当在票据当事人的营业场所和营业时间内进行，票据当事人无营业场所的，应当在其住所进行。

五、票据权利的消灭

根据我国《票据法》的规定，票据权利在下列期限内不行使而消灭：①持票人对票据的出票人和承兑人的权利，自票据到期日起两年。见票即付的汇票、本票，自出票日起两年；②持票人对支票出票人的权利，自出票日起6个月；③持票人对前手的追索权，自被拒绝承兑或者被拒绝付款之日起6个月；④持票人对前手的再追索权，自清偿日或者被提起诉讼之日起3个月。票据的出票日、到期日由票据当事人依法确定。

任务四　票据抗辩、瑕疵和丧失

一、票据抗辩

票据抗辩，是指票据债务人根据《票据法》的规定提出相应的事实和理由对票据债权人拒绝履行义务的行为。其中，票据债务人所提出的合法事实和理由，称为抗辩事由，票据债务人依法享有的对持票人拒绝履行票据义务的权利，称为票据抗辩权。我国《票据法》规定，票据债务人可以对不履行约定义务的与自己有直接债权债务关系的持票人，进行抗辩。

票据债务人不得以自己与出票人或者与持票人的前手之间的抗辩事由，对抗持票人。

但是，持票人明知存在抗辩事由而取得票据的除外。

（一）票据抗辩的分类

根据抗辩的事由和效力，票据抗辩可以分为对物抗辩和对人抗辩。

1. 对物抗辩

对物抗辩，又称绝对抗辩或客观抗辩，是指因票据本身所存在的事由而发生的抗辩。因抗辩事由是基于票据这个客观物体而发生的，因而称为对物抗辩；又由于该抗辩事由可对一切持票人提出，故又称为绝对抗辩。

对物抗辩可以分为：

（1）一切票据债务人可以对一切票据债权人行使的抗辩，包括：①票据欠缺应记载的事项的抗辩；②票据到期日未到的抗辩；③票据已经依法付款的抗辩；④票据经判决为无效的抗辩；⑤票款已依法提存的抗辩；⑥更改不可更改事项（如日期、金额、名称等）而使票据无效的抗辩；⑦不符合票据记载金额规则而使票据无效的抗辩等。

（2）只有特定债务人可以对一切债权人行使的抗辩，包括：①欠缺票据行为能力的抗辩；②无权代理的票据行为的抗辩；③票据是变造的抗辩；④票据权利因已过时效而消失的抗辩；⑤欠缺票据权利行使或保全手续的抗辩等。

2. 对人抗辩

对人抗辩，又称相对抗辩或主观抗辩，是指票据债务人仅可以对抗特定的票据债权人的抗辩。这种抗辩是基于票据当事人之间的特定关系而产生，故只能对特定的债权人行使对人的抗辩。

对人抗辩可以分为：

（1）一切票据债务人可以对特定债权人行使的抗辩，包括：①票据债权人欠缺实质上的受领资格的抗辩（如持票人已被法院宣告破产、被依法清算等）；②票据债权人欠缺形式上的受领资格的抗辩（如背书不连续的持票人等）；③票据债权人恶意取得票据的抗辩等。

（2）特定票据债务人可以对特定的债权人行使的抗辩，包括：①基于原因关系的抗辩（如原因关系未成立、原因关系未履行、原因关系违约）；②欠缺对价的抗辩；③债务抵销或免除的抗辩；④基于票据关系的抗辩（如票据交付以前丢失或被盗）。

（二）票据抗辩的限制

根据我国《票据法》的规定，票据债务人不得以自己与出票人或者与持票人的前手之间的抗辩事由，对抗持票人。但是，持票人明知存在抗辩事由而取得票据的除外。

案例

甲与乙签订了一份合同，甲签发并承兑了一张以乙为收款人的银行承兑汇票。乙将该汇票背书转让给丙，但当丙持该汇票向甲的承兑银行丁提示付款时，因甲存款不足而遭退票。后经法院判决，甲支付相应票款及利息。之后，因乙未按约定履行合同，甲向法院提起诉讼，请求判令被告乙支付相应的票款及利息。

讨论：（1）丁是否可以以甲存款不足为由而拒绝付款？说明理由。

（2）如果丙已知乙未履行合同而取得票据，则丁可否拒绝付款？说明理由。

二、票据瑕疵

票据瑕疵分为票据伪造和票据变造。我国《票据法》规定，票据上的记载事项应当真实，不得伪造、变造。伪造、变造票据上的签章和其他记载事项的，应当承担法律责任。票据上有伪造、变造的签章的，不影响票据上其他真实签章的效力。

1. 票据伪造

票据伪造，是指为了行使票据权利，假借或者虚构他人的名义在票据上进行签章的行为。如甲伪造乙的名章在票据上背书等。

票据伪造需要满足以下条件：①伪造者的票据行为符合法律规定的形式要件，并且只有伪造出票、承兑、背书和保证四种行为中的一种才构成票据伪造；②伪造者在没有得到他人授权的情况下，假冒他人名义在票据上签章；③伪造票据的目的在于行使票据权利，谋取不当利益。

由于伪造者是以他人名义在票据上伪造签章，票据上并没有伪造者自己的签章，因此，伪造者不承担票据责任，但需要承担刑事责任、行政责任和民事赔偿责任。因为票据行为相互独立，所以，票据伪造行为并不影响票据上其他真实签章人的票据行为效力，持票人可向其他票据真实签章人进行追索，若无，可向伪造者主张民事赔偿。若付款人未识别出票据伪造而付款，则付款行为有效，由此带来的损失可向伪造者主张民事赔偿。

2. 票据变造

票据变造，是指无票据变更权利的人对票据上除签章之外的记载事项进行更改的行为。如持票人将票据金额由 20 万元更改为 200 万元等。根据我国《票据法》的规定，票据金额、日期、收款人名称不得更改，更改的票据无效。对票据上的其他记载事项，原记载人可以更改，更改时应当由原记载人签章证明。

票据变造需要满足以下条件：①变更人没有变更权限；②只能变更票据签章之外的其他记载事项，如票据金额等；③变更票据的目的在于行使票据权利或者减少自己的票据义务。

由于票据变造行为属于严重违法行为，因此，对于票据变造人来说，需要承担刑事责任和民事责任，如果属于票据行为人，还需要承担票据责任。对其他票据真实签章人来说，我国《票据法》规定，票据上其他记载事项被变造的，在变造之前签章的人，对原记载事项负责；在变造之后签章的人，对变造之后的记载事项负责；不能辨别是在票据被变造之前或者之后签章的，视同在变造之前签章。

案例

A 向 B 签发了一张收款人为 B、面额为 20 万元的汇票；C 趁 B 不注意偷走该汇票，并伪造了 B 的签章将该汇票背书给 D；D 将汇票金额改写为 120 万元后，背书转让给不知情的 E；3 天后，D 应 E 的请求，改写了背书日期。

请问：（1）改写日期的行为属于什么行为？说明具体规则。
（2）C 的行为属于什么行为？应承担什么法律责任？
（3）D 改写金额的行为属于什么行为？应承担什么法律责任？
（4）该汇票上的债务人有哪些？说明理由。
（5）该汇票上的票据责任应如何承担？说明理由。

三、票据丧失

票据丧失是指票据权利人并非出于本人意愿而失去对票据的占有。根据我国《票据法》的规定，票据丧失，失票人可以及时通知票据的付款人挂失止付，但是，未记载付款人或者无法确定付款人及其代理付款人的票据除外。收到挂失止付通知的付款人，应当暂停支付。失票人应当在通知挂失止付后 3 日内，也可以在票据丧失后，依法向人民法院申请公示催告，或者向人民法院提起诉讼。

1. 票据丧失的分类

票据丧失分为绝对丧失和相对丧失。其中，绝对丧失是指票据本身由于某种原因不复存在，如灭失、焚毁等；而相对丧失是指票据权利人丧失对票据的占有，但是票据本身尚在，如遗失、被窃等。

2. 票据丧失的补救办法

票据属于完全有价证券，票据权利人在丧失票据后将无法行使票据权利，因此，需要及时采取有效的补救措施，具体包括挂失止付、公示催告和提起诉讼。但是需要满足以下前提条件：①丧失票据为既定事实；②失票人是真正的票据权利人；③丧失票据属于未获付款的有效票据。

（1）挂失止付

根据我国《票据法》的规定，票据丧失，失票人可以及时通知票据的付款人挂失止付，但是，未记载付款人或者无法确定付款人及其代理付款人的票据除外。收到挂失止付通知的付款人，应当暂停支付。因此，挂失止付是失票人将票据丧失的情况通知付款人，付款人收到挂失止付通知后暂停支付的行为。

根据我国《支付结算办法》的规定，已承兑的商业汇票、支票、填明"现金"字样和代理付款人的银行汇票以及填明"现金"字样的银行本票丧失，可以由失票人通知付款人或者代理付款人挂失止付。未填明"现金"字样和代理付款人的银行汇票以及未填明"现金"字样的银行本票丧失，不得挂失止付。

允许挂失止付的票据丧失，失票人需要挂失止付的，应填写挂失止付通知书并签章。挂失止付通知书应当记载下列事项：①票据丧失的时间、地点、原因；②票据的种类、号码、金额、出票日期、付款日期、付款人名称、收款人名称；③挂失止付人的姓名、营业场所或者住所以及联系方式。欠缺前述记载事项之一的，银行不予受理。

付款人或者代理付款人收到挂失止付通知书后，查明挂失票据确未付款时，应立即暂停支付。<u>付款人或者代理付款人自收到挂失止付通知书之日起 12 日内没有收到人民法院的止付通知书的，自第 13 日起，挂失止付通知书失效，持票人提示付款并依法向持票人付款的，不再承担责任。</u>

付款人或者代理付款人在收到挂失止付通知书之前，已经向持票人付款的，不再承担责任。但是，付款人或者代理付款人以恶意或者重大过失付款的除外。

（2）公示催告

根据我国《票据法》的规定，失票人应当在通知挂失止付后 3 日内，也可以在票据丧失后，依法向人民法院申请公示催告。公示催告，是指失票人在票据丧失后申请法院宣告票据无效而使票据权利与票据相分离的一种措施。

根据我国《民事诉讼法》的规定，按照规定可以背书转让的票据持有人，因票据被盗、遗失或者灭失，可以向票据支付地的基层人民法院申请公示催告。

申请人应当向人民法院递交申请书，写明票面金额、发票人、持票人、背书人等票据主要内容和申请的理由、事实。人民法院决定受理申请，应当同时通知支付人停止支付，并在 3 日内发出公告，催促利害关系人申报权利。公示催告的期间，由人民法院根据情况决定，但不得少于 60 日。

支付人收到人民法院停止支付的通知，应当停止支付，至公示催告程序终结。公示催告期间，转让票据权利的行为无效。

利害关系人应当在公示催告期间向人民法院申报。人民法院收到利害关系人的申报后，应当裁定终结公示催告程序，并通知申请人和支付人。

申请人或者申报人可以向人民法院起诉。没有人申报的，人民法院应当根据申请人的申请，作出判决，宣告票据无效。判决应当公告，并通知支付人。自判决公告之日起，申请人有权向支付人请求支付。利害关系人因正当理由不能在判决前向人民法院申报的，自知道或者应当知道判决公告之日起 1 年内，可以向作出判决的人民法院起诉。

（3）普通诉讼

根据我国《票据法》的规定，失票人应当在通知挂失止付后 3 日内，也可以在票据丧失后，依法向人民法院申请公示催告，或者向人民法院提起诉讼。普通诉讼，是指以失票人为原告，以承兑人、出票人或其他债务人为被告，请求法院判决被告在票据到期日或者判决生效后向失票人付款的民事诉讼活动。

案例

A 公司向 B 签发了一张汇票，B 为收款人，B 委托 C 收款并将汇票交付给 C，之后，汇票被窃。

讨论：（1）谁有权申请挂失止付？

（2）若汇票已被申请挂失止付，其有效期为多长时间？挂失止付后，对付款银行和挂失人有什么影响？

（3）失票人可否不进行挂失止付，直接申请公示催告？公示催告期间为多长时间？

四、法律责任

有下列票据欺诈行为之一的，依法追究刑事责任：①伪造、变造票据的；②故意使用伪造、变造的票据的；③签发空头支票或者故意签发与其预留的本名签名式样或者印鉴不符的支票，骗取财物的；④签发无可靠资金来源的汇票、本票，骗取资金的；⑤汇票、本票的出票人在出票时作虚假记载，骗取财物的；⑥冒用他人的票据，或者故意使用过期或者作废的票据，骗取财物的；⑦付款人同出票人、持票人恶意串通，实施前6项所列行为之一的。有前述所列行为之一，情节轻微，不构成犯罪的，依照国家有关规定给予行政处罚。

金融机构工作人员在票据业务中玩忽职守，对违反《票据法》规定的票据予以承兑、付款或者保证的，给予处分；造成重大损失，构成犯罪的，依法追究刑事责任。由于金融机构工作人员因前述行为给当事人造成损失的，由该金融机构和直接责任人员依法承担赔偿责任。

票据的付款人对见票即付或者到期的票据，故意压票，拖延支付的，由金融行政管理部门处以罚款，对直接责任人员给予处分。票据的付款人故意压票，拖延支付，给持票人造成损失的，依法承担赔偿责任。

对于其他违反《票据法》规定的行为，给他人造成损失的，应当依法承担民事责任。

任务五　汇票

一、汇票概述

（一）汇票的含义

汇票是出票人签发的，委托付款人在见票时或者在指定日期无条件支付确定的金额给收款人或者持票人的票据。汇票分为银行汇票和商业汇票。

（二）汇票的特征

汇票具有如下特征：①汇票是金钱债权证券，是完全有价证券；②汇票是委托付款证券，出票人签发汇票，另行委托他人支付票据金额；③汇票具有无因性，到期无条件支付；④汇票的到期日形式多样，包括见票即付、定日付款、见票后定期付款和出票后定期付款四种方式。

二、汇票的出票

（一）汇票出票的基本内容

根据我国《票据法》的规定，出票是指出票人签发票据并将其交付给收款人的票据行为。出票是票据最基本的票据行为，没有出票，就没有做成票据，也就不会有背书、承兑、保证、付款等附属票据行为。此外，汇票的出票人必须与付款人具有真实的委托付款关系，并且具有支付汇票金额的可靠资金来源。不得签发无对价的汇票用以骗取银行或者其他票据当事人的资金。

（二）汇票出票的记载事项

汇票出票必须记载下列事项：①表明"汇票"的字样；②无条件支付的委托；③确定的金额；④付款人名称；⑤收款人名称；⑥出票日期；⑦出票人签章。汇票上未记载前述规定事项之一的，汇票无效。

汇票上记载付款日期、付款地、出票地等事项的，应当清楚、明确。汇票上未记载付款日期的，为见票即付。汇票上未记载付款地的，付款人的营业场所、住所或者经常居住地为付款地。汇票上未记载出票地的，出票人的营业场所、住所或者经常居住地为出票地。

汇票上可以记载《票据法》规定事项以外的其他出票事项，但是该记载事项不具有汇票上的效力。

案例

A受B的欺诈，以B为收款人，签发了一张面额为30万元且具备形式要件的汇票。随后，B为了支付货款，将该汇票背书转让给了C。

讨论：（1）A的出票行为效力如何？该汇票是否有效？

（2）若A出票时忘了写出票日期，这对出票行为和票据有什么影响？

（3）若B背书时忘了写背书日期，这对背书行为和票据有什么影响？

（4）若C将汇票背书给D但没签章，D取得汇票后又背书给E。此时谁是汇票上的债务人？

（三）汇票的付款日期

付款日期可以按照下列形式之一记载：①见票即付；②定日付款；③出票后定期付款；④见票后定期付款。前述规定的付款日期为汇票到期日。

出票人签发汇票后，即承担保证该汇票承兑和付款的责任。出票人在汇票得不到承兑或者付款时，应当向持票人清偿汇票金额、相应利息和费用。

三、汇票的背书

（一）汇票背书的内容

背书是指在票据背面或粘单上记载有关事项并签章的票据行为。其中，转让票据权利的人称为背书人，受让票据权利的人称为被背书人。背书次数越多票据的可信度越高。如果记载于票据的正面，则背书无效。

根据我国《票据法》的规定，持票人可以将汇票权利转让给他人或者将一定的汇票权利授予他人行使，持票人行使该权利时，应当背书并交付汇票。票据凭证不能满足背书人记载事项的需要，可以加附粘单，粘附于票据凭证上。粘单上的第一记载人，应当在汇票和粘单的粘接处签章。

（二）汇票背书的分类

按照汇票实体权利是否转让，背书可以分为实质背书和形式背书。

1. **实质背书**

实质背书是转让背书，是指持票人以转让汇票权利为目的的背书。包括一般背书和特别背书。

（1）一般背书包括完全背书和空白背书。其中，完全背书是指背书人在汇票背面或粘单上记载背书意思、被背书人的名称并签章的背书；空白背书是指背书人在背书中未指定被背书人，而在被背书人记载处留有空白的背书。

（2）特别背书包括限制背书、回头背书和期后背书。

限制背书，是指汇票记载了"不得转让"字样，汇票不得转让。例如我国《票据法》规定，出票人在汇票上记载"不得转让"字样的，汇票不得转让。背书人在汇票上记载"不得转让"字样，其后手再背书转让的，原背书人对后手的被背书人不承担保证责任。

回头背书，又称还原背书或逆背书，是指以票据上已有的债务人为被背书人的背书。其特点是票据上的原债务人（包括出票人、背书人、承兑人、保证人）又成了票据债权人（持票人）。《票据法》对此虽没有明确规定，但第69条的规定实际上是承认回头背书的，即"持票人为出票人的，对其前手无追索权。持票人为背书人的，对其后手无追索权"。回头背书具备与其他背书同样的权利转移效力、权利证明效力和权利担保效力。但由于被背书人的地位不同，这种背书还有其特殊的效力。

期后背书，是指在票据被拒绝承兑、被拒绝付款或者超过付款提示期限后进行的背书。因此，期后背书不是一种通常情况下的票据背书，也不同于一般的到期后背书。一般的到期后背书是指在汇票到期后、尚未发生拒绝付款时进行的背书，或者提示付款期限尚未终了时进行的背书。我国《票据法》规定，汇票被拒绝承兑、被拒绝付款或者超过付款提示期限的，不得背书转让；背书转让的，背书人应当承担汇票责任。因此，期后背书只发生民法上的效力，而不发生票据上的效力。期后背书的，该背书无效，只有背书人对被背书人承担票据责任,背书人的前手不对被背书人承担票据责任。

2. 形式背书

形式背书,也称非转让背书,包括委托收款背书和质押背书。

我国《票据法》规定,背书记载"委托收款"字样的,被背书人有权代背书人行使被委托的汇票权利。但是,被背书人不得再以背书转让汇票权利。汇票可以设定质押,质押时应当以背书记载"质押"字样,被背书人依法实现其质权时,可以行使汇票权利。

(三)汇票背书连续

<u>背书连续,是指在票据转让中,转让汇票的背书人与受让汇票的被背书人在汇票上的签章依次前后衔接。</u>我国《票据法》规定,以背书转让的汇票,背书应当连续。持票人以背书的连续,证明其汇票权利;非经背书转让,而以其他合法方式取得汇票的,依法举证,证明其汇票权利。因此,连续背书的第一背书人应当是票据上记载的收款人,自第二次背书起,每一次背书的背书人必须是上一次背书的被背书人,最后的持票人必须是最后一次背书的被背书人。

因为票据具有无因性的特征,所以《票据法》不要求持票人审查背书的实质原因。除了其直接前手的背书,《票据法》也不要求持票人审查背书的真假。我国《票据法》规定:"以背书转让的汇票,后手应当对其直接前手背书的真实性负责。后手是指在票据签章人之后签章的其他票据债务人。"但是,《票据法》要求持票人必须审查背书的连续。

<u>背书记载"委托收款"字样的,被背书人有权代背书人行使被委托的汇票权利。但是,被背书人不得再以背书转让汇票权利。</u>所以,票据上若有委托收款背书,此背书是最后一次背书。或紧跟此背书的必须是原背书人作出的转让背书,或者是此背书的被背书人代理原背书人作出的转让背书。

(四)汇票背书的注意事项

(1)背书由背书人签章并记载背书日期。背书未记载日期的,视为在汇票到期日前背书。

(2)汇票以背书转让或者以背书将一定的汇票权利授予他人行使时,必须记载被背书人名称。

(3)背书不得附有条件。背书时附有条件的,所附条件不具有汇票上的效力。将汇票金额的一部分转让的背书或者将汇票金额分别转让给两人以上的背书无效。

(4)背书人以背书转让汇票后,即承担保证其后手所持汇票承兑和付款的责任。背书人在汇票得不到承兑或者付款时,应当向持票人清偿票据金额、相应的利息和费用。

案例

甲公司开出一张20万元的商业承兑汇票给乙公司,乙公司受到丙公司的欺诈将汇票转让给丙公司。但不久乙公司发现骗局,马上通知付款人停止向丙公司支付款项。丙公司获此票据后，又将该票据背书转让给了丁公司，丁公司又将该汇票转让给了戊公司，背书时注明了"货到后此汇票方生效"。戊公司要求付款时，付款人以乙公司已通知付款人停止付款、未记载付款日期且背书附有条件为由拒绝付款。

讨论：（1）付款人可否以欺诈行为为由拒绝支付票款？说明理由。

（2）汇票未记载付款日期，是否为无效票据？说明理由。

（3）丁公司的背书是否有效？所附条件是否影响汇票效力？

（4）戊公司的付款请求权得不到实现时，可以向哪些当事人行使追索权？

四、汇票的承兑

（一）汇票承兑的含义和特征

我国《票据法》规定，承兑是指汇票付款人承诺在汇票到期日支付汇票金额的票据行为。

承兑具有如下特征：①承兑是汇票独有的一种附属票据行为，只有汇票才有承兑行为；②承兑只能是付款人所为的票据行为，是付款人愿意于到期日支付票据金额的意思表示，是单方法律行为；③承兑是要式行为，需在汇票正面记载"承兑"字样。一般情况下，承兑人愿意于到期日支付票据金额的意思应在汇票上表明，并由承兑人签章。

（二）汇票承兑的效力

汇票经过承兑后，承兑人成为第一债务人，在汇票到期时具有绝对的付款责任；对持票人来说，汇票上的权利从一种期待权变为一种现实权，汇票到期，持票人便可向承兑人请求付款；承兑人到期不付款的，持票人即使是原出票人，也可以就票面金额、利息和其他支出款项，直接向承兑人进行追索。

（三）汇票承兑的步骤

汇票承兑时需遵循以下步骤。

1. 提示承兑

提示承兑是指持票人向付款人出示汇票，并要求付款人承诺付款的行为。持票人提示承兑，应当在汇票载明的付款人的营业场所和营业时间内进行，票据付款人无营业场所的，应当在其住所进行。同时，提示承兑需要遵循一定的期限要求，汇票未按照规定期限提示承兑的，持票人丧失对其前手的追索权，具体如下：

（1）定日付款或者出票后定期付款的汇票，持票人应当在汇票到期日前向付款人提示承兑。

（2）见票后定期付款的汇票，持票人应当自出票日起1个月内向付款人提示承兑。

（3）见票即付的汇票无须提示承兑。

2. 承兑审查

付款人对向其提示承兑的汇票,应当自收到提示承兑的汇票之日起 3 日内作出承兑或者拒绝承兑。付款人收到持票人提示承兑的汇票时,应当向持票人签发收到汇票的回单。回单上应当记明汇票提示承兑日期并签章。付款人承兑汇票,不得附有条件;承兑附有条件的,视为拒绝承兑。

3. 承兑

付款人承兑汇票的,应当在汇票正面记载"承兑"字样和承兑日期并签章;见票后定期付款的汇票,应当在承兑时记载付款日期。汇票上未记载承兑日期的,以收到提示承兑的汇票之日起第 3 日为承兑日期。付款人承兑汇票后,应当承担到期付款的责任。

五、汇票的保证

(一)保证的含义和特征

我国《票据法》规定,汇票的债务可以由保证人承担保证责任。保证人由汇票债务人以外的其他人担任。汇票保证是指票据债务人以外的第三人为担保特定票据债务人履行债务,以负担同一内容的票据债务为目的的一种附属票据行为。保证只存在于汇票和本票中,支票不存在。保证是为汇票全部债务提供担保。保证人对合法取得汇票的持票人所享有的汇票权利,承担担保责任,但是,被保证人的债务因汇票记载事项欠缺而无效的除外。

保证具有以下特征:①票据保证是一种附属票据行为;②票据保证具有独立性;③票据保证人承担连带保证责任,不得行使先诉抗辩权;④票据保证人应为原票据债务人以外的人,出票人、承兑人、付款人、背书人都可以成为被保证人;⑤票据保证是一种要式行为,必须采用书面形式;⑥票据保证是单方法律行为。

(二)保证的记载事项

保证人必须在汇票或者粘单上记载下列事项:①表明"保证"的字样;②保证人名称和住所;③被保证人的名称;④保证日期;⑤保证人签章。保证人在汇票或者粘单上未记载被保证人名称的,已承兑的汇票,承兑人为被保证人;未承兑的汇票,出票人为被保证人。保证人在汇票或者粘单上未记载保证日期的,出票日期为保证日期。

(三)保证的效力

保证不得附有条件;附有条件的,不影响对汇票的保证责任。保证人对合法取得汇票的持票人所享有的汇票权利,承担保证责任。但是,被保证人的债务因汇票记载事项欠缺而无效的除外。被保证的汇票,保证人应当与被保证人对持票人承担连带责任。汇票到期后得不到付款的,持票人有权向保证人请求付款,保证人应当足额付款。保证人为两人以上的,保证人之间承担连带责任。保证人清偿汇票债务后,可以行使持票人对被保证人及其前手的追索权。

> **案例**
>
> 2005年7月1日,甲向乙签发一张票面金额为10万元的汇票,付款人为丙,且汇票已承兑,汇票注明见票后10日付款。随后,乙将汇票背书转让给丁,丁又将汇票背书转让给戊。己在汇票上签章担任保证人。
>
> **讨论:**(1)票据的债权人是谁?票据的债务人是谁?
> (2)若己在票据上未记载被保证人名称,则推定何人为被保证人?
> (3)若汇票未记载保证日期,该保证是否有效?

六、汇票的付款

(一)付款的含义

付款是指汇票上的付款人向持票人支付汇票金额以消灭票据关系的行为。与其他票据行为不同的是,付款不需要付款人在票据上进行意思表示的事项记载和签章,因此,付款不是票据行为,而是一种准法律行为。

(二)付款的步骤

汇票付款时需遵循以下步骤。

1. 提示付款

提示付款,是指持票人按照提示付款期限规定向付款人出示票据,行使付款请求权以保全票据权利的行为。

我国《票据法》规定,持票人应当按照下列期限提示付款:①见票即付的汇票,自出票日起1个月内向付款人提示付款;②定日付款、出票后定期付款或者见票后定期付款的汇票,自到期日起10日内向承兑人提示付款。持票人未按照规定期限提示付款的,在作出说明后,承兑人或者付款人仍应当继续对持票人承担付款责任。通过委托收款银行或者通过票据交换系统向付款人提示付款的,视同持票人提示付款。

2. 汇票付款

持票人依照前述规定提示付款的,付款人必须在当日足额付款。汇票金额为外币的,按照付款日的市场汇价,以人民币支付。汇票当事人对汇票支付的货币种类另有约定的,从其约定。付款人委托的付款银行的责任,限于按照汇票上记载事项从付款人账户支付汇票金额。持票人委托的收款银行的责任,限于按照汇票上记载事项将汇票金额转入持票人账户。付款人及其代理付款人付款时,应当审查汇票背书的连续,并审查提示付款人的合法身份证明或者有效证件。付款人依法足额付款后,全体汇票债务人的责任解除。

付款人及其代理付款人以恶意或者有重大过失付款的,应当自行承担责任。对定日付款、出票后定期付款或者见票后定期付款的汇票,付款人在到期日前付款的,由付款人自行承担所产生的责任。

3. 返还票据

持票人获得付款的，应当在汇票上签收，并将汇票交给付款人。持票人委托银行收款的，受委托的银行将代收的汇票金额转账收入持票人账户，视同签收。

任务六　本票与支票

一、本票

本票是出票人签发的，承诺自己在见票时无条件支付确定的金额给收款人或者持票人的票据。在我国本票仅指银行本票。本票的出票人必须具有支付本票金额的可靠资金来源，并保证支付。

（一）本票的记载事项

本票必须记载下列事项：①表明"本票"的字样；②无条件支付的承诺；③确定的金额；④收款人名称；⑤出票日期；⑥出票人签章。本票上未记载前述规定事项之一的，本票无效。本票上记载付款地、出票地等事项的，应当清楚、明确。本票上未记载付款地的，出票人的营业场所为付款地。本票上未记载出票地的，出票人的营业场所为出票地。本票上可以记载前述规定事项以外的其他出票事项，但是该记载事项不具有本票上的效力。

（二）本票的法律效力

本票的出票人在持票人提示见票时，必须承担付款的责任。本票自出票日起，付款期限最长不得超过两个月。本票的持票人未按照规定期限提示见票的，丧失对出票人以外的前手的追索权。

二、支票

（一）支票的含义和分类

支票是出票人签发的，委托办理支票存款业务的银行或者其他金融机构在见票时无条件支付确定的金额给收款人或者持票人的票据。

开立支票存款账户，申请人必须使用其本名，提交证明其身份的合法证件，并应当预留其本名的签名式样和印鉴。开立支票存款账户和领用支票，应当有可靠的资信，并存入一定的资金。

按照付款方式的不同，支票可以分为普通支票、现金支票和转账支票。

（1）普通支票，可以支取现金，也可以转账，用于转账时，应当在支票正面左上角画两条平行线，也称为划线支票。

（2）现金支票，只能用于支取现金，不得用于转账。

（3）转账支票，只能用于转账，不得支取现金。

(二）支票的记载事项

支票必须记载下列事项：①表明"支票"的字样；②无条件支付的委托；③确定的金额；④付款人名称；⑤出票日期；⑥出票人签章。支票上未记载前述规定事项之一的，支票无效。支票上的金额可以由出票人授权补记，未补记前的支票，不得使用。支票上未记载收款人名称的，经出票人授权，可以补记。支票上未记载付款地的，付款人的营业场所为付款地。支票上未记载出票地的，出票人的营业场所、住所或者经常居住地为出票地。出票人可以在支票上记载自己为收款人。支票上可以记载前述规定事项以外的其他事项，但是该记载事项不具有支票上的效力。

(三）禁止签发的支票

出票人签发了禁止签发的支票，银行应予以退票并罚款；持票人有权要求出票人赔偿。

1. 禁止签发空头支票

我国《票据法》明确规定，<u>禁止签发空头支票</u>。支票的出票人所签发的支票金额不得超过其付款时在付款人处实有的存款金额。<u>出票人签发的支票金额超过其付款时在付款人处实有的存款金额的，为空头支票</u>。

2. 禁止签发与其预留本名的签名式样或者印鉴不符的支票

我国《票据法》明确规定，支票的出票人不得签发与其预留本名的签名式样或者印鉴不符的支票。

(四）支票的效力

出票人必须按照签发的支票金额承担保证向该持票人付款的责任。出票人在付款人处的存款足以支付支票金额时，付款人应当在当日足额付款。支票限于见票即付，不得另行记载付款日期。另行记载付款日期的，该记载无效。支票的持票人应当自出票日起 10 日内提示付款；异地使用的支票，其提示付款的期限由中国人民银行另行规定。超过提示付款期限的，付款人可以不予付款；付款人不予付款的，出票人仍应当对持票人承担票据责任。付款人依法支付支票金额的，对出票人不再承担受委托付款的责任，对持票人不再承担付款的责任。但是，付款人以恶意或者有重大过失付款的除外。出票人签发支票后，即承担保证该支票付款的责任。出票人在支票得不到付款时，应当向持票人清偿支票金额、相应利息和其他费用。

任务七 其他中间业务的法律规定

一、银行卡业务的法律规定

（一）银行卡的含义和分类

根据我国《银行卡业务管理办法》的规定，<u>银行卡是指由商业银行（含邮政金融机构</u>

向社会发行的具有消费信用、转账结算、存取现金等全部或部分功能的信用支付工具。

银行卡按照不同的标准可以有不同的分类,具体如下:①按照功能和信用权限的不同,银行卡分为信用卡和借记卡。②按照币种的不同,银行卡分为人民币卡和外币卡。③按照发行对象的不同,银行卡分为单位卡(商务卡)和个人卡。④按照信息载体的不同,银行卡分为磁条卡、芯片(IC)卡。

(二)银行卡业务的法律关系

银行卡业务的法律关系包括主体、客体和内容三个构成要素。银行卡业务的法律关系涉及多方主体,包括发卡银行、持卡人、收单银行、特约商户、银行卡组织和国务院银行业监督管理机构等。银行卡业务的法律关系的客体是指银行卡各主体之间的资金划拨行为和国家的监管行为,其中资金划拨行为包括持卡人到银行办理存取款和到特约商户进行消费、银行与银行之间或与特约商户之间进行结算等。银行卡业务的法律关系的内容是指各方主体享有的权利和承担的义务。

1. 发卡银行的权利和义务

发卡银行享有的权利包括:

(1)发卡银行有权审查申请人的资信状况、索取申请人的个人资料,并有权决定是否向申请人发卡及确定信用卡持卡人的透支额度。

(2)发卡银行对持卡人透支有追偿权。对持卡人不在规定期限内归还透支款项的,发卡银行有权申请法律保护并依法追究持卡人或有关当事人的法律责任。

(3)发卡银行对不遵守其章程规定的持卡人,有权取消其持卡人资格,并可授权有关单位收回其银行卡。

(4)发卡银行对储值卡和 IC 卡内的电子钱包可不予挂失。

发卡银行承担的义务包括:

(1)发卡银行应当向银行卡申请人提供有关银行卡的使用说明资料,包括章程、使用说明及收费标准。现有持卡人亦可索取前述资料。

(2)发卡银行应当设立针对银行卡服务的公平、有效的投诉制度,并公开投诉程序和投诉电话。发卡银行对持卡人关于账务情况的查询和改正要求应当在 30 天内给予答复。

(3)发卡银行应当向持卡人提供对账服务。按月向持卡人提供账户结单,在下列情况下发卡银行可不向持卡人提供账户结单:①已向持卡人提供存折或其他交易记录;②自上一份月结单后,没有进行任何交易,账户没有任何未偿还余额;③已与持卡人另行商定。

(4)发卡银行向持卡人提供的银行卡对账单应当列出以下内容:①交易金额、账户余额(贷记卡还应列出到期还款日、最低还款额、可用信用额度);②交易金额记入有关账户或自有关账户扣除的日期;③交易日期与类别;④交易记录号码;⑤作为支付对象的商户名称或代号(异地交易除外);⑥查询或报告不符账务的地址或电话号码。

(5)发卡银行应当向持卡人提供银行卡挂失服务,应当设立 24 小时挂失服务电话,提供电话和书面两种挂失方式,书面挂失为正式挂失方式。并在章程或有关协议中明确发卡银行与持卡人之间的挂失责任。

（6）发卡银行应当在有关银行卡的章程或使用说明中向持卡人说明密码的重要性及丢失的责任。

（7）发卡银行对持卡人的资信资料负有保密的责任。

2. 持卡人的权利和义务

持卡人的权利包括：①持卡人享有发卡银行对其银行卡所承诺的各项服务的权利，有权监督服务质量并对不符服务质量进行投诉；②申请人、持卡人有权知悉其选用的银行卡的功能、使用方法、收费项目、收费标准、适用利率及有关的计算公式；③持卡人有权在规定时间内向发卡银行索取对账单，并有权要求对不符账务内容进行查询或改正；④借记卡的挂失手续办妥后，持卡人不再承担相应卡账户资金变动的责任，司法机关、仲裁机关另有判决的除外；⑤持卡人有权索取信用卡领用合约，并应妥善保管。

持卡人的义务包括：①申请人应当向发卡银行提供真实的资料并按照发卡银行规定向其提供符合条件的担保；②持卡人应当遵守发卡银行的章程及《领用合同》的有关条款；③持卡人或保证人通讯地址、职业等发生变化，应当及时书面通知发卡银行；④持卡人不得以和商户发生纠纷为由拒绝支付所欠银行款项。

（三）信用卡业务的法律规定

1. 信用卡的含义和分类

根据我国《支付结算办法》的规定，信用卡是指商业银行向个人和单位发行的，凭以向特约单位购物、消费和向银行存取现金，且具有消费信用的特制载体卡片。信用卡按使用对象分为单位卡和个人卡；按信誉等级分为金卡和普通卡。商业银行（包括外资银行、合资银行）、非银行金融机构未经中国人民银行批准不得发行信用卡。非金融机构、境外金融机构的驻华代表机构不得发行信用卡和代理收单结算业务。

2. 信用卡的申领条件

（1）申领单位卡。凡在中国境内金融机构开立基本存款账户的单位可申领单位卡。单位卡可申领若干张，持卡人资格由申领单位法定代表人或其委托的代理人书面指定和注销。

（2）申领个人卡。凡具有完全民事行为能力的公民可申领个人卡。个人卡的主卡持卡人可为其配偶及年满18周岁的亲属申领附属卡，申领的附属卡最多不得超过两张，也有权要求注销其附属卡。

（3）单位或个人申领信用卡，应按规定填制申请表，连同有关资料一并送交发卡银行。符合条件并按银行要求交存一定金额的备用金后，银行为申领人开立信用卡存款账户，并发给信用卡。

3. 信用卡的使用规定

（1）单位卡账户的资金一律从其基本存款账户转账存入，不得交存现金，不得将销货收入的款项存入其账户。个人卡账户的资金以其持有的现金存入或以其工资性款项及属于个人的劳务报酬收入转账存入。严禁将单位的款项存入个人卡账户。

（2）发卡银行可根据申请人的资信程度，要求其提供担保。担保的方式可采用保证、抵押或质押。

（3）信用卡备用金存款利息，按照中国人民银行规定的活期存款利率及计息办法计算。

（4）信用卡仅限于合法持卡人本人使用，持卡人不得出租或转借信用卡。

（5）持卡人可持信用卡在特约单位购物、消费。单位卡不得用于10万元以上的商品交易、劳务供应款项的结算。单位卡一律不得支取现金。

（6）特约单位不得拒绝受理持卡人合法持有的、签约银行发行的有效信用卡，不得因持卡人使用信用卡而向其收取附加费用。

（7）持卡人使用信用卡不得发生恶意透支。恶意透支是指持卡人超过规定限额或规定期限，并且经发卡银行催收无效的透支行为。

（8）信用卡丧失，持卡人应立即持本人身份证件或其他有效证明，并按规定提供有关情况，向发卡银行或代办银行申请挂失。发卡银行或代办银行审核后办理挂失手续。

4. 信用卡的注销规定

持卡人不需要继续使用信用卡的，应持信用卡主动到发卡银行办理销户。销户时，单位卡账户余额转入其基本存款账户，不得提取现金；个人卡账户可以转账结清，也可以提取现金。

持卡人还清透支本息后，属于下列情况之一的，可以办理销户：①信用卡有效期满45天后，持卡人不更换新卡的；②信用卡挂失满45天后，没有附属卡又不更换新卡的；③信用卡被列入止付名单，发卡银行已收回其信用卡45天的；④持卡人死亡，发卡银行已收回其信用卡45天的；⑤持卡人要求销户或担保人撤销担保，并已交回全部信用卡45天的；⑥信用卡账户两年（含）以上未发生交易的；⑦持卡人违反其他规定，发卡银行认为应该取消资格的。

发卡银行办理销户，应当收回信用卡。有效信用卡无法收回的，应当将其止付。

二、托收承付业务的法律规定

（一）托收承付的含义

根据我国《支付结算办法》的规定，<u>托收承付是根据购销合同由收款人发货后委托银行向异地付款人收取款项，由付款人向银行承认付款的结算方式。</u>使用托收承付结算方式的收款单位和付款单位，必须是国有企业、供销合作社以及经营管理较好，并经开户银行审查同意的城乡集体所有制工业企业。办理托收承付结算的款项，必须是商品交易，以及因商品交易而产生的劳务供应的款项。代销、寄销、赊销商品的款项，不得办理托收承付结算。

收付双方使用托收承付结算必须签有符合《经济合同法》的购销合同，并在合同上订明使用托收承付结算方式。收付双方办理托收承付结算，必须重合同、守信用。收款人对同一付款人发货托收累计3次收不回货款的，收款人开户银行应暂停收款人向该付款人办理托收；付款人累计3次提出无理拒付的，付款人开户银行应暂停其向外办理托收。托收承付结算每笔的金额起点为1万元。新华书店系统每笔的金额起点为1000元。托收承付结算款项的划回方法，分邮寄和电报两种，由收款人选用。

（二）托收凭证的范围

收款人办理托收，必须具有商品确已发运的证件（包括铁路、航运、公路等运输部门签发运单、运单副本和邮局包裹回执）。没有发运证件，属于下列情况的，可凭其他有关证件办理托收：

（1）内贸、外贸部门系统内商品调拨，自备运输工具发送或自提的；易燃、易爆、剧毒、腐蚀性强的商品，以及电、石油、天然气等必须使用专用工具或线路、管道运输的，可凭付款人确已收到商品的证明（粮食部门凭提货单及发货明细表）。

（2）铁道部门的材料厂向铁道系统供应专用器材，可凭其签发注明车辆号码和发运日期的证明。

（3）军队使用军列整车装运物资，可凭注明车辆号码、发运日期的单据；军用仓库对军内发货，可凭总后勤部签发的提货单副本，各大军区、省军区也可比照办理。

（4）收款人承造或大修理船舶、锅炉和大型机器等，生产周期长，合同规定按工程进度分次结算的，可凭工程进度完工证明书。

（5）付款人购进的商品，在收款人所在地转厂加工、配套的，可凭付款人和承担加工、配套单位的书面证明。

（6）合同规定商品由收款人暂时代为保管的，可凭寄存证及付款人委托保管商品的证明。

（7）使用"铁路集装箱"或将零担凑整车发运商品的，由于铁路只签发一张运单，可凭持有发运证件单位出具的证明。

（8）外贸部门进口商品，可凭国外发来的账单、进口公司开出的结算账单。

（三）托收承付凭证的必须记载事项

签发托收承付凭证必须记载下列事项：①表明"托收承付"的字样；②确定的金额；③付款人名称及账号；④收款人名称及账号；⑤付款人开户银行名称；⑥收款人开户银行名称；⑦托收附寄单证张数或册数；⑧合同名称、号码；⑨委托日期；⑩收款人签章。

托收承付凭证上欠缺记载上列事项之一的，银行不予受理。

（四）托收承付的程序

1. 托收

收款人按照签订的购销合同发货后，委托银行办理托收。

（1）收款人应将托收凭证并附发运证件或其他符合托收承付结算的有关证明和交易单证送交银行。收款人如需取回发运证件，银行应在托收凭证上加盖"已验发运证件"戳记。对于军品托收，有驻厂军代表检验产品或有指定专人负责财务监督的，收款人还应当填制盖有驻厂军代表或指定人员印章（要在银行预留印模）的结算通知单，将交易单证和发运证件装入密封袋，并在密封袋上填明托收号码；同时，在托收凭证上填明结算通知单和密封袋的号码。然后，将托收凭证和结算通知单送交银行办理托收。没有驻厂军代表使用代号明件办理托收的，不填结算通知单，但应在交易单证上填写保密代号，按照正常托收办法处理。

（2）收款人开户银行接到托收凭证及其附件后，应当按照托收的范围、条件和托收凭证记载的要求认真进行审查，必要时，还应查验收付款人签订的购销合同。凡不符合要求或违反购销合同发货的，不能办理。审查时间最长不得超过次日。

2. 承付

付款人开户银行收到托收凭证及其附件后，应当及时通知付款人。通知的方法，可以根据具体情况与付款人签订协议，采取付款人来行自取、派人送达、对距离较远的付款人邮寄等。付款人应在承付期内审查核对，安排资金。承付货款分为验单付款和验货付款两种，由收付双方商量选用，并在合同中明确规定。

（1）验单付款。验单付款的承付期为3天，从付款人开户银行发出承付通知的次日算起（承付期内遇法定休假日顺延）。付款人在承付期内，未向银行表示拒绝付款，银行即视作承付，并在承付期满的次日（法定休假日顺延）上午银行开始营业时，将款项主动从付款人的账户内付出，按照收款人指定的划款方式，划给收款人。

（2）验货付款。验货付款的承付期为10天，从运输部门向付款人发出提货通知的次日算起。对收付双方在合同中明确规定，并在托收凭证上注明验货付款期限的，银行从其规定。付款人收到提货通知后，应即向银行交验提货通知。付款人在银行发出承付通知的次日起10天内，未收到提货通知的，应在第10天将货物尚未到达的情况通知银行。在第10天付款人没有通知银行的，银行即视作已经验货，于10天期满的次日上午银行开始营业时，将款项划给收款人；在第10天付款人通知银行货物未到，而以后收到提货通知没有及时送交银行，银行仍按10天期满的次日作为划款日期，并按超过的天数，计扣逾期付款赔偿金。采用验货付款的，收款人必须在托收凭证上加盖明显的"验货付款"字样戳记。托收凭证未注明验货付款，经付款人提出合同证明是验货付款的，银行可按验货付款处理。

（3）不论验单付款还是验货付款，付款人都可以在承付期内提前向银行表示承付，并通知银行提前付款，银行应立即办理划款；因商品的价格、数量或金额变动，付款人应多承付款项的，须在承付期内向银行提出书面通知，银行据以随同当次托收款项划给收款人。

付款人不得在承付货款中，扣抵其他款项或以前托收的货款。

（五）逾期付款的情形

付款人在承付期满日银行营业终了时，如无足够资金支付，其不足部分，即为逾期未付款项，按逾期付款处理。

（1）付款人开户银行对付款人逾期支付的款项，应当根据逾期付款金额和逾期天数，按每天万分之五计算逾期付款赔偿金。

逾期付款天数从承付期满日算起。承付期满日银行营业终了时，付款人如无足够资金支付，其不足部分，应当算作逾期1天，计算1天的赔偿金。在承付期满的次日（遇法定休假日，逾期付款赔偿金的天数计算相应顺延，但在以后遇法定休假日应当照算逾期天数）银行营业终了时，仍无足够资金支付，其不足部分，应当算作逾期2天，计算2天的赔偿金。余类推。

银行审查拒绝付款期间，不能算作付款人逾期付款，但对无理的拒绝付款，而增加银行审查时间的，应从承付期满日起计算逾期付款赔偿金。

（2）赔偿金实行定期扣付，每月计算一次，于次月3日内单独划给收款人。在月内有部分付款的，其赔偿金随同部分支付的款项划给收款人，对尚未支付的款项，月终再计算赔偿金，于次月3日内划给收款人；次月又有部分付款时，从当月1日起计算赔偿金，随同部分支付的款项划给收款人，对尚未支付的款项，从当月1日起至月终再计算赔偿金，于第3月3日内划给收款人。第3月仍有部分付款的，按照前述方法计扣赔偿金。

赔偿金的扣付列为企业销货收入扣款顺序的首位。付款人账户余额不足全额支付时，应排列在工资之前，并对该账户采取"只收不付"的控制办法，待一次足额扣付赔偿金后，才准予办理其他款项的支付。因此而产生的经济后果，由付款人自行负责。

（3）付款人开户银行对付款人逾期未能付款的情况，应当及时通知收款人开户银行，由其转知收款人。

（4）付款人开户银行要随时掌握付款人账户逾期未付的资金情况，待账户有款时，必须将逾期未付款项和应付的赔偿金及时扣划给收款人，不得拖延扣划。在各单位的流动资金账户内扣付货款，要严格按照国务院关于国营企业销货收入扣款顺序的规定（即从企业销货收入中预留工资后，按照应缴纳税款、到期贷款、应偿付货款、应上缴利润的顺序）扣款；同类性质的款项按照应付时间的先后顺序扣款。

（5）付款人开户银行对不执行合同规定、三次拖欠货款的付款人，应当通知收款人开户银行转知收款人，停止对该付款人办理托收。收款人不听劝告，继续对该付款人办理托收，付款人开户银行对发出通知的次日起1个月之后收到的托收凭证，可以拒绝受理，注明理由，原件退回。

（6）付款人开户银行对逾期未付的托收凭证，负责进行扣款的期限为3个月（从承付期满日算起）。在此期限内，银行必须按照扣款顺序陆续扣款。期满时，付款人仍无足够资金支付该笔尚未付清的欠款，银行应于次日通知付款人将有关交易单证（单证已作账务处理或已部分支付的，可以填制应付款项证明单）在2日内退回银行。银行将有关结算凭证连同交易单证或应付款项证明单退回收款人开户银行转交收款人，并将应付的赔偿金划给收款人。

（六）拒绝付款的情形

对下列情况，付款人在承付期内，可向银行提出全部或部分拒绝付款：
（1）没有签订购销合同或购销合同未订明托收承付结算方式的款项。

（2）未经双方事先达成协议，收款人提前交货或因逾期交货付款人不再需要该项货物的款项。

（3）未按合同规定的到货地址发货的款项。

（4）代销、寄销、赊销商品的款项。

（5）验单付款，发现所列货物的品种、规格、数量、价格与合同规定不符，或货物已到，经查验货物与合同规定或发货清单不符的款项。

（6）验货付款，经查验货物与合同规定或与发货清单不符的款项。

（7）货款已经支付或计算有错误的款项。

不属于前述情况的，付款人不得向银行提出拒绝付款。

外贸部门托收进口商品的款项，在承付期内，订货部门除因商品的质量问题不能提出拒绝付款，应当另行向外贸部门提出索赔外，属于前述其他情况，可以向银行提出全部或部分拒绝付款。

付款人对以上情况提出拒绝付款时，必须填写"拒绝付款理由书"并签章，注明拒绝付款理由，涉及合同的应引证合同上的有关条款。属于商品质量问题，需要提出商品检验部门的检验证明；属于商品数量问题，需要提出数量问题的证明及其有关数量的记录；属于外贸部门进口商品，应当提出国家商品检验或运输等部门出具的证明。

开户银行必须认真审查拒绝付款理由，查验合同。对于付款人提出拒绝付款的手续不全、依据不足、理由不符合规定和不属于前述七种拒绝付款情况的，以及超过承付期拒付和应当部分拒付提为全部拒付的，银行均不得受理，应实行强制扣款。

对于军品的拒绝付款，银行不审查拒绝付款理由。

银行同意部分或全部拒绝付款的，应在拒绝付款理由书上签注意见。部分拒绝付款，除办理部分付款外，应将拒绝付款理由书连同拒付证明和拒付商品清单邮寄收款人开户银行转交收款人。全部拒绝付款，应将拒绝付款理由书连同拒付证明和有关单证邮寄收款人开户银行转交收款人。

（七）重办托收的情形

收款人对被无理拒绝付款的托收款项，在收到退回的结算凭证及其所附单证后，需要委托银行重办托收，应当填写四联"重办托收理由书"，将其中三联连同购销合同、有关证据和退回的原托收凭证及交易单证，一并送交银行。经开户银行审查，确属无理拒绝付款，可以重办托收。

三、委托收款业务的法律规定

（一）委托收款的含义

根据我国《支付结算办法》的规定，委托收款是收款人委托银行向付款人收取款项的结算方式。单位和个人凭已承兑商业汇票、债券、存单等付款人债务证明办理款项的结算，均可以使用委托收款结算方式。委托收款在同城、异地均可以使用。委托收款结算款项的划回方式，分邮寄和电报两种，由收款人选用。

（二）委托收款凭证的必须记载事项

签发委托收款凭证必须记载下列事项：①表明"委托收款"的字样；②确定的金额；③付款人名称；④收款人名称；⑤委托收款凭据名称及附寄单证张数；⑥委托日期；⑦收款人签章。欠缺记载前列事项之一的，银行不予受理。委托收款以银行以外的单位为付款人的，委托收款凭证必须记载付款人开户银行名称；以银行以外的单位或在银行开立存款账户的个人为收款人的，委托收款凭证必须记载收款人开户银行名称；未在银行开立存款账户的个人为收款人的，委托收款凭证必须记载被委托银行名称。欠缺记载的，银行不予受理。

（三）委托收款的程序

（1）委托。收款人办理委托收款应向银行提交委托收款凭证和有关的债务证明。

（2）付款。银行接到寄来的委托收款凭证及债务证明，审查无误办理付款。①以银行为付款人的，银行应在当日将款项主动支付给收款人。②以单位为付款人的，银行应及时通知付款人，按照有关办法规定，需要将有关债务证明交给付款人的应交给付款人，并签收。付款人应于接到通知的当日书面通知银行付款。

按照有关办法规定，付款人未在接到通知日的次日起3日内通知银行付款的，视同付款人同意付款，银行应于付款人接到通知日的次日起第4日上午开始营业时，将款项划给收款人。

付款人提前收到由其付款的债务证明，应通知银行于债务证明的到期日付款。付款人未于接到通知日的次日起3日内通知银行付款，付款人接到通知日的次日起第4日在债务证明到期日之前的，银行应于债务证明到期日将款项划给收款人。

银行在办理划款时，付款人存款账户不足支付的，应通过被委托银行向收款人发出未付款项通知书。按照有关办法规定，债务证明留存付款人开户银行的，应将其债务证明连同未付款项通知书邮寄被委托银行转交收款人。

（四）拒绝付款的情形

付款人审查有关债务证明后，对收款人委托收取的款项需要拒绝付款的，可以办理拒绝付款。

（1）以银行为付款人的，应自收到委托收款及债务证明的次日起3日内出具拒绝证明连同有关债务证明、凭证寄给被委托银行，转交收款人。

（2）以单位为付款人的，应在付款人接到通知日的次日起3日内出具拒绝证明，持有债务证明的，应将其送交开户银行。银行将拒绝证明、债务证明和有关凭证一并寄给被委托银行，转交收款人。

在同城范围内，收款人收取公用事业费或根据国务院的规定，可以使用同城特约委托收款。收取公用事业费，必须具有收付双方事先签订的经济合同，由付款人向开户银行授权,并经开户银行同意,报经中国人民银行当地分支机构批准。

练一练

一、名词解释

中间业务、票据、汇票、本票、支票、票据法律关系、出票、背书、承兑、票据抗辩、票据伪造、票据变造、公示催告、托收承付、委托收款

二、判断题

1. 出票人在票据上的签章不符合法律规定的,票据无效。（   ）
2. 本票和支票均不需要承兑,是见票即付。（   ）
3. 挂失止付并不是票据丢失后采取的必要措施,而仅是一种暂时的预防措施。（   ）
4. 持票人因超过票据权利时效或者因票据记载事项欠缺而丧失票据权利的,不享有民事权利。（   ）

三、单项选择题

1. 没有更改的权利而变更票据上除签章以外其他记载事项的,是（   ）。
   A. 票据伪造　　B. 票据变造　　C. 票据的涂销　　D. 票据的更改
2. 出票人在汇票上记载"不得转让"字样,该记载属于（   ）。
   A. 不发生《票据法》上的效力　　B. 相对记载事项
   C. 必须记载事项　　D. 任意记载事项
3. 票据付款人在付款时应当审查（   ）。
   A. 背书是否连续
   B. 出票人与持票人之间有无真实的交易关系
   C. 持票人与其前手之间有无原因关系
   D. 出票人的签章是否真实
4. 根据《票据法》的规定,现金支票与转账支票的关系是（   ）。
   A. 现金支票可以转账,转账支票不能支取现金
   B. 现金支票只能支取现金,转账支票只用于转账
   C. 现金支票在特殊情况下可以转账
   D. 转账支票可以支取现金,现金支票不能转账

四、多项选择题

1. 我国《票据法》将票据分为（   ）。
   A. 汇票　　B. 本票　　C. 支票　　D. 存款单
2. 因（   ）可以依法无偿取得票据的,不受给付对价的限制。
   A. 抢夺　　B. 税收　　C. 继承　　D. 赠与
3. 根据《票据法》的规定,禁止签发的支票包括（   ）。
   A. 未记载付款地的支票　　B. 没有记载金额的支票
   C. 空头支票　　D. 与预留银行签章不符的支票

4. 关于汇票的提示付款期限，下列说法中正确的有（　　）。

  A．见票即付的汇票无须提示付款

  B．见票即付的汇票，自出票日起 1 个月内向付款人提示付款

  C．定日付款的汇票，自到期日起 10 日内向承兑人提示付款

  D．见票后定期付款的汇票，自到期日起 10 日内向承兑人提示付款

五、思考题

1. 简述票据的种类和特征。

2. 简述票据丧失的补救办法。

3. 简述背书连续的含义和注意事项。

4. 简述票据保证的记载事项。

六、案例分析题

  甲银行受乙公司的委托开具一张本票，该本票的金额为 6500 元，收款人为某电脑公司的负责人王某。王某将该票据背书转让给了高某。高某将票据金额改写为 8600 元后转让给了丙公司。丙公司再将该票据背书转让给了丁供销社。当丁供销社向甲银行提示付款时，甲银行以票据上有瑕疵为由拒绝付款。

  请问：（1）该本票是银行本票还是商业本票？

  （2）高某改写票据金额的行为属于什么行为？应承担哪些法律责任？

  （3）若丁向前手行使追索权，除高某以外的前手承担哪些票据责任？

项目十　证券法

【学习目标】

通过本项目的学习，学生能够：
1. 掌握证券法最新修订的主要内容。
2. 熟悉证券法立法原则。
3. 掌握证券交易的一般性规定。
4. 了解证券市场主体构成以及发行的执业规定。
5. 明确证券交易行为的禁区，形成底线意识，坚定客户利益为先的交易原则。

导入案例

丙股份有限公司原系深圳证券交易所创业板上市公司。该公司实际控制人甲与财务总监乙为达到公司上市的目的，组织单位工作人员通过外部借款、使用自有资金或伪造银行单据等方式，虚构 2011 年至 2013 年 6 月收回应收款项情况，采用在报告期末（年末、半年末）冲减应收款项，下一会计期期初冲回的方式，虚构了相关财务数据，在向中国证监会报送的首次公开发行股票并在创业板上市申请文件和招股说明书中记载了前述重大虚假内容，获得了中国证监会的股票发行核准的批复。

讨论：1. 甲和乙的哪些行为构成犯罪？应承担哪类法律责任？
2. 案例中的丙股份有限公司是否应受到处罚？

任务一　证券及证券法概述

一、证券概述

证券是社会化大生产和商品经济的产物，是一个内涵极其丰富的概念。

1. 证券的概念

证券是按照法律规定的格式和程序做成的代表一定权利的书面凭证，有广义和狭义之分。广义的证券指所有按照法定的格式及程序做成的以证明或设立权利为目的的书面凭证，如货物凭证、资本凭证、货币凭证等。狭义的证券则主要是指金融市场上的资本证券，即资金募集者为了获得资金而发行的，作为持有人享有股权或者债权的书面凭证。本项目所指证券均为狭义的证券。

> 复习与思考
> 证券和票据有什么不同？

2．证券的分类

根据国务院证券监督管理机构的规定，证券有多种分类。

（1）根据是否在证券交易所挂牌交易，证券可分为上市证券与非上市证券。

（2）根据募集方式的不同，证券可分为公募证券和私募证券。

（3）根据所代表的权利性质不同，证券可分为股票、债券和其他证券三大类。

其中股票按照不同分类标准可以分为记名股票和无记名股票，有面额股票和无面额股票，有表决权股票和无表决权股票，普通股股票和优先股股票，境内上市内资股（A股）、境外上市外资股（H股、N股、L股、S股等）和境内上市外资股（B股）。

其他证券主要包括存托凭证（CDR）等国务院依法认定的证券。

3．证券的特征

我国《证券法》所规范的证券具有四个特征，即收益性、流动性、风险性和期限性。

（1）收益性，是指投资者持有证券能够为其带来一定的收入，这也是持有者持有及转让证券的目的所在。

（2）流动性，是指持有者可以将证券在市场上转让变现的特性，流动性主要由证券变现的时间和价值的损失程度来衡量。

（3）风险性，是指证券收益的不确定性，投资者持有证券可能面临预期投资收益无法实现，甚至本金损失的可能性。

（4）期限性，债务证券一般在发行时会约定偿还期限，一般来说，证券的期限与证券的收益率有一定相关性。股票不需要偿还，因此，可以视为无限证券。

二、证券市场

证券市场，是指各种证券发行、交易、流通的场所，是市场经济和生产力发展到一定阶段的产物。

1．证券市场的要素

证券市场的要素是证券市场的重要构成部分，包括市场参与者、交易工具和交易场所。

（1）市场参与者

市场参与者主要是参与证券市场交易的各类主体，如投资人、发行人、中介机构、自律组织、监管机构、清算机构等。

（2）交易工具

交易工具是证券市场中各类参与主体行动指向的对象，即依据《证券法》的规定，经国家监管机构批准可以在证券市场上发行和交易的各种类型的证券。

（3）交易场所

交易场所是证券市场交易主体进行证券发行和交易的场所，证券交易所、国务院批准的其他全国性证券交易场所为证券集中交易提供场所和设施，组织和监督证券交易，实行自律管理，依法登记，取得法人资格。证券交易所、国务院批准的其他全国性证券交易场所可以根据证券品种、行业特点、公司规模等因素设立不同的市场层次。

2．证券市场的结构

证券市场的结构有两种：

（1）纵向结构

纵向结构是从证券进入市场的时间顺序确定的证券市场结构，包括发行市场和交易市场。发行市场也称一级市场、初级市场，是发行人以筹集资金为目的，按照法定程序向投资者出售新证券所形成的市场。而投资者将发行人已经完成发行的证券进行买卖、流通和转让所形成的市场则是交易市场，也称二级市场或者次级市场。

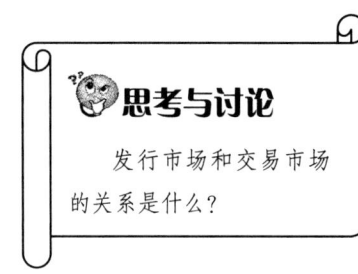

思考与讨论

发行市场和交易市场的关系是什么？

（2）横向结构

横向结构是按照不同证券类型形成的证券市场结构，在我国主要包括债券市场、股票市场和基金市场。

3．证券市场的特征

证券市场具有以下三个显著特征。

第一，证券市场是价值直接交换的场所。证券是价值的直接代表，它们本质上只是价值的一种直接表现形式。虽然证券交易的对象是各种各样的证券，但由于它们是价值的直接表现形式，所以证券市场本质上是价值的直接交换场所。

第二，证券市场是财产权利直接交换的场所。证券市场上的交易对象是作为权益凭证的股票、债券等证券，它们本身是一定量财产权利的代表，所以，证券市场实际上是财产权利的直接交换场所。

第三，证券市场是风险直接交换的场所。证券既是一定财产权利的代表，也是一定风险的代表。证券的交换既转让了证券的收益权，又转让了该证券所特有的风险。所以，从风险的角度分析，证券市场也是风险的直接交换场所。

4．证券市场的基本功能

证券市场综合反映国民经济运行的各个维度，被称为国民经济的"晴雨表"，客观上为观察和监控经济运行提供了直观的指标，它的基本功能包括筹资—投资功能、资本定价功能和资本配置功能。

（1）筹资—投资功能。证券市场的筹资功能是指为资金需求者提供筹集资金的渠道。在证券市场上，资金需求者可以通过发行证券来筹集长期资金，以满足其生产经营活动等的需要。证券市场的投资功能则是指为资金供给者提供投资渠道，实现资产增值。证券市场的筹资—投资功能为资金需求者提供了重要的资金来源，为投资者提供了丰富的投资选择，促进了社会资源的有效配置和经济的持续发展。

（2）资本定价功能。证券是资本的表现形式，所以证券的价格实际上是证券所代表的资本的价格。证券的价格是证券市场上证券供求双方共同作用的结果。证券市场的运行形成了证券需求者和供给者的竞争关系，证券市场提供了资本的合理定价机制。

（3）资本配置功能。证券市场的资本配置功能是指证券市场通过证券价格引导资本的流动，从而实现资本的合理配置。在证券市场上，证券价格的高低反映了该证券所能提供的预期回报率的高低，进而决定了其筹资能力的强弱。因此，证券市场能够引导资本流向高回报率的企业或行业，使资本产生尽可能高的效率。

三、证券法概述

1. 证券法的概念和调整对象

广义上的证券法指由国家机关通过法律程序发布的调整证券关系的规范性文件的总称。包括与证券有关的法律、行政法规、规章等。狭义的证券法指的是我国有立法权的国家机关制定的规范性文件，即《证券法》。

我国《证券法》于1998年12月29日第九届全国人民代表大会常务委员会第六次会议通过，分别于2004年8月、2013年6月、2014年8月进行了修正；并分别于2005年10月及2019年12月进行了修订。现行的《证券法》共14章，226条，对证券发行、交易、上市，证券市场各主体的权利和义务等都作出了明确规定，为维护证券市场发展和稳定起到了重要的推动作用。

2. 证券法的适用范围

《证券法》第2条规定："在中华人民共和国境内，股票、公司债券、存托凭证和国务院依法认定的其他证券的发行和交易，适用本法；本法未规定的，适用《中华人民共和国公司法》和其他法律、行政法规的规定。政府债券、证券投资基金份额的上市交易，适用本法；其他法律、行政法规另有规定的，适用其规定。资产支持证券、资产管理产品发行、交易的管理办法，由国务院依照本法的原则规定。"

3. 我国证券法的基本原则

证券法的基本原则是《证券法》基本精神和理念的集中体现，贯穿证券立法、执法和司法活动的全过程，为《证券法》的运行提供了基础。

（1）保护证券市场投资者合法权益的原则。投资者是证券市场的重要主体之一，投资者为证券市场提供了资金来源，是证券市场存在和发展的基础，投资者合法权益得到充分保护是其投资证券市场的前提。因此，证券市场需要通过立法保护投资者合法权益，保障其进入证券市场和进行投资能获得平等机会和公正待遇。

（2）"三公"原则，即公开、公平、公正原则。在"三公"原则中，公开原则是核心，也是公平、公正的前提和保障。只有以公开为基础，才能实现公平和公正。

（3）平等、自愿、有偿和诚实信用原则。《证券法》第4条规定，证券发行、交易活动的当事人具有平等的法律地位，应当遵守自愿、有偿、诚实信用的原则。

（4）分业经营、分业管理原则。《证券法》第6条明确规定，证券业和银行业、信托业、保险业实行分业经营、分业管理。这一原则要求证券公司和商业银行、保险公司、信托公司分别设立，其业务活动和经营管理分开进行，目的是降低混业经营的风险。

（5）国家集中统一监管与行业自律监管相结合的原则。我国的证券监督管理由国务院证券监督管理机构及其派出机构负责。同时，我国的证券行业自律监管也在证券市场监管中占据了重要地位，中国证券业协会通过自我教育、自我管理等方式督促会员单位加强内部监督、风险管理。国家集中统一监管和行业自律监管各有利弊、互相补充，二者的结合一方面体现证券市场监管的连续性与权威性；另一方面适应证券市场活动对监管灵活性的需求。

任务二　证券市场的主体

一、证券交易所

《证券法》第96条规定："证券交易所、国务院批准的其他全国性证券交易场所为证券集中交易提供场所和设施，组织和监督证券交易，实行自律管理，依法登记，取得法人资格。"

按照组织形式，证券交易所分为会员制证券交易所和公司制证券交易所。公司制证券交易所指的是以营利为目的，为证券公司提供证券交易所需的交易场地、交易设备和服务人员，以便利证券公司独立进行证券买卖的证券交易所。例如，北京证券交易所是我国第一家公司制证券交易所。会员制证券交易所则指不以营利为目的，由会员自治自律、互相约束，参与经营的会员可以参加股票交易中

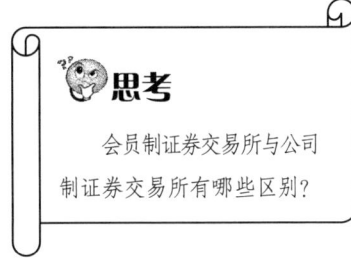

思考

会员制证券交易所与公司制证券交易所有哪些区别？

的股票买卖与交割的证券交易所。我国内地设立的上海、深圳两家证券交易所都采取了不以营利为目的的会员制组织形式。各证券公司通过证券交易所的会员席位参与集中交易，非会员只能委托会员代为进行证券交易。

根据《证券法》的规定，<u>证券交易所、国务院批准的其他全国性证券交易场所的设立、变更和解散由国务院决定。因违法行为或者违纪行为被开除的证券交易场所、证券公司、证券登记结算机构、证券服务机构的从业人员和被开除的国家机关工作人员，不得招聘为证券交易所的从业人员。</u>同时，我国证券交易所应履行以下职责。

（1）证券交易所应当为组织公平的集中交易提供保障，实时公布证券交易即时行情，并按交易日制作证券市场行情表，予以公布。

（2）证券交易所依照法律、行政法规和国务院证券监督管理机构的规定，制定上市规则、交易规则、会员管理规则和其他有关业务规则，并报国务院证券监督管理机构批准。

在证券交易所从事证券交易，应当遵守证券交易所依法制定的业务规则。违反业务规则的，由证券交易所给予纪律处分或者采取其他自律管理措施。

（3）证券交易所可以按照业务规则的规定，决定上市交易股票的停牌或者复牌。

（4）因不可抗力、意外事件、重大技术故障、重大人为差错等突发性事件而影响证券交易正常进行时，为维护证券交易正常秩序和市场公平，证券交易所可以按照业务规则采取技术性停牌、临时停市等处置措施，并应当及时向国务院证券监督管理机构报告。

因前述规定的突发性事件导致证券交易结果出现重大异常，按交易结果进行交收将对证券交易正常秩序和市场公平造成重大影响的，证券交易所按照业务规则可以采取取消交

易、通知证券登记结算机构暂缓交收等措施,并应当及时向国务院证券监督管理机构报告并公告。

证券交易所对其依照本规定采取措施造成的损失,不承担民事赔偿责任,但存在重大过错的除外。

(5)证券交易所对证券交易实行实时监控,并按照国务院证券监督管理机构的要求,对异常的交易情况提出报告。

证券交易所根据需要,可以按照业务规则对出现重大异常交易情况的证券账户的投资者限制交易,并及时报告国务院证券监督管理机构。

二、证券公司

我国的证券公司是指按照《证券法》和《公司法》的规定设立的并经国务院证券监督管理机构审查批准,专门经营证券业务的法人企业。证券公司可以采取有限责任公司和股份有限公司两种组织形式。我国的证券公司具有证券交易所的会员资格,可以承销发行、自营买卖或自营兼代理买卖证券。

(一)证券公司设立

设立证券公司,应当具备下列条件,并经国务院证券监督管理机构批准。
(1)有符合法律、行政法规规定的公司章程;
(2)主要股东及公司的实际控制人具有良好的财务状况和诚信记录,最近三年无重大违法违规记录;
(3)有符合《证券法》规定的公司注册资本;
(4)董事、监事、高级管理人员、从业人员符合《证券法》规定的条件;
(5)有完善的风险管理与内部控制制度;
(6)有合格的经营场所、业务设施和信息技术系统;
(7)法律、行政法规和经国务院批准的国务院证券监督管理机构规定的其他条件。

(二)证券公司业务范围及资本要求

经国务院证券监督管理机构核准,取得经营证券业务许可证,证券公司可以经营下列部分或者全部证券业务:①证券经纪;②证券投资咨询;③与证券交易、证券投资活动有关的财务顾问;④证券承销与保荐;⑤证券融资融券;⑥证券做市交易;⑦证券自营;⑧其他证券业务。

证券公司经营第①项至第③项业务的,注册资本最低限额为人民币 5000 万元;经营第④项至第⑧项业务之一的,注册资本最低限额为人民币 1 亿元;经营第④项至第⑧项业务中两项以上的,注册资本最低限额为人民币 5 亿元。证券公司的注册资本应当是实缴资本。

国务院证券监督管理机构根据审慎监管原则和各项业务的风险程度,可以调整注册资本最低限额，但不得少于前述规定的限额。

（三）证券公司禁止性规定

1. 董事、监事、高级管理人员的任职资格

证券公司的董事、监事、高级管理人员，应当正直诚实、品行良好，熟悉证券法律、行政法规，具有履行职责所需的经营管理能力。证券公司任免董事、监事、高级管理人员，应当报国务院证券监督管理机构备案。

有下列情形之一的，不得担任证券公司的董事、监事、高级管理人员：

（1）因违法行为或者违纪行为被解除职务的证券交易场所、证券登记结算机构的负责人或者证券公司的董事、监事、高级管理人员，自被解除职务之日起未逾5年；

（2）因违法行为或者违纪行为被吊销执业证书或者被取消资格的律师、注册会计师或者其他证券服务机构的专业人员，自被吊销执业证书或者被取消资格之日起未逾5年。

2. 从业人员限制

根据我国《证券法》的规定，因违法行为或者违纪行为被开除的证券交易场所、证券公司、证券登记结算机构、证券服务机构的从业人员和被开除的国家机关工作人员，不得招聘为证券交易所的从业人员。

3. 兼职禁止

根据我国《证券法》的规定，国家机关工作人员和法律、行政法规规定的禁止在公司中兼职的其他人员，不得在证券公司中兼任职务。

4. 具体行为规则

证券公司的经营管理行为应遵循以下规则：

（1）证券公司应当建立健全内部控制制度，采取有效隔离措施，防范公司与客户之间、不同客户之间的利益冲突。证券公司必须将其证券经纪业务、证券承销业务、证券自营业务、证券做市业务和证券资产管理业务分开办理，不得混合操作。

（2）证券公司的自营业务必须以自己的名义进行，不得假借他人名义或者以个人名义进行。证券公司的自营业务必须使用自有资金和依法筹集的资金。证券公司不得将其自营账户借给他人使用。

（3）证券公司不得将客户的交易结算资金和证券归入其自有财产。禁止任何单位或者个人以任何形式挪用客户的交易结算资金和证券。证券公司破产或者清算时，客户的交易结算资金和证券不属于其破产财产或者清算财产。非因客户本身的债务或者法律规定的其他情形，不得查封、冻结、扣划或者强制执行客户的交易结算资金和证券。

（4）证券公司办理经纪业务，不得接受客户的全权委托而决定证券买卖、选择证券种类、决定买卖数量或者买卖价格。证券公司不得允许他人以证券公司的名义直接参与证券的集中交易。

（5）证券公司不得对客户证券买卖的收益或者赔偿证券买卖的损失作出承诺。

（6）证券公司的从业人员不得私下接受客户委托买卖证券。

三、证券登记结算机构

证券登记结算机构是为证券提供集中登记、存管与结算服务，不以营利为目的的法人。经中国证监会批准，2001年3月30日，中国证券登记结算有限责任公司正式成立，主要履行账户开立、证券存管、持有人登记等职责。

1．证券登记结算机构的设立

《证券法》第146条规定，设立证券登记结算机构，应当具备下列条件：①<u>自有资金不少于人民币2亿元</u>；②具有证券登记、存管和结算服务所必须的场所和设施；③国务院证券监督管理机构规定的其他条件。证券登记结算机构的名称中应当标明证券登记结算字样。

2．证券登记结算机构的职能

《证券法》第147条规定，证券登记结算机构履行下列职能：①证券账户、结算账户的设立；②证券的存管和过户；③证券持有人名册登记；④证券交易的清算和交收；⑤受发行人的委托派发证券权益；⑥办理与前述业务有关的查询、信息服务；⑦国务院证券监督管理机构批准的其他业务。

3．禁止性规定

证券登记结算机构不得挪用客户的证券。证券登记结算机构应当保证证券持有人名册和登记过户记录真实、准确、完整，不得隐匿、伪造、篡改或者毁损。

四、证券服务机构

《证券法》第160条规定："会计师事务所、律师事务所以及从事证券投资咨询、资产评估、资信评级、财务顾问、信息技术系统服务的证券服务机构，应当勤勉尽责、恪尽职守，按照相关业务规则为证券的交易及相关活动提供服务。"

证券投资咨询机构及其从业人员从事证券服务业务不得有下列行为：<u>①代理委托人从事证券投资；②与委托人约定分享证券投资收益或者分担证券投资损失；③买卖本证券投资咨询机构提供服务的证券；④法律、行政法规禁止的其他行为。有前述所列行为之一，给投资者造成损失的，应当依法承担赔偿责任。</u>

五、证券业协会

《证券法》第164条规定："证券业协会是证券业的自律性组织，是社会团体法人。证券公司应当加入证券业协会。证券业协会的权力机构为全体会员组成的会员大会。"《证券法》第165条规定："证券业协会章程由会员大会制定，并报国务院证券监督管理机构备案。"

证券业协会履行下列职责：①教育和组织会员及其从业人员遵守证券法律、行政法规，组织开展证券行业诚信建设，督促证券行业履行社会责任；②依法维护会员的合法权益，向证券监督管理机构反映会员的建议和要求；③督促会员开展投资者教育和保护活动，维护投资者合法权益；④制定和实施证券行业自律规则，监督、检查会员及其从业人员行为，对违反法律、行政法规、自律规则或者协会章程的，按照规定给予纪律处分或者实施其他自律管理措施；⑤制定证券行业业务规范，组织从业人员的业务培训；⑥组织会员就证券行业的发展、运作及有关内容进行研究，收集整理、发布证券相关信息，提供会员服务，组织行业交流，引导行业创新发展；⑦对会员之间、会员与客户之间发生的证券业务纠纷进行调解；⑧证券业协会章程规定的其他职责。

六、证券监督管理机构

国务院证券监督管理机构依法对证券市场实行监督管理，维护证券市场公开、公平、公正，防范系统性风险，维护投资者合法权益，促进证券市场健康发展。我国现行的证券业监督管理机构为中国证券监督管理委员会，为国务院直属机构。

案例

2022年8月，A省B市拟设立甲证券公司。该证券公司备案注册资本人民币1亿元，但在工商管理机构验资时资本到账额4800万元。因急于开业，未经国务院证券监督管理机构批准，甲证券公司于2022年9月8日借用乙证券公司账户开始经营证券自营业务，并于2023年1月12日至1月27日，动用资金600万元（其中280万元占用客户存入的交易结算资金）用于经营证券自营业务。

请问：案例中甲证券公司存在哪些违法行为？说明理由。

任务三 证券发行

一、证券发行概述

证券发行指符合条件的证券发行人为了实现筹集资金的目的，按照法定程序，以一定条件向投资者发售并交付证券的行为。这里的证券发行包括募集资金和证券交付两个行为，我国《证券法》采用的是广义的证券发行的概念。狭义的证券发行只限于证券交付行为。

（一）证券发行的分类

1. 公开发行和非公开发行

依据证券发行对象不同，证券发行可以分为公开发行和非公开发行，公开发行是指向不特定的社会公众发行证券，非公开发行则是向特定的投资者发行证券的行为。《证券法》第9条规定，有下列情形之一的，为公开发行：①向不特定对象发行证券；②向特定对象发行证券累计超过200人，但依法实施员工持股计划的员工人数不计算在内；③法律、行政法规规定的其他发行行为。

公开发行证券，必须符合法律、行政法规规定的条件，并依法报经国务院证券监督管理机构或者国务院授权的部门注册。未经依法注册，任何单位和个人不得公开发行证券。

非公开发行证券，不得采用广告、公开劝诱和变相公开方式。

2. 直接发行和间接发行

依据在发行过程中是否借助承销机构，证券发行可以分为直接发行和间接发行。直接发行又称自办发行，是指证券发行人在发行过程中不通过证券承销机构，自行办理发行相关事宜、承担发行风险的发行方式。间接发行则是指证券发行人委托证券承销机构代为办理证券发行相关事宜并承担发行风险的发行方式。

3. 溢价发行、平价发行和折价发行

依据证券发行价格与票面金额的关系，证券发行可以分为溢价发行、平价发行、折价发行。证券发行价格与票面金额相等的发行方式即为平价发行，证券发行价格大于票面金额的发行方式称为溢价发行，小于票面金额的发行方式称为折价发行。因为设立时间较短，发展前景不明朗，为了吸引更多的投资者以实现筹集资金的目标，新设立的公司一般倾向于采用平价发行的方式。我国《公司法》规定，股票发行价格可以按票面金额确定，也可以超过票面金额，但不得低于票面金额。

（二）证券发行信息披露制度

我国《证券法》《公司法》《首次公开发行股票注册管理办法》等法律法规都明确规定，发行人及法律、行政法规和国务院证券监督管理机构规定的其他信息披露义务人，应当及时依法履行信息披露义务。信息披露义务人披露的信息，应当真实、准确、完整，简明清晰，通俗易懂，不得有虚假记载、误导性陈述或者重大遗漏。证券同时在境内境外公开发行、交易的，其信息披露义务人在境外披露的信息，应当在境内同时披露。

（三）证券发行审核制度

证券发行审核是指证券监督管理机构按照证券法律法规的规定，对发行人提交的资料进行审查，并以审查结果为基础作出是否同意发行决定的行为。目前证券发行审核制度主要有审批制、核准制和注册制三种。

审批制是指证券主管机关需要对发行人进行实质性审查，并通过一定法定程序作出书面决定的审核制度。

核准制指证券监督管理机构不仅要对发行人提交资料的真实性、准确性、完整性进行审核，还要对发行人是否满足实质性条件进行审核，并最终作出是否同意发行的决定。

相比于前两种审核制度，注册制是指证券监督管理机构只需要确定发行人按照法律法规的要求，真实、完整、准确地呈报各项资料，并按要求公开即可允许其进行证券发行的制度。

我国的证券发行审核制度经历了从审批制到核准制再到注册制三个阶段。《证券法》第21条规定："国务院证券监督管理机构或者国务院授权的部门依照法定条件负责证券发行申请的注册。证券公开发行注册的具体办法由国务院规定。按照国务院的规定，

思考与讨论

三种审核制度的特点及各自适用的市场环境。

证券交易所等可以审核公开发行证券申请，判断发行人是否符合发行条件、信息披露要求，督促发行人完善信息披露内容。"

国务院证券监督管理机构或者国务院授权的部门应当自受理证券发行申请文件之日起3个月内，依照法定条件和法定程序作出予以注册或者不予注册的决定，发行人根据要求补充、修改发行申请文件的时间不计算在内。不予注册的，应当说明理由。

二、股票发行

股票发行指股份有限公司按照法定程序，为了筹集经营所需的资金，以同一条件向特定或不特定的对象招募或出售股票的行为。

1. 股票发行的条件

根据《首次公开发行股票注册管理办法》的规定，首次公开发行股票的发行人应具备以下条件：

（1）发行人是依法设立且持续经营3年以上的股份有限公司，具备健全且运行良好的组织机构，相关机构和人员能够依法履行职责。

有限责任公司按原账面净资产值折股整体变更为股份有限公司的，持续经营时间可以从有限责任公司成立之日起计算。

（2）发行人会计基础工作规范，财务报表的编制和披露符合企业会计准则和相关信息披露规则的规定，在所有重大方面公允地反映了发行人的财务状况、经营成果和现金流量，最近3年财务会计报告由注册会计师出具无保留意见的审计报告。

发行人内部控制制度健全且被有效执行，能够合理保证公司运行效率、合法合规和财务报告的可靠性，并由注册会计师出具无保留结论的内部控制鉴证报告。

（3）发行人业务完整，具有直接面向市场独立持续经营的能力。①资产完整，业务及人员、财务、机构独立，与控股股东、实际控制人及其控制的其他企业间不存在对发行人构成重大不利影响的同业竞争，不存在严重影响独立性或者显失公平的关联交易。②主营业务、控制权和管理团队稳定，首次公开发行股票并在主板上市的，最近3年内主营业务和董事、高级管理人员均没有发生重大不利变化；首次公开发行股票并在科创板、创业板上市的，最近2年内主营业务和董事、高级管理人员均没有发生重大不利变化；首次公开发行股票并在科创板上市的，核心技术人员应当稳定且最近2年内没有发生重大不利变化；发行人的股份权属清晰，不存在导致控制权可能变更的重大权属纠纷，首次公开发行股票并在主板上市的，最近3年实际控制人没有发生变更；首次公开发行股票并在科创板、创业板上市的，最近2年实际控制人没有发生变更。③不存在涉及主要资产、核心技术、商标等的重大权属纠纷，重大偿债风险，重大担保、诉讼、仲裁等或有事项，经营环境已经或者将要发生重大变化等对持续经营有重大不利影响的事项。

（4）发行人生产经营符合法律、行政法规的规定，符合国家产业政策。

最近3年内，发行人及其控股股东、实际控制人不存在贪污、贿赂、侵占财产、挪用财产或者破坏社会主义市场经济秩序的刑事犯罪，不存在欺诈发行、重大信息披露违法或者其他涉及国家安全、公共安全、生态安全、生产安全、公众健康安全等领域的重大违法行为。

董事、监事和高级管理人员不存在最近 3 年内受到中国证监会行政处罚，或者因涉嫌犯罪正在被司法机关立案侦查或者涉嫌违法违规正在被中国证监会立案调查且尚未有明确结论意见等情形。

2. 股票发行的定价方式

目前我国主要采用向网下投资者询价、发行人与主承销商自主协商定价等方式确定股票发行价格。

3. 股票发行的注册

2019 年第二次修订的《证券法》颁布前，我国设立发行审核委员会（以下简称发审委）作为股票发行审核工作的主体，发审委委员由国务院证券监督管理机构的专业人员和国务院证券监督管理机构之外的行业专家组成，由国务院证券监督管理机构聘任，以投票方式对股票发行申请进行表决，提出审核意见。

2019 年第二次修订的《证券法》取消了发审委制度，明确规定证券交易所等可以审核证券公开发行申请，公开发行注册的具体实施细则由国务院制定。同时精简优化了发行条件，将发行股票应当"具有持续盈利能力"的要求，改为"具有持续经营能力"，降低了公司债发行门槛，取消了净资产、资金投向领域、债券余额占比、利率限制等要求。目的是提高证券发行审核效率，缩短企业募资流程，满足新创企业尤其是科技类企业的融资需求。

三、债券发行

债券发行指发行人以借贷资金为目的，依据法律规定的程序以一定条件向投资者要约发行代表一定债权和兑付条件的债务凭证的行为。按照发行人的不同，债券发行可以分为政府债券的发行、企业债券的发行、公司债券的发行和金融债券的发行。本部分主要介绍公司债券发行的相关内容。

根据《证券法》的规定，公开发行公司债券，应当具备以下条件：①具备健全且运行良好的组织机构；②最近 3 年平均可分配利润足以支付公司债券 1 年的利息；③国务院规定的其他条件。

公开发行公司债券筹集的资金，必须按照公司债券募集办法所列资金用途使用；改变资金用途，必须经债券持有人会议作出决议。公开发行公司债券筹集的资金，不得用于弥补亏损和非生产性支出。

有下列情形之一的，不得再次公开发行公司债券：①对已公开发行的公司债券或者其他债务有违约或者延迟支付本息的事实，仍处于继续状态；②违反《证券法》的规定，改变公开发行公司债券所募资金的用途。

四、证券承销

证券承销，是指承销机构接受客户委托，按照客户的要求向投资者销售证券的行为。

1. 证券承销方式分类

证券承销方式按照证券承销机构在承销过程中承担的风险不同，可以分为证券包销、证券代销两种方式。

证券包销是指证券公司将发行人的证券按照协议全部购入或者在承销期结束时将售后剩余证券全部自行购入的承销方式。

证券代销是指证券公司代发行人发售证券，在承销期结束时，将未售出的证券全部退还给发行人的承销方式。

《证券法》第 26 条规定："发行人向不特定对象发行的证券，法律、行政法规规定应当由证券公司承销的，发行人应当同证券公司签订承销协议。证券承销业务采取代销或者包销方式。"

《证券发行与承销管理办法》第 28 条规定，证券公司承销证券，应当依照《证券法》的规定采用包销或者代销方式。

2. 销售期限

《证券法》第 31 条规定："证券的代销、包销期限最长不得超过九十日。"

3. 代销发行失败

《证券法》第 33 条规定："股票发行采用代销方式，代销期限届满，向投资者出售的股票数量未达到拟公开发行股票数量百分之七十的，为发行失败。发行人应当按照发行价并加算银行同期存款利息返还股票认购人。"

4. 发行备案

《证券法》第 34 条规定："公开发行股票，代销、包销期限届满，发行人应当在规定的期限内将股票发行情况报国务院证券监督管理机构备案。"

任务四　证券交易

一、证券交易的一般性规定

证券持有者在证券市场上转让依法发行并交付的证券的行为称为证券交易。证券转让包括证券买卖和权利变更两种形式。在我国，证券交易所实行会员制，投资者需要通过在证券公司开立证券账户来委托其代为买卖证券。

《证券法》第 157 条规定："投资者委托证券公司进行证券交易，应当通过证券公司申请在证券登记结算机构开立证券账户。证券登记结算机构应当按照规定为投资者开立证券账户。投资者申请开立账户，应当持有证明中华人民共和国公民、法人、合伙企业身份的合法证件。国家另有规定的除外。"

1. 证券交易的条件

根据《证券法》的规定，在证券市场上公开交易的证券应符合以下要求：

（1）证券交易当事人依法买卖的证券，必须是依法发行并交付的证券。非依法发行的证券，不得买卖；

（2）依法发行的证券，《公司法》和其他法律对其转让期限有限制性规定的，在限定的期限内不得转让。如公司董事、监事、高级管理人员应当向公司申报所持有的本公司的股份及其变动情况，在就任时确定的任职期间每年转让的股份不得超过其所持有本公司股份总数的25%；所持本公司股份自公司股票上市交易之日起1年内不得转让。

2．证券交易的地点

《证券法》第37条规定："公开发行的证券，应当在依法设立的证券交易所上市交易或者在国务院批准的其他全国性证券交易场所交易。非公开发行的证券，可以在证券交易所、国务院批准的其他全国性证券交易场所、按照国务院规定设立的区域性股权市场转让。"

在证券交易所进行的证券交易为场内交易，场内交易需要通过交易系统完成；在证券交易所之外进行的交易称为场外交易，交易介质更为灵活，如柜台交易市场（Over-the-Counter market）等。在我国的证券市场中，场内交易处于证券交易的主体地位，本部分将介绍场内交易的具体规定。

3．证券交易的方式

《证券法》第38条规定："证券在证券交易所上市交易，应当采用公开的集中交易方式或者国务院证券监督管理机构批准的其他方式。"按照我国证券业监督管理机构的规定，我国的证券交易所实行集中竞价的交易方式，所谓集中竞价是指在某一时点上参与同一证券买卖的当事人通过竞争报价确定该种证券的成交价格。它可分为正式交易前的集合竞价和正式交易中的连续集中竞价。证券交易的集中竞价实行价格优先、时间优先的原则。价格优先，是指在交易者进行买入报价时价高者先于价低者成交；进行卖出报价时，则是价低者先于价高者成交。如果交易者报价相同，先报价者优先成交，这叫时间优先。

《证券法》第39条规定："证券交易当事人买卖的证券可以采用纸面形式或者国务院证券监督管理机构规定的其他形式。"实践中，我国证券交易主要采用通过计算机存储信息等无纸化形式。

4．特定身份人员持股与交易的限制

证券交易场所、证券公司和证券登记结算机构的从业人员，证券监督管理机构的工作人员以及法律、行政法规规定禁止参与股票交易的其他人员，在任期或者法定限期内，不得直接或者以化名、借他人名义持有、买卖股票或者其他具有股权性质的证券，也不得收受他人赠送的股票或者其他具有股权性质的证券。

任何人在成为前述所列人员时，其原已持有的股票或者其他具有股权性质的证券，必须依法转让。

实施股权激励计划或者员工持股计划的证券公司的从业人员，可以按照国务院证券监督管理机构的规定持有、卖出本公司股票或者其他具有股权性质的证券。

二、证券上市

(一) 股票上市

1. 股票上市的程序

股份有限公司申请股票上市交易,应当向证券交易所提出申请,由证券交易所依法审核同意,并由双方签订上市协议。我国股票上市需要经过三步:①申请上市;②核准上市;③公告有关文件和事项。

2. 股票上市的条件

股份有限公司的股票要申请在主板上市,应当符合下列条件:(1)符合《证券法》、中国证监会规定的发行条件;(2)发行后的股本总额不低于5000万元;(3)公开发行的股份达到公司股份总数的25%以上;公司股本总额超过4亿元的,公开发行股份的比例为10%以上;(4)市值及财务指标至少符合下列标准中的一项:①最近3年净利润均为正,且最近3年净利润累计不低于2亿元,最近1年净利润不低于1亿元,最近3年经营活动产生的现金流量净额累计不低于2亿元或者营业收入累计不低于15亿元;②预计市值不低于50亿元,且最近1年净利润为正,最近1年营业收入不低于6亿元,最近3年经营活动产生的现金流量净额累计不低于2.5亿元;③预计市值不低于100亿元,且最近1年净利润为正,最近1年营业收入不低于10亿元;(5)证券交易所要求的其他条件。

3. 股票上市的终止

《证券法》第48条规定:"上市交易的证券,有证券交易所规定的终止上市情形的,由证券交易所按照业务规则终止其上市交易。证券交易所决定终止证券上市交易的,应当及时公告,并报国务院证券监督管理机构备案。"

这一新规取消了原有的股票上市暂停制度,改变了大众对于股票市场只进不出的既有观念,对促进上市公司依法经营,发挥证券市场资本配置功能起到了积极的作用。

(二) 公司债券上市

1. 公司债券上市的程序

申请公司债券上市主要经过三步:上市申请、上市审核和签订上市协议。公司债券上市交易申请经证券交易所审核同意后,公司与交易所签订上市协议并在规定期限内完成上市文件及相关文件,并将其文件放置于指定场所供公众查阅。

2. 公司债券上市的条件

发行人在证券交易所申请债券上市,应当符合下列条件:①符合《证券法》等法律、行政法规规定的公开发行条件;②经有权部门注册并依法完成发行;③债券持有人符合证券交易所投资者适当性管理规定;④证券交易所规定的其他条件。此外,证券交易所可以根据市场情况,调整公司债券上市条件。

三、持续信息公开制度

持续信息公开指发行人应当在证券发行后定期或不定期地公开与证券交易有关的一切重要信息的制度。信息是证券投资者评估公司盈利能力、发展前景，做出投资决策的重要依据。如果上市公司不能按照法律要求履行信息披露义务，那么处于信息劣势的投资者将难以对证券作出正确的价值判断，也就不可能据此作出正确的投资决策，其结果是投资者连续投资失败，最终可能退出证券市场。

（一）信息公开内容

1. 定期报告

定期报告指发行人按照法律法规要求分别向国务院证券监督管理机构、证券交易所报送并向社会公众公告的报告，包括年度报告和中期报告。

《证券法》第 79 条规定："上市公司、公司债券上市交易的公司、股票在国务院批准的其他全国性证券交易场所交易的公司，应当按照国务院证券监督管理机构和证券交易场所规定的内容和格式编制定期报告，并按照以下规定报送和公告：①在每一会计年度结束之日起四个月内，报送并公告年度报告，其中的年度财务会计报告应当经符合《证券法》规定的会计师事务所审计；②在每一会计年度的上半年结束之日起二个月内，报送并公告中期报告。"

2. 临时报告

公司发生了可能对证券交易价格产生较大影响的重大事件时，在投资者尚未得知时，应当立即将有关该重大事件的情况向国务院证券监督管理机构和证券交易场所报送临时报告，并予公告，说明事件的起因、目前的状态和可能产生的法律后果。

（二）信息公开方式

《证券法》第 86 条规定："依法披露的信息，应当在证券交易场所的网站和符合国务院证券监督管理机构规定条件的媒体发布，同时将其置备于公司住所、证券交易场所，供社会公众查阅。"

四、禁止的交易行为

近年来，有些证券机构、企业等证券市场参与者利用信息优势进行内幕交易、虚假陈述，利用资金优势操纵市场等现象屡有发生，严重损害了广大中、小投资者的利益，影响了证券市场的健康稳定发展。2019 年第二次修订的《证券法》加大了对禁止行为的处罚力度，提高了违法成本。

1. 禁止内幕交易

《证券法》第 50 条规定："禁止证券交易内幕信息的知情人和非法获取内幕信息的人利用内幕信息从事证券交易活动。"因此<u>内幕交易的构成要素包括知情人、内幕信息和内幕交易行为</u>。

《证券法》第 51 条规定,证券交易内幕信息的知情人包括:①发行人及其董事、监事、高级管理人员;②持有公司 5% 以上股份的股东及其董事、监事、高级管理人员,公司的实际控制人及其董事、监事、高级管理人员;③发行人控股或者实际控制的公司及其董事、监事、高级管理人员;④由于所任公司职务或者因与公司业务往来可以获取公司有关内幕信息的人员;⑤上市公司收购人或者重大资产交易方及其控股股东、实际控制人、董事、监事和高级管理人员;⑥因职务、工作可以获取内幕信息的证券交易场所、证券公司、证券登记结算机构、证券服务机构的有关人员;⑦因职责、工作可以获取内幕信息的证券监督管理机构工作人员;⑧因法定职责对证券的发行、交易或者对上市公司及其收购、重大资产交易进行管理可以获取内幕信息的有关主管部门、监管机构的工作人员;⑨国务院证券监督管理机构规定的可以获取内幕信息的其他人员。

《证券法》第 52 条规定,证券交易活动中,涉及发行人的经营、财务或者对该发行人证券的市场价格有重大影响的尚未公开的信息,为内幕信息。内幕信息包括以下两项:

(1)《证券法》第 80 条第 2 款规定的重大事件包括:①公司的经营方针和经营范围的重大变化;②公司的重大投资行为,公司在 1 年内购买、出售重大资产超过公司资产总额 30%,或者公司营业用主要资产的抵押、质押、出售或者报废一次超过该资产的 30%;③公司订立重要合同、提供重大担保或者从事关联交易,可能对公司的资产、负债、权益和经营成果产生重要影响;④公司发生重大债务和未能清偿到期重大债务的违约情况;⑤公司发生重大亏损或者重大损失;⑥公司生产经营的外部条件发生的重大变化;⑦公司的董事、1/3 以上监事或者经理发生变动,董事长或者经理无法履行职责;⑧持有公司 5% 以上股份的股东或者实际控制人持有股份或者控制公司的情况发生较大变化,公司的实际控制人及其控制的其他企业从事与公司相同或者相似业务的情况发生较大变化;⑨公司分配股利、增资的计划,公司股权结构的重要变化,公司减资、合并、分立、解散及申请破产的决定,或者依法进入破产程序、被责令关闭;⑩涉及公司的重大诉讼、仲裁,股东大会、董事会决议被依法撤销或者宣告无效;⑪公司涉嫌犯罪被依法立案调查,公司的控股股东、实际控制人、董事、监事、高级管理人员涉嫌犯罪被依法采取强制措施;⑫国务院证券监督管理机构规定的其他事项。

(2)《证券法》第 81 条第 2 款规定的重大事件包括:①公司股权结构或者生产经营状况发生重大变化;②公司债券信用评级发生变化;③公司重大资产抵押、质押、出售、转让、报废;④公司发生未能清偿到期债务的情况;⑤公司新增借款或者对外提供担保超过上年末净资产的 20%;⑥公司放弃债权或者财产超过上年末净资产的 10%;⑦公司发生超过上年末净资产 10% 的重大损失;⑧公司分配股利,作出减资、合并、分立、解散及申请破产的决定,或者依法进入破产程序、被责令关闭;⑨涉及公司的重大诉讼、仲裁;⑩公司涉嫌犯罪被依法立案调查,公司的控股股东、实际控制人、董事、监事、高级管理人员涉嫌犯罪被依法采取强制措施;⑪国务院证券监督管理机构规定的其他事项。

证券交易内幕信息的知情人和非法获取内幕信息的人,在内幕信息公开前,不得买卖该公司的证券,或者泄露该信息,或者建议他人买卖该证券。

内幕交易行为给投资者造成损失的，应当依法承担赔偿责任。内幕交易属于侵权行为，对于损失数额的认定，需要通过细则具体确认。

证券交易内幕消息的知情人或者非法获取内幕信息的人违反规定从事内幕交易的，责令依法处理非法持有的证券，没收违法所得，并处以违法所得1倍以上10倍以下的罚款；没收违法所得或者违法所得不足50万元的，处以50万元以上500万元以下的罚款。单位从事内幕交易的，还应当对直接负责的主管人员和其他直接责任人员给予警告，并处以20万元以上200万元以下的罚款。国务院证券监督管理机构工作人员从事内幕交易的，从重处罚。

2．禁止操纵证券市场

操纵证券市场是指证券市场主体以不正当手段影响证券的交易价格和交易量，诱使投资者买卖证券，从而达到获取不正当利益的目的。该行为将扰乱证券市场的正常交易秩序，侵害投资者的正当权益。

禁止任何人以下列手段操纵证券市场，影响或者意图影响证券交易价格或者证券交易量：①单独或者通过合谋，集中资金优势、持股优势或者利用信息优势联合或者连续买卖；②与他人串通，以事先约定的时间、价格和方式相互进行证券交易；③在自己实际控制的账户之间进行证券交易；④不以成交为目的，频繁或者大量申报并撤销申报；⑤利用虚假或者不确定的重大信息，诱导投资者进行证券交易；⑥对证券、发行人公开作出评价、预测或者投资建议，并进行反向证券交易；⑦利用在其他相关市场的活动操纵证券市场；⑧操纵证券市场的其他手段。

操纵证券市场行为给投资者造成损失的，行为人应当依法承担赔偿责任。

违反《证券法》的规定，操纵证券市场的，责令依法处理其非法持有的证券，没收违法所得，并处以违法所得1倍以上10倍以下的罚款；没有违法所得或者违法所得不足100万元的，处以100万元以上1000万元以下的罚款。单位操纵证券市场的，还应当对直接负责的主管人员和其他直接责任人员给予警告，并处以50万元以上500万元以下的罚款。

3．禁止虚假陈述

<u>虚假陈述包括虚假记载、误导性陈述、重大遗漏、其他虚假陈述等</u>。《证券法》第56条规定："禁止任何单位和个人编造、传播虚假信息或者误导性信息，扰乱证券市场。禁止证券交易场所、证券公司、证券登记结算机构、证券服务机构及其从业人员，证券业协会、证券监督管理机构及其工作人员，在证券交易活动中作出虚假陈述或者信息误导。各种传播媒介传播证券市场信息必须真实、客观，禁止误导。传播媒介及其从事证券市场信息报道的工作人员不得从事与其工作职责发生利益冲突的证券买卖。编造、传播虚假信息或者误导性信息，扰乱证券市场，给投资者造成损失的，应当依法承担赔偿责任。"

4．禁止欺诈客户

欺诈客户是指证券公司及其从业人员未按照客户的委托，违背客户真实意思表示，造成客户合法利益受损的行为。

《证券法》第 57 条规定，禁止证券公司及其从业人员从事下列损害客户利益的行为：①违背客户的委托为其买卖证券；②不在规定时间内向客户提供交易的确认文件；③未经客户的委托，擅自为客户买卖证券，或者假借客户的名义买卖证券；④为牟取佣金收入，诱使客户进行不必要的证券买卖；⑤其他违背客户真实意思表示，损害客户利益的行为。违反前述规定给客户造成损失的，应当依法承担赔偿责任。

5．其他禁止行为

其他禁止行为主要包括：禁止出借证券账户；禁止借用他人的证券账户从事证券交易；禁止资金违规流入股市；禁止投资者违规利用财政资金；禁止银行信贷资金买卖证券。

出借自己的证券账户或者借用他人的证券账户从事证券交易的，责令改正，给予警告，可以处 50 万元以下的罚款。

 案例

A、B 两家上市公司签订价值 1.8 亿元的供销合同，约定由 A 公司向 B 公司提供货物，张某参与了合同的签订。张某利用自己获得的信息，在该信息公布前借用朋友的身份证号开立股票账户并利用该账户累计购入 A 公司股票 400 万股，成交金额共计人民币 4800 万元。后该合同消息公布，A 公司股价上涨，张某获得账面收益 309 万余元。

请问：（1）张某构成何种违法行为？说明理由。

（2）投资者能否要求相关责任人承担民事责任？说明理由。

五、上市公司的收购

上市公司的收购是指投资者（收购人）依法收购上市公司一定比例的股份，以实现对其控股或者兼并的行为。投资者可以采取一般收购、要约收购、协议收购及其他合法方式收购上市公司。

在证券市场上出现上市公司收购行为时，往往会出现标的公司股票剧烈波动，甚至伴随内幕交易、操纵市场等现象。因此，《证券法》对上市公司的收购活动，给予了特别规定。

1．一般收购

一般收购指投资者（收购人）为了获取或巩固目标公司的控股权，在证券交易所以竞价交易方式购入目标公司股份总额 5% 以上又不足 30% 这一特定阶段的公司收购行为。

通过证券交易所的证券交易，投资者持有或者通过协议、其他安排与他人共同持有一个上市公司已发行的有表决权股份达到 5% 时，应当在该事实发生之日起 3 日内，向国务院证券监督管理机构、证券交易所作出书面报告，通知该上市公司，并予公告，在前述期限内不得再行买卖该上市公司的股票，但国务院证券监督管理机构规定的情形除外。

投资者持有或者通过协议、其他安排与他人共同持有一个上市公司已发行的有表决权股份达到 5% 后，其所持该上市公司已发行的有表决权股份比例每增加或者减少 5%，应当依照前述规定进行报告和公告，在该事实发生之日起至公告后 3 日内，不得再行买卖该

上市公司的股票，但国务院证券监督管理机构规定的情形除外。

投资者持有或者通过协议、其他安排与他人共同持有一个上市公司已发行的有表决权股份达到5%后，其所持该上市公司已发行的有表决权股份比例每增加或者减少1%，应当在该事实发生的次日通知该上市公司，并予公告。

2．要约收购

要约收购是指投资者（收购人）持有某一上市公司已发行的有表决权股份的一定比例时，继续进行收购的收购人应向上市公司的所有股东发出收购上市公司全部或部分股份的要约，并按照依法公告的收购要约中所规定的收购条件、价格、期限以及其他规定事项，收购该上市公司股份的收购方式。

《证券法》第65条规定，通过证券交易所的证券交易，投资者持有或者通过协议、其他安排与他人共同持有一个上市公司已发行的有表决权股份达到30%时，继续进行收购的，应当依法向该上市公司所有股东发出收购上市公司全部或者部分股份的要约。

收购上市公司部分股份的要约应当约定，被收购公司股东承诺出售的股份数额超过预定收购的股份数额的，收购人按比例进行收购。

3．协议收购

协议收购指投资者（收购人）在证券交易所外与特定股份持有人进行私下协商，达成一致后，以约定的价格、交易数量等购买目标公司的股份，以达到对其控股或兼并的收购方式。采取协议收购方式的，收购人可以依照法律、行政法规的规定同被收购公司的股东以协议方式进行股份转让。

 练一练

一、名词解释

证券　股票发行审核制度　审批制　核准制　注册制　证券承销

二、判断题

1．B股属于我国《证券法》调整范围。　　　　　　　　　　　　　（　　）

2．上市公司发行新股，无论是否公开发行，都需要报国务院证券监督管理机构核准。
　　　　　　　　　　　　　　　　　　　　　　　　　　　　　　（　　）

3．个人可以出借自己的证券账户或者借用他人的证券账户从事证券交易。（　　）

4．依据《证券法》要求，证券公司如果只经营证券经纪业务，其注册资本不应低于人民币1亿元，且注册资本应当为实缴资本。　　　　　　　　　　　　　（　　）

5．北京证券交易所属于公司制证券交易所。　　　　　　　　　　（　　）

三、单项选择题

1．下列关于股票和债券的表述正确的是（　　）。

A．有限责任公司和股份有限公司都可以成为股票和债券的发行主体

B．股票和债券价格具有相同的波动性

C．债券和股票具有相同的流动性

D．股票代表投资者对股份的所有权，债券代表投资者对企业的债权

2. 某企业为了扩大生产规模需要筹集资金，筹资方式是发行总规模 1 亿元的股票，根据《证券法》的规定，该公司（　　）。

　　A. 根据需要可以向特定对象公开发行股票

　　B. 董事会决定可以禁止发行股票

　　C. 可以采取溢价发行的方式

　　D. 可以采取折价发行的方式

3. 某公司两年前向国务院证券监督管理机构申请发行 5000 万元债券，因承销机构原因尚剩余 500 万元未发行完。现该公司已完成认购债券的本息清偿工作，且公司净资产已增加一倍。若该公司再申请发行 5000 万元债券，主管机关是否可以批准？（　　）

　　A. 可以批准

　　B. 若本次 5000 万元中包括上次余额 500 万元即可批准

　　C. 不应批准

　　D. 若该公司变更债券承销人，可以批准

4. 某上市公司因在披露的年度财务报告中提供了虚假信息，而该信息直接导致投资者在证券交易中遭受了重大损失，则（　　）不应承担民事赔偿责任。

　　A. 该上市公司的监事　　　　　　B. 该上市公司的实际控制人

　　C. 该上市公司财务报告的刊登媒体　　D. 该上市公司的证券承销商

5. 以下不属于内幕交易构成要素的是（　　）。

　　A. 知情人　　　　　　　　　　　B. 内幕信息

　　C. 内幕交易行为　　　　　　　　D. 投资者损失

四、多项选择题

1. 证券投资咨询机构的业务人员的（　　）约定不属于《证券法》许可的内容。

　　A. 受托人随时提供对指定股票的分析预测，并按委托人指示买进或卖出

　　B. 受托人优先获取委托人将要公开的经营信息，并用于对其他客户的咨询服务

　　C. 受托人从委托人依据咨询意见进行投资交易所得利润中提取 10% 作为奖金

　　D. 受托人对于委托人根据咨询意见进行投资交易所受的损失不承担赔偿责任

2. 根据《证券法》的规定，证券公司的从业人员不得从事（　　）。

　　A. 以自己姓名在另一家证券公司营业部申请开户登记，进行个人股票买卖活动

　　B. 化名在另一家证券公司进行开户登记，买入并持有股票

　　C. 在成为证券公司从业人员前，将其所持有的股票依法转让

　　D. 因工作出色接收某上市公司赠送的股票

3. 下列说法正确的有（　　）。

　　A. 证券交易所、证券公司、证券登记结算机构必须依法为客户开立的账户保密

　　B. 证券交易所采取技术性停牌或者决定临时停牌的，必须及时报告国务院证券监督管理机构

　　C. 证券公司的所有工作人员都必须具有证券从业资格

D. 违反《证券法》规定，应当承担民事赔偿责任和缴纳罚款、罚金，其财产不足以同时支付时，先承担民事赔偿责任

4. 某证券公司接收客户委托买卖股票，（　　）等行为不违反法律规定。

A. 客户要求买入某种股票时，但其账户上资金不足，为了保证客户能及时买到股票，证券公司决定暂借客户资金补足所需资金

B. 客户要求证券公司为其在该公司开立的账户保密，证券公司认为客户要求过分，自己有权公开账户号码

C. 某交易日，客户持有的某股票价格猛烈上涨，证券公司为了更好地吸引客户，决定向客户融券供其出售

D. 在接受客户委托后，根据委托协议向客户收取一定的费用

5. 以下关于公司收购，说法正确的有（　　）。

A. 上市公司收购可以采取要约收购或者协议收购的方式

B. 投资者持有一个上市公司已发行的有表决权股份达5%后，其所持有该上市公司已发行的有表决权股份比例每增加或者减少1%，应当在该事实发生的次日通知该上市公司，并予以公告

C. 收购要约的期限不得少于20日，并不得超过1年

D. 在收购要约的有效期限内，收购人不得撤回其收购要约

五、思考题

1. 《证券法》调整的证券范围包括哪些？其立法趋势如何？
2. 试述《证券法》的基本原则。
3. 试述股票发行注册制与核准制的区别。
4. 简述操纵证券市场的行为方式。
5. 请结合《证券法》修订谈谈证券民事责任应如何完善。

六、案例分析题

2023年8月4日晚，甲股份有限公司（以下简称甲公司）发布公告称收到中国证监会出具的《行政处罚决定书》。中国证监会认为甲公司存在以下违法事实。

1. 2021年5月13日，甲公司发布《关于使用超募资金用于收购乙公司的公告》，披露其与乙公司的原股东丙公司没有关联交易。经查，甲公司与丙公司之间构成关联关系。

2. 甲公司《2020年年度报告》和《2021年年度报告》未披露与乙公司的关联关系和关联交易。经查，甲公司与乙公司构成关联关系，2020年和2021年，甲公司以公允价格分别向乙公司采购236677237.03元和32432587694.45元的钢材。

3. 2021年5月13日甲公司报收78.37元/股，此后股价一路下跌，虽然2021年6月27日甲公司公布每十股转增十股，但截至2023年8月5日甲公司股价报收17.39元/股，投资者损失惨重。

请问：（1）甲公司有哪些违法行为？应如何进行处罚？

（2）若股民张某2021年5月16日以每股76.92元买入甲公司股票1000股，2023年8月5日以每股18.33元卖出2000股，应提出何种诉讼请求？并收集哪些证据？

（3）本案例的虚假陈述揭露日和实施日分别是哪一天？法律依据是什么？

（4）股民张某的损失应如何计算？

项目十一　保险法

【学习目标】

通过本项目的学习,学生能够:

1. 掌握保险的概念、基本特征,了解保险的类型。
2. 掌握保险合同的概念、特征、类型,掌握保险合同的基本原则,理解保险合同的主要内容与一般性规定,掌握保险人、投保人、被保险人的义务。
3. 熟悉人身保险合同和财产保险合同的基本内容、理赔规则。
4. 明确保险作为风险转移产品的特性,养成合规的职业素养。

导入案例

张某与李某协议离婚,在离婚协议中约定孩子的抚养权归妻子,张某每周末可以探视孩子并与其生活一天。2022年李某与王某再婚,王某于婚后为孩子购买了人身保险,受益人为李某。2023年6月,孩子发生了保险事故并死亡,王某向保险公司提出索赔,保险公司以王某不具有可保利益为由,拒绝赔付。

讨论:保险公司是否可以拒赔?理由是什么?

任务一　保险和保险法概述

一、保险概述

1. 保险的概念

《保险法》第2条规定,保险是指投保人根据合同约定,向保险人支付保险费,保险人对于合同约定的可能发生的事故因其发生所造成的财产损失承担赔偿保险金责任,或者当被保险人死亡、伤残、疾病或者达到合同约定的年龄、期限等条件时承担给付保险金责任的商业保险行为。我国《保险法》的规制范围仅限于商业保险,不适用于社会保险。

2. 保险的特征

(1)互助性。保险作为一种转移风险的工具,在一定条件下,通过汇聚保险费构筑资金池等方式,分担了单位和个人不能承担的风险,形成了一种"我为人人、人人为我"的经济互助关系。经济互助关系主要通过保险人用多数人交付的保险费建立的保险基金对少数遭受损失的被保险人提供补偿来体现。

(2)法律性。保险是投保人与保险人基于合同产生的法律关系,是双方达成一致的结果,保险人与投保人约定当保险标的发生双方约定的保险事故时,保险人向受益人给付保险金。

（3）经济性。保险是一种通过保险给付实现风险补偿的经济保障活动。保险标的主要有财产和人身两类，这两类保险标的是社会再生产中重要的经济要素；保险给付也主要是通过货币形式实现的，保障手段、保障目的都与社会经济发展紧密相关。

（4）商品性。保险虽然是一种风险管理工具，但在形式上表现为一种等价交换的商品经济关系。这种商品经济关系体现为保险人与投保人之间在一定时期内的价值交换，即保险人销售保险产品，投保人购买保险产品。

（5）科学性。保险是有效的风险管理措施，现代保险企业在设计保险产品、确定保险费率时都需要借助大数法则，以某一时期事故发生的概率为依据，有较强的科学理论基础。

（6）射幸性。投保人购买保险后能否获得保险金的赔付取决于在保险合同有效期内保险事故是否发生，因而保险合同的结果具有不确定性。

3．保险的分类

（1）根据保险标的的不同，保险可以分为财产保险与人身保险。财产保险是以财产及其有关利益为保险标的的保险。常见的财产保险有财产损失保险、责任保险、信用保险等。人身保险是以人的身体或者寿命为保险标的的保险，保险人对被保险人在保险期限内死亡、伤残，或保险期满仍生存的，承担给付保险金的责任。人身保险包括人寿保险、健康保险和意外伤害险等。

（2）根据实施的形式不同，保险可以分为强制保险和自愿保险。强制保险又称法定保险，是指依据法律规定而强制实施的保险。这种保险多是基于国家政策的需要而办理的，体现了国家对公共利益的维护。自愿保险是指投保人基于自由意愿和风险管理需要而与保险人建立的一种保险类型。绝大多数的保险产品属于自愿保险。

（3）根据保险人承担责任的次序不同，保险可以分为原保险与再保险。原保险是指保险人对被保险人因保险事故所致的损失承担直接的、原始的赔偿责任的保险，又称第一次保险。再保险是指保险人将其承担的保险业务，以承保形式，部分转移给其他保险人的保险。因为再保险是以原保险为基础的，所以又称第二次保险。我国《保险法》第103条规定，保险公司对每一危险单位，即对一次保险事故可能造成的最大损失范围所承担的责任，不得超过其实有资本金加公积金总和的10%；超过的部分应当办理再保险。

（4）按照保险人的人数不同，保险可以分为单保险与复保险。单保险是指投保人以一个保险标的、一个保险事故、一个保险利益与一个保险人订立的保险合同；复保险或称重复保险，是指投保人以一个保险标的、一个保险事故、一个保险利益与数个保险人分别订立数个保险合同的保险。

二、保险法概述

保险法是调整保险关系的法律规范的总称，其作用是调整保险活动中保险人与投保人、被保险人以及受益人之间的法律关系，保障国家对保险企业、保险市场实施监督管理。广义的保险法指一国现行中所有调整保险关系的法律规范,狭义的保险法仅指保险法律制度中的基本法,在形式上表现为以保险法命名的专门性规范文件。在我国即《中华人民共和国保险法》。

我国现行的《保险法》于 1995 年 6 月 30 日第八届全国人民代表大会常务委员会第十四次会议通过,根据 2002 年 10 月 28 日第九届全国人民代表大会常务委员会第三十次会议《关于修改〈中华人民共和国保险法〉的决定》第一次修正,于 2009 年 2 月 28 日第十一届全国人民代表大会常务委员会第七次会议修订,根据 2014 年 8 月 31 日第十二届全国人民代表大会常务委员会第十次会议《关于修改〈中华人民共和国保险法〉等五部法律的决定》第二次修正,根据 2015 年 4 月 24 日第十二届全国人民代表大会常务委员会第十四次会议《关于修改〈中华人民共和国计量法〉等五部法律的决定》第三次修正。《保险法》共 8 章,185 条。

任务二 保险合同

保险合同是保险法律制度的核心,是投保人与保险人约定保险权利和义务关系的协议。

一、保险合同的特征

1. 保险合同是双务有偿合同

双务合同指合同双方相互承担义务、享有权利的合同,是相对于单务合同而言的。有偿合同指合同当事人为了获得某项权利或者因合同标的需要而必须支付对价的合同。在保险合同中,投保人有按照双方约定按时足额交付保险费的义务,同时也有在约定的保险事故发生时进行索赔的权利;保险人有对保险事故造成的损失进行赔付的义务,同时也享有收取保险费的权利。

2. 保险合同是射幸合同

射幸合同指合同的效果在签订时不能确定的合同,即合同当事人一方是否需要履行约定的给付义务由合同约定的条件或事件是否发生决定。保险合同签订后,保险人是否要履行给付义务,取决于合同约定的保险事故是否发生,而保险事故的发生本身就是有概率的,这就决定了保险合同的射幸性。保险合同的射幸性只是针对单个保险合同而言的,如果从承保的全体保险合同来看,保险费收入与赔偿金额是基于事故发生的概率经过精确计算所得的,并非完全取决于事故发生的偶然性,因此要清楚保险并不等同于赌博。

3. 保险合同是最大诚信合同

保险人对于保险事故发生的概率基于投保人或者被保险人对保险标的的诚实描述。一方面,保险合同的效力取决于投保人或被保险人的信息披露程度;另一方面,一般情况下保险标的由被保险人控制,其行为有可能会增加保险标的的危险程度甚至导致保险事故的发生。因此,法律对于保险当事人的诚实信用程度的要求要远高于对一般人的要求。

4. 保险合同是附和合同

附和合同也称格式合同或标准合同,是指合同全部内容由一方当事人完全拟定,另一方当事人只能作出全部接受或者全部否定的意思表示的一种合同。保险合同是一种专业性较强的合同，其内容一般是由保险人单方面确定，投保人只能按保险人确定的条款来订立合同。即在订立保险合同时，投保人只能被动地接受、服从或者拒绝保险人提出的条件。因此，各国机构在立法中都作出了有利于投保人的规定。

二、保险合同的基本原则

保险合同的基本原则，是指由保险法确立的调整保险关系的指导思想和基本准则。

1. 最大诚信原则

《保险法》第5条规定："保险活动当事人行使权利、履行义务应当遵循诚实信用原则。"最大诚信原则是保险合同最重要的原则，是指保险活动当事人应当以高于普通合同的诚信态度来行使权利、履行义务的原则。诚信原则是民事法律的首要原则，保险合同的附和性和射幸性决定了它比一般民事活动对于诚信的要求更高。如果合同当事人不能遵守这一原则，不能以最大善意履行各自的义务，那么保险合同的效力将会受到影响。

案例

肖某2003年因患肺气肿无法正常上班，便办了提前病退手续。2005年保险公司业务员上门展业。肖某在得知了有关保险内容后，便要求为自己购买人身保险，保额为50000元。起保日期为2005年5月14日，肖某还在健康询问栏中填写了"健康"字样。此后，肖某一直按时交付保险费。2008年肖某之子携带肖某的死亡证明，到保险公司报案登记，并填写了出险通知书，要求死亡给付。

请问： 该案能否进行保险金赔付？为什么？

2. 保险利益原则

保险利益，也称可保利益，是指投保人或被保险人对保险标的具有的法律上承认的利益。保险利益主要体现了人与标的之间的损益关系，其最主要的判断标准是投保人的利益是否因为保险标的损失而受到损害。各国法律都将保险利益作为保险合同生效的重要条件，主要有两方面的考虑：一是对保险标的具有保险利益的人才具有投保人资格；二是保险利益是认定保险合同有效的重要依据。

（1）人身保险的保险利益认定

人身保险的投保人在保险合同订立时，对被保险人具有保险利益。人身保险以人的寿命和身体作为保险标的，因此投保人对下列人员具有保险利益：本人；配偶、子女、父母；前述以外与投保人有抚养、赡养或扶养关系的家庭其他成员、近亲属；与投保人有劳动关系的劳动者；此外，被保险人同意投保人为其订立合同的，视为投保人对被保险人具有保险利益。订立合同时，投保人对被保险人不具有保险利益的，合同无效。

（2）财产保险的保险利益认定

财产保险的被保险人在保险事故发生时，对保险标的应当具有保险利益。财产保险的保险标的为财产及其有关利益，保险事故发生时，被保险人应为对保险标的具有保险利益的当事人，否则无权向保险人请求赔偿。

📋 案例

甲公司为了避免发生员工上下班途中因为意外而需要赔偿的风险，为本单位员工投保人身保险。

请问： 甲公司对本单位员工是否具有保险利益？保险合同是否成立？

3. 损失补偿原则

损失补偿原则是指保险事故发生使被保险人遭受损失时，保险人应当在约定范围内对被保险人所遭受的实际损失承担赔偿责任的原则，这是保险理赔的基本原则。被保险人的保险标的通过补偿在经济上恢复到受损前的状态，但不能获得额外的利益。

由于人身保险的标的是人的寿命和身体，从普遍的社会观念来看，人身保险的标的的价值是不能用货币来衡量的。人身保险中保险金给付满足的是被保险人的特定需要，而非补偿损失，因此损失补偿原则仅适用于财产保险，而不适用于人身保险。

📋 案例

甲为自己刚买的价值10000元的电视投保了财产险，后因事故该电视完全损毁，甲索赔时，在市场上购买同样的电视机仅需要花费8000元。

请问： 保险公司应给付保险金的金额是多少？

4. 近因原则

近因原则是指保险事故的发生与保险标的的损失，两者之间必须有直接的因果关系，保险人对承保范围内的保险事故作为直接的、最接近的、决定性的原因引起的损失承担保险责任，而对承保范围以外的原因造成的损失，不承担赔偿责任。这里所说的"近因"并不一定是指时间或空间上最接近的原因，而是指造成损失结果出现的最直接的原因。近因原则强调的是保险事故与损害结果之间的因果关系，它的判断依据：一是造成保险标的损失的最直接原因；二是该直接原因属于保险险种的承保范围。

在保险勘查的实践中，造成保险标的损失的原因有可能是一个，也可能是多个，原因既可能是承保的危险也可能是承保范畴之外的危险。如果是单一原因造成的损失，该原因即为近因，保险人的责任容易确定。在两个以上原因先后发生造成损失的情况下，则要以其内部逻辑为依据来判断近因。无论哪种情况下，近因属于保险承保的危险，保险人需要承担赔付责任，否则不需要承担赔付责任。

📋 案例

2020年5月23日，张某以自己为受益人为自己的丈夫李某购买了保险金额为3万元的人身保险。合同中约定免责条款：被保险人因违法、故意犯罪或拘捕、故意自伤、醉酒、斗殴造成人身伤害或身故的，保险公司免除赔偿责任。2021 年 7 月 12 日，李某在追讨债务的过程中与债务人发生口角，被赵某用凳子击中头部，受伤后抢救无效死亡。张某向保险公司索赔，保险公司拒绝。

请问：保险公司是否要承担赔偿责任？说明理由。

三、保险合同的主体

保险合同的主体包括保险合同的当事人和关系人。保险合同的当事人包括投保人和保险人，保险合同的关系人包括被保险人和受益人。

1. 保险合同的当事人

保险合同的当事人指订立保险合同并享有合同规定的权利和承担义务的主体。

（1）投保人

投保人是指与保险人订立保险合同，并按照保险合同约定负有支付保险费义务的人。投保人可以是被保险人本人，也可以是被保险人以外的第三人，但必须具备相应的民事行为能力，并对保险标的具有保险利益。

（2）保险人

保险人又称承保人，是与投保人订立保险合同，并按照合同约定承担赔偿或者给付保险金责任的保险公司。商业保险业务必须由按照《保险法》设立的保险公司以及法律、行政法规规定的其他保险组织经营，其他单位和个人不得经营商业保险业务。

2. 保险合同关系人

保险合同关系人是指在保险事故或者保险合同约定条件满足时，对保险人享有保险金给付请求权的人。

（1）被保险人

被保险人是指财产或者人身受保险合同保障，享有保险金给付请求权的人。投保人与被保险人可以为同一人，也可以为不同人。在人身保险合同中，只有自然人才能成为人身保险合同的被保险人，在以死亡为给付保险金条件的保险合同中，无民事行为能力的人不得成为被保险人，但父母为其未成年子女投保的除外，只是因被保险人死亡给付的保险金总和不得超过国务院保险监督管理机构规定的限额。

（2）受益人

受益人是指人身保险合同中由被保险人或者投保人指定的享有保险金请求权的人。投保人、被保险人可以为受益人。人身保险的受益人由被保险人或者投保人指定，投保人指定受益人时须经被保险人同意。投保人为与其有劳动关系的劳动者投保人身保险，不得指定被保险人及其近亲属以外的人为受益人。被保险人为无民事行为能力人或者限制民事行为能力人的，可由其监护人指定受益人。被保险人或者投保人可以指定一人或者数人为受益人。受益人为数人的，被保险人或者投保人可以确定受益顺序和受益份额；未确定受益份额的，受益人按照相等份额享有受益权，被保险人或者投保人可以变更受益人并书面通知保险人。保险人收到变更受益人的书面通知后，应当在保险单或者其他保险凭证上批注或附贴批单。投保人变更受益人时须经被保险人同意。

四、保险合同的一般规定

（一）保险合同的订立与生效

1. 保险合同的订立

保险合同的订立，应当是投保人与保险人协商一致，遵循公平原则来确定各方的权利和义务的法律行为。除法律、行政法规规定必须保险的外，保险合同自愿订立。投保人提出保险要求，经保险人同意承保，保险合同成立。保险人应当及时向投保人签发保险单或者其他保险凭证。

2. 保险合同的生效

依法成立的保险合同对当事人具有法律约束力的状态即保险合同的生效，依法成立的保险合同自成立时生效。投保人和保险人可以对合同的效力约定附条件或者附期限。保险合同成立后，投保人按照约定交付保险费，保险人按照约定的时间开始承担保险责任。除《保险法》另有规定或者保险合同另有约定外，保险合同成立后，投保人可以解除合同，保险人不得解除合同。

（二）保险合同的内容

《保险法》第18条规定，保险合同应当包括下列事项：①保险人的名称和住所；②投保人、被保险人的姓名或者名称、住所，以及人身保险的受益人的姓名或者名称、住所；③保险标的；④保险责任和责任免除；⑤保险期间和保险责任开始时间；⑥保险金额；⑦保险费以及支付办法；⑧保险金赔偿或者给付办法；⑨违约责任和争议处理；⑩订立合同的年、月、日。此外，投保人和保险人可以约定与保险有关的其他事项。

（三）投保人的义务

1. 如实告知义务

订立保险合同，保险人就保险标的或者被保险人的有关情况提出询问的，投保人应当如实告知。投保人故意或者因重大过失未履行如实告知义务，足以影响保险人决定是否同意承保或者提高保险费率的，保险人有权解除合同。值得注意的是，合同解除权自保险人知道有解除事由之日起，超过30日不行使而消灭。自合同成立之日起超过2年的，保险人不得解除合同；发生保险事故的，保险人应当承担赔偿或者给付保险金的责任。

投保人故意不履行如实告知义务的，保险人对于合同解除前发生的保险事故，不承担赔偿或者给付保险金的责任，并不退还保险费。

投保人因重大过失未履行如实告知义务，对保险事故的发生有严重影响的，保险人对于合同解除前发生的保险事故，不承担赔偿或者给付保险金的责任，但应当退还保险费。

保险人在合同订立时已经知道投保人未如实告知的情况的，保险人不得解除合同；发生保险事故的，保险人应当承担赔偿或者给付保险金的责任。

案例

2020年1月12日，自然人张某为其父亲投保了甲保险公司的两全险，约定保险金额20万元，受益人为张某。同年7月3日，被保险人在家中死亡。7月28日，张某向甲保险公司提出理赔请求，保险公司经调查发现，被保险人在参保前曾因甲状腺结节在当地医院住院15天，住院期间进行了甲状腺结节切除手术，但张某在投保时未告知保险公司，严重影响了保险公司的承保决定，保险公司以此为理由拒绝了赔付。张某不服，向人民法院提起诉讼，根据已查明的事实，被告甲保险公司业务员李某在与张某签订保险合同时，既未对保险合同的内容向投保人、被保险人履行说明义务，也未对保险合同中的免责条款作出提示或明确说明，又未就投保单中的"健康告知事项"进行询问，而只是在填写完投保单的所有告知事项及声明内容后，让投保人和被保险人签字。

请问：法院应如何作出判决？说明理由。

2. 及时通知义务

投保人、被保险人或者受益人知道保险事故发生后，应当及时通知保险人。故意或者因重大过失未及时通知，致使保险事故的性质、原因、损失程度等难以确定的，保险人对无法确定的部分，不承担赔偿或者给付保险金的责任，但保险人通过其他途径已经及时知道或者应当及时知道保险事故发生的除外。

保险标的转让的，保险标的的受让人承继被保险人的权利和义务。保险标的转让的，被保险人或者受让人应当及时通知保险人，但货物运输保险合同和另有约定的合同除外。被保险人、受让人未履行及时通知义务的，因转让导致保险标的危险程度显著增加而发生的保险事故，保险人不承担赔偿保险金的责任。

在合同有效期内，保险标的的危险程度显著增加的，被保险人应当按照合同约定及时通知保险人，保险人可以按照合同约定增加保险费或者解除合同。保险人解除合同的，应当将已收取的保险费，按照合同约定扣除自保险责任开始之日起至合同解除之日止应收的部分后，退还投保人。被保险人未履行危险程度显著增加的通知义务的，因保险标的的危险程度显著增加而发生的保险事故，保险人不承担赔偿保险金的责任。

(四) 保险人的义务

1. 说明义务

说明义务指保险人在合同订立阶段，依法对保险合同的有关情况向投保人进行必要的

解释的义务。这包括两方面的含义：说明合同条款内容的义务与说明免责条款的义务。我国《保险法》规定，订立保险合同，采用保险人提供的格式条款的，保险人向投保人提供的投保单应当附格式条款，保险人应当向投保人说明合同的内容。对保险合同中免除保险人责任的条款，保险人在订立合同时应当在投保单、保险单或者其他保险凭证上作出足以引起投保人注意的提示，并对该条款的内容以书面或者口头形式向投保人作出明确说明；未作提示或者明确说明的，该条款不产生效力。采用保险人提供的格式条款订立的保险合同中的下列条款无效：①免除保险人依法应承担的义务或者加重投保人、被保险人责任的；②排除投保人、被保险人或者受益人依法享有的权利的。

《保险法》对保险人的说明义务作出规定，是考虑到保险合同是格式合同，合同条款具有较强的专业性，且保险人具备较强的经济实力，因此需要通过必要的解释说明来避免纠纷的发生。

2．理赔义务

保险人收到被保险人或者受益人的赔偿或者给付保险金的请求后，应当及时作出核定；情形复杂的，应当在30日内作出核定，但合同另有约定的除外。保险人应当将核定结果通知被保险人或者受益人；对属于保险责任的，在与被保险人或者受益人达成赔偿或者给付保险金的协议后10日内，履行赔偿或者给付保险金义务。保险合同对赔偿或者给付保险金的期限有约定的，保险人应当按照约定履行赔偿或者给付保险金义务。保险人未及时履行前述规定义务的，除支付保险金外，应当赔偿被保险人或者受益人因此受到的损失。任何单位和个人不得非法干预保险人履行赔偿或者给付保险金的义务，也不得限制被保险人或者受益人取得保险金的权利。

保险人依法作出核定后，对不属于保险责任的，应当自作出核定之日起3日内向被保险人或者受益人发出拒绝赔偿或者拒绝给付保险金通知书，并说明理由。保险人自收到赔偿或者给付保险金的请求和有关证明、资料之日起60日内，对其赔偿或者给付保险金的数额不能确定的，应当根据已有证明和资料可以确定的数额先予支付；保险人最终确定赔偿或者给付保险金的数额后，应当支付相应的差额。人寿保险以外的其他保险的被保险人或者受益人，向保险人请求赔偿或者给付保险金的诉讼时效期间为2年，自其知道或者应当知道保险事故发生之日起计算。人寿保险的被保险人或者受益人向保险人请求给付保险金的诉讼时效期间为5年，自其知道或者应当知道保险事故发生之日起计算。

（五）保险合同的变更

投保人和保险人可以协商变更合同内容。变更保险合同的，应当由保险人在保险单或者其他保险凭证上批注或者附贴批单，或者由投保人和保险人订立变更的书面协议。

（六）保险合同的解除

除《保险法》另有规定或者保险合同另有约定外，保险合同成立后，投保人可以解除合同，保险人不得解除合同。可见，保险合同生效后即具有法律效力，当事人不得任意解除。一方当事人要行使解除权来解除合同效力，必须具备相应的条件。对投保人的合同解除权，保险法采取了任意性的规定方法，仅仅限定在法律另有规定或者保险合同另有约定情况下不得解除，反之，可以依其意志和实际需要解除保险合同。对于保险人的合同解除权，《保险法》采取了强制性的规定方法，只有存在法定或合同约定事由时，保险人才能解除保险合同。

任务三　人身保险合同和财产保险合同

一、人身保险合同

人身保险合同是以人的寿命和身体作为保险标的的保险合同，投保人按照合同的约定向保险人支付保险费，保险人对被保险人在保险期内因保险事故导致的疾病、伤残、死亡，或者达到合同约定的期限、年龄等条件时，向被保险人或者受益人给付保险金的商业保险合同。

（一）人身保险合同的特征

1. 保险期限的长期性

人身保险合同尤其是以人的寿命为标的的保险合同，保险期限往往十几年、几十年甚至终生，相比于财产保险合同，期限更长，属于长期合同。

2. 保险标的的限定性

人身保险以人的寿命和身体为保险标的，都来自自然人，其保险利益来自被保险人和投保人基于身份关系所形成的人身利益和人格利益。而财产保险合同的保险标的是财产及有关利益。

3. 保险金额的定额性

从社会伦理的角度来看，人的身体和寿命是无价的，被保险人因保险事故所遭受的损失是难以衡量的，因此人身保险合同中的保险金额是事先约定的，而非对保险标的的价值认定，人身保险合同是定额保险合同。

4. 保险责任的给付性

人的身体和寿命的价值是无法计算的，保险事故对被保险人造成的损失难以用确定的货币数额进行衡量，因此在保险事故发生或者约定的期限届满时，保险人需要按照约定承担给付保险金的责任。

（二）人身保险合同的分类

1. 人寿保险合同、健康保险合同和意外伤害保险合同

按照保障范围的不同，人身保险合同可以分为人寿保险合同、健康保险合同和意外伤害保险合同。

（1）人寿保险合同指以被保险人的生命作为保险标的，以生死作为保险事故的保险合

同，即在投保人和保险人约定的期限内被保险人死亡的，或者期限届满时被保险人仍然生存的，由保险人承担给付保险金责任的保险合同。人寿保险合同是最先出现的人身保险合同。人寿保险合同又可细分为死亡保险合同、生存保险合同和生死两全保险合同等。

（2）健康保险合同又称"疾病保险合同"，指投保人交付保险费，被保险人在约定的期限内因发生疾病而支付医疗费用或者因疾病致伤残或者死亡时，由保险人按照合同约定给付保险金的保险合同。根据约定的疾病及结果不同，健康保险合同可以分为疾病保险合同、医疗保险合同、护理保险合同、失能收入损失保险合同等多种具体形式。

（3）意外伤害保险合同指投保人交付保险费后，在保险期限内，当被保险人因遭受意外事故而致伤残或死亡时，受益人可以向保险人要求给付约定保险金的人身保险合同。该保险合同既可以作为独立的合同存在，也可以作为一种从合同附加于人寿保险合同。

2. 单独人身保险合同和团队人身保险合同

依据被保险人的人数，人身保险合同可以分为单独人身保险合同和团队人身保险合同。单独人身保险合同是被保险人为单独一个人的人身保险合同；团队人身保险合同则是以整个团队的团队成员或者团队成员的家庭成员为被保险人的人身保险合同。

3. 自愿保险合同和强制保险公司

按照投保人的意愿，人身保险合同可以分为自愿保险合同与强制保险合同。自愿保险合同是投保人自愿与保险人协商订立的人身保险合同；强制保险合同则是由法律、行政法规规定，强制要求投保人与保险人订立的人身保险合同，所以又叫"法定保险合同"，如机动车交通事故责任险合同等。

（三）人身保险合同的特殊条款与规则

保险合同是格式合同，虽然是保险合同中关系人的真实意思表示，但是由于人身保险的特殊性，《保险法》对人身保险合同作出了一些特殊的规定。

1. 年龄申报不实条款

人身保险合同中被保险人的年龄对保险人决定是否承保、确定保险费率的高低都有重大影响，投保人有如实告知的义务。但是在实践中，投保人往往会出于各种原因而未能履行该义务。如果投保人误报被保险人的年龄，对人身保险合同效力的影响则要视具体情况而定。

《保险法》第32条规定，投保人申报的被保险人年龄不真实，并且其真实年龄不符合合同约定的年龄限制的，保险人可以解除合同，并按照合同约定退还保险单的现金价值。投保人申报的被保险人年龄不真实，致使投保人支付的保险费少于应付保险费的，保险人有权更正并要求投保人补交保险费，或者在给付保险金时按照实付保险费与应付保险费的比例支付。投保人申报的被保险人年龄不真实，致使投保人支付的保险费多于应付保险费的，保险人应当将多收的保险费退还投保人。

 **案例**

2021年5月19日，张某为其女儿投保人寿保险，保险金8万元，保险费320元，保险合同规定被保险人的最低年龄为16周岁，在投保时张某女儿未满16周岁，张某为了顺利投保，谎报了女儿的出生日期，并顺利订立了保险合同。后张某女儿落水身亡，张某向保险公司提出索赔申请。保险公司经调查发现张某在投保时存在谎报年龄的情况，作出不予赔付的决定，并向张某发出了拒绝赔付通知书。

请问：保险公司作出不予赔付的决定是否正确？说明理由。

2．死亡保险合同的特殊条款

死亡合同是以被保险人身故作为保险标的的合同，也就是说保险事故发生后，只有保险受益人能够获得保险合同约定的赔偿保险金，因此，这在实践中极容易产生道德风险，为了防止这种风险的发生，各国保险法都对死亡保险合同作出了限制性规定。我国《保险法》的限制性规定如下：

（1）<u>投保人不得为无民事行为能力人投保以死亡为给付保险金条件的人身保险，保险人也不得承保。</u>父母为其未成年子女投保的人身保险，不受此规定限制。但是，因被保险人死亡给付的保险金总和不得超过国务院保险监督管理机构规定的限额。

（2）以死亡为给付保险金条件的合同，未经被保险人同意并认可保险金额的，合同无效。按照以死亡为给付保险金条件的合同所签发的保险单，未经被保险人书面同意，不得转让或者质押。父母为其未成年子女投保的人身保险，不受被保险人同意并认可保险金额规定的限制。

3．宽限期条款

宽限期条款又称"交付保险费宽限期条款"，指在保险合同约定的或者法定的期限内，允许投保人向保险人缓交保险费的条款。法律设置宽限期条款的目的是通过给予投保人一定期间的优惠，避免合同非故意失效、保全保险人业务。投保人可以按照合同约定向保险人一次支付全部保险费或者分期支付保险费。合同约定分期支付保险费的，投保人支付首期保险费后，除合同另有约定外，<u>投保人自保险人催告之日起超过30日未支付当期保险费，或者超过约定的期限60日未支付当期保险费的，合同效力中止，或者由保险人按照合同约定的条件减少保险金额。</u>被保险人在前述规定期限内发生保险事故的，保险人应当按照合同约定给付保险金，但可以扣减欠交的保险费。保险人对人寿保险的保险费，不得用诉讼方式要求投保人支付。

4．保险合同效力的中止和恢复条款

保险合同效力的中止和恢复条款是指人身保险合同因投保人在宽限期届满后仍未交付保险费的，保险合同暂时中止，投保人在法定期限内申请，经保险人同意恢复保险合同效力的条款。保险合同效力中止期间，保险人不承担保险责任，但保险合同本身并没有失效。合同效力依照《保险法》规定中止的，经保险人与投保人协商并达成协议，在投保人补交保险费后，合同效力恢复。但是，自合同效力中止之日起满两年双方未达成协议的，保险人有权解除合同。保险人依法解除合同的，应当按照合同约定退还保险单的现金价值。

5. 受益人条款

投保人在指定和变更受益人时要受到被保险人的限制。

（1）受益人的指定。受益人的指定是指保险合同的投保人、被保险人确定保险金的受益主体的行为。被保险人或者投保人可以在保险合同订立时指定受益人，也可以在合同成立后保险事故发生前指定受益人。人身保险的受益人由被保险人或者投保人指定。投保人指定受益人时须经被保险人同意。投保人为与其有劳动关系的劳动者投保人身保险，不得指定被保险人及其近亲属以外的人为受益人。被保险人为无民事行为能力人或者限制民事行为能力人的，可以由其监护人指定受益人。被保险人或者投保人可以指定一人或者数人为受益人。受益人为数人的，被保险人或者投保人可以确定受益顺序和受益份额；未确定受益份额的，受益人按照相等份额享有受益权。

（2）受益人的变更。受益人的变更是投保人或者被保险人指定受益人后，在保险事故发生前，更换受益人的行为。被保险人或者投保人可以变更受益人并书面通知保险人。保险人收到变更受益人的书面通知后，应当在保险单或者其他保险凭证上批注或者附贴批单。投保人变更受益人时须经被保险人同意。

（3）受益权的转移。受益人享有的受益权是一种期待权，在保险事故发生前是不会实现的，只有当保险事故发生时，才能转化为现实的权利。《保险法》第42条规定，被保险人死亡后，有下列情形之一的，保险金作为被保险人的遗产，由保险人依照《继承法》的规定履行给付保险金的义务：①没有指定受益人，或者受益人指定不明无法确定的；②受益人先于被保险人死亡，没有其他受益人的；③受益人依法丧失受益权或者放弃受益权，没有其他受益人的。<u>受益人与被保险人在同一事件中死亡，且不能确定死亡先后顺序的，推定受益人死亡在先。</u>

（4）受益权的丧失。如果被保险人或者投保人没有变更受益人，受益权尚未发生转移，但若出现法定情况的，受益权还会因法律事实而丧失：投保人故意造成被保险人死亡、伤残或者疾病的，保险人不承担给付保险金的责任。投保人已交足两年以上保险费的，保险人应当按照合同约定向其他权利人退还保险单的现金价值。受益人故意造成被保险人死亡、伤残、疾病的，或者故意杀害被保险人未遂的，该受益人丧失受益权。

6. 自杀条款

自杀条款是指在合同成立或者合同效力恢复之日起一定时间内，被保险人因自杀导致死亡的，保险责任的承担的相关条款。《保险法》第44条规定，以被保险人死亡为给付保险金条件的合同，自合同成立或者合同效力恢复之日起两年内，被保险人自杀的，保险人不承担给付保险金的责任，但被保险人自杀时为无民事行为能力人的除外。保险人依照前述规定不承担给付保险金责任的，应当按照合同约定退还保险单的现金价值。

7. 保险单的现金价值条款

人身保险单的现金价值，又称"退保金"或"退保价值"，是指人身保险合同终止时，由保险人依法退还给投保人的金额。因被保险人故意犯罪或者抗拒依法采取的刑事强制措施导致其伤残或者死亡的，保险人不承担给付保险金的责任。投保人已交足两年以上保险费的，保险人应当按照合同约定退还保险单的现金价值。投保人解除合同的，保险人应当自收到解除合同通知之日起30日内，按照合同约定退还保险单的现金价值。

二、财产保险合同

与人身保险合同不同，财产保险合同是以财产及其有关利益为保险标的的保险合同，即投保人以交付保险费为条件同保险人约定，保险人在被保险人的财产及相关利益发生保险责任范围内的损失时，由保险人承担赔偿责任的保险合同。

（一）财产保险合同的特征

相对于人身保险合同，财产保险合同具有以下特征：

（1）财产保险合同的保险标的为财产及与财产有关的利益。这是财产保险合同区别于人身保险合同的基本特征，它决定了保险标的可以随其所有权转移而转移。保险标的转让的，保险标的的受让人承继被保险人的权利和义务。保险标的转让的，被保险人或者受让人应当及时通知保险人，但货物运输保险合同和另有约定的合同除外。这种情况在人身保险合同中是不存在的。

（2）财产保险合同是一种损失补偿合同。财产保险的原则是约定保险事故发生时对保险标的的实际损失进行补偿，避免被保险人获得额外的利益。投保人和保险人约定保险标的的保险价值并在合同中载明的，保险标的发生损失时，以约定的保险价值为赔偿计算标准。投保人和保险人未约定保险标的的保险价值的，保险标的发生损失时，以保险事故发生时保险标的的实际价值为赔偿计算标准。保险金额不得超过保险价值。超过保险价值的，超过部分无效，保险人应当退还相应的保险费。保险金额低于保险价值的，除合同另有约定外，保险人按照保险金额与保险价值的比例承担赔偿保险金的责任。

（3）财产保险合同实行保险代位制度。这一特征是由财产保险合同的补偿性决定的。如果被保险人在获得赔偿保险金的同时，又从事故责任者处得到赔偿，那么，显然违背了损失补偿原则。因此，《保险法》规定，保险人赔偿保险金后，可以在赔偿金额范围内代为行使被保险人对事故责任者请求赔偿的权利。

（二）财产保险合同的分类

根据保险标的不同，财产保险合同可以分为财产损失保险合同、责任保险合同、信用保险合同和保证保险合同。

1. 财产损失保险合同

财产损失保险合同即有形财产保险合同，是指投保人与保险人达成协议，由保险人对承保的处于合同约定的固定地点的有形财产及其有关利益因发生保险事故造成的财产损失承担赔偿责任的保险合同。财产损失是指因财产毁损、灭失而导致的财产价值减少或者丧失,包括直接的物质损失,以及因采取施救措施而引起的必要的、合理的费用开支。财产损失保险合同一般有企业财产保险合同、利润财产保险合同、家庭财产保险合同、运输工具财产保险合同、货物运输保险合同、工程保险合同、农业保险合同等。

2. 责任保险合同

责任保险合同,是指以被保险人对第三者应负的法律责任为保险标的的保险合同,其标的具体是被保险人的违约责任或侵权责任。责任保险公司主要包括公众责任保险合同、产品责任保险合同、雇主责任保险合同和职业责任保险合同等。

保险人对责任保险的被保险人给第三者造成的损害,可以依照法律的规定或者合同的约定,直接向该第三者赔偿保险金。责任保险的被保险人给第三者造成损害,被保险人对第三者应负的赔偿责任确定的,根据被保险人的请求,保险人应当直接向该第三者赔偿保险金。被保险人怠于请求的,第三者有权就其应获赔偿部分直接向保险人请求赔偿保险金。责任保险的被保险人给第三者造成损害,被保险人未向该第三者赔偿的,保险人不得向被保险人赔偿保险金。责任保险的被保险人因给第三者造成损害的保险事故而被提起仲裁或者诉讼的,被保险人支付的仲裁或者诉讼费用以及其他必要的、合理的费用,除合同另有约定外,由保险人承担。

3. 信用保险合同

信用保险合同,是指以各种信用为保险标的,当债务人未履行到期清偿义务时,由保险人负责赔偿的保险合同。按照信用类型不同,信用保险合同可以分为商业信用保险合同、银行信用保险合同、投资信用保险合同;按照保险标的流向不同,信用保险合同可以分为进口信用保险合同和出口信用保险合同。

4. 保证保险合同

保证保险合同,是指由保险人为保证人向权利人提供担保,为被保证人的行为对权利人所造成的经济损失承担赔偿责任的一种财产保险合同。保证保险合同分为确实保证保险合同和诚实保证保险合同两类。前者指投保人向保险人交付保险费,并约定保险人在被保险人不履行义务而使权利人遭受损失时承担赔偿责任的保险合同。后者又称为忠诚保证保险合同、雇员忠诚保险合同,指投保人向保险人支付保险费,保险人在因被保险人的雇员的不诚实行为而受到损失时承担保险责任的保险合同。

(三)保险价值与保险金额

损失赔偿的确定以保险价值为基础。投保人和保险人约定保险标的的保险价值并在合同中载明的,保险标的发生损失时,以约定的保险价值为赔偿计算标准。投保人和被保险人未约定保险标的的保险价值的,保险标的发生损失时,以保险事故发生时保险标的的实际价值为赔偿计算标准。

保险金额是保险人承担赔偿或者给付保险金责任的最高限额。财产保险合同的保险金额是按保险标的的实际价值确定的,保险金额一般不得高于保险财产的实际价值。

1. 保险价值与保险金额的三种关系

（1）如果保险金额低于保险价值，在保险标的发生损失后，除合同另有约定外，保险人按照保险金额与保险价值的比例承担赔偿保险金的责任。

（2）如果保险金额等于保险价值，在保险标的发生损失后，被保险人按照实际损失获得足额的赔偿。

（3）如果保险金额大于保险价值，各国一般禁止这种情况，如我国《保险法》规定，保险金额不得超过保险价值。超过保险价值的，超过部分无效，保险人应当退还相应的保险费。

2. 重复保险

重复保险指投保人就同一保险标的、同一保险利益、同一保险事故分别与两个以上保险人订立保险合同，且保险金额总和超过保险价值的保险。根据我国《保险法》的规定，重复保险的投保人应当将重复保险的有关情况通知各保险人。重复保险的各保险人赔偿保险金的总和不得超过保险价值。除合同另有约定外，各保险人按照其保险金额与保险金额总和的比例承担赔偿保险金的责任。重复保险的投保人可以就保险金额总和超过保险价值的部分，请求各保险人按比例返还保险费。

（四）保险代位权制度

我国《保险法》对代位权制度的规定只适用于财产保险，即财产保险的保险人，在履行了损失赔偿义务后，可以在赔偿金额范围内，代位行使向造成损失的第三者请求赔偿的权利的制度。保险代位权具有以下五个特征：①保险人因保险事故对有过错的第三人享有赔偿请求权，这是代位权产生的基础；②保险代位权的产生必须是在保险人赔偿或给付保险金之后；③保险代位权的范围不得超过保险人给付的赔偿金额；④代位求偿权在被保险人取得保险给付后自动转移给保险人；⑤被保险人有义务协助保险人向第三人追偿，不得损害保险人行使代位求偿权。

代位权制度是财产保险合同补偿性的具体体现。<u>因第三者对保险标的的损害而造成保险事故的，保险人自向被保险人赔偿保险金之日起，在赔偿金额范围内代位行使被保险人对第三者请求赔偿的权利。</u>因第三者对保险标的的损害而造成的保险事故发生后，被保险人已经从第三者取得损害赔偿的，保险人赔偿保险金时，可以相应扣减被保险人从第三者已取得的赔偿金额。保险人依照规定行使代位请求赔偿的权利，不影响被保险人就未取得赔偿的部分向第三者请求赔偿的权利。

人身保险中则禁止保险人进行追偿，也就是不适用保险代位权规则。《保险法》第46条规定："被保险人因第三者的行为而发生死亡、伤残或者疾病等保险事故的，保险人向被保险人或者受益人给付保险金后，不享有向第三者追偿的权利，但被保险人或者受益人仍有权向第三者请求赔偿。"

在实践中，行使代位求偿权还需要注意以下问题：

（1）保险事故发生后，保险人未赔偿保险金之前，被保险人放弃对第三者请求赔偿的权利的,保险人不承担赔偿保险金的责任。保险人向被保险人赔偿保险金后,被保险人未经保险人同意放弃对第三者请求赔偿的权利的,该行为无效。被保险人故意或者因重大过失致使保险人不能行使代位请求赔偿的权利的,保险人可以扣减或者要求返还相应的保险金。

(2)<u>除被保险人的家庭成员或者其组成人员故意造成的保险事故外,保险人不得对被保险人的家庭成员或者其组成人员行使代位请求赔偿的权利</u>。该规定的目的是防止因被追偿的亲属等与被保险人具有一定的利益关系,而使保险赔偿失去意义。

(3)保险人向第三者行使代位请求赔偿的权利时,被保险人应当向保险人提供必要的文件和所知道的有关情况。

案例

张某为自己的轿车购买了全车盗抢险,合同约定保险责任为"保险期间,被保险机动车的下列损失和费用,且不属于免除保险人责任的范围,保险人依照本保险合同的约定负责赔偿:(一)被保险机动车被盗窃、抢劫、抢夺,经出险当地县级以上公安刑侦部门立案证明,满60天未查明下落的全车损失……"

保险期限内的某日张某的妻子李某将车辆开到洗车店进行清洗,将钥匙交给店内人员后离开。王某观察李某离开后,进入洗车店支付了洗车费用,并假装车主将车开走,然后将车卖掉。后王某被当地中级人民法院判诈骗罪,裁定书载明"王某支付洗车费后取得车辆钥匙,将汽车骗走"。

请问:按照保险合同,保险公司需要向车主进行赔付吗?保险公司能取得对洗车店的代位求偿权吗?说明理由。

(五)保险合同的解除

保险合同的解除即保险合同成立后,因出现法定事由或当事人的约定事由,保险合同当事人行使合同解除权,使保险合同关系归于消灭的行为。《保险法》第15条规定:"除本法另有规定或者保险合同另有约定外,保险合同成立后,投保人可以解除合同,保险人不得解除合同。"

其中的另有规定主要包括以下情形:①货物运输保险合同和运输工具航程保险合同,保险责任开始后,合同当事人不得解除合同;②因保险标的转让导致危险程度显著增加的,保险人自收到规定的通知之日起30日内,可以按照合同约定增加保险费或者解除保险合同。保险人解除合同的,应当将已收取的保险费,按照合同约定扣除自保险责任开始之日起至合同解除之日止应收的部分后,退还投保人。保险标的发生部分损失的,自保险人赔偿之日起30日内,投保人可以解除合同,除合同另有约定外,保险人也可以解除合同,但应当提前15日通知投保人。合同解除的,保险人应当将保险标的未受损失部分的保险费,按照合同约定扣除自保险责任开始之日起至合同解除之日止应收的部分后,退还投保人。

练一练

一、名词解释

保险　保险合同　保险利益　近因原则　重复保险

二、判断题

1. 保险合同中保险人是否给付赔偿金或履行赔偿义务，取决于是否发生合同约定的保险事故，所以说保险和赌博一样都有运气的成分。（　　）
2. 人身保险要求投保人对被保险人具有保险利益。（　　）
3. 保险合同约定投保人应承担的基本责任是交付保险费，通常也是保险合同生效的必要条件。（　　）
4. 根据我国法律法规规定，商业银行的每个网点在同一会计年度内不得与3家以上保险公司（以单独法人机构为计算单位）开展保险业务合作。（　　）
5. 以死亡为给付责任的被保险人自杀身亡的，无论合同成立的时间长短，保险人都不需要承担赔偿责任。（　　）

三、单项选择题

1. 财产保险要求（　　）一定要有保险利益。
   A. 投保时　　　　　　　　　　B. 保险事故发生时
   C. 被保险人索赔时　　　　　　D. 解除合同时
2. 以下事项发生时不需要向投保人通知的是（　　）。
   A. 危险增加　　　　　　　　　B. 承保危险发生
   C. 受益人变更　　　　　　　　D. 投保人收入增加
3. 保险合同是（　　），指其合同全部内容由一方当事人完全拟定，另一方当事人只能做出全部接受或者全部否定意思表示的一种合同。
   A. 单务合同　　　　　　　　　B. 射幸合同
   C. 最大诚信合同　　　　　　　D. 附和合同
4. 根据我国《保险法》的规定，代位权制度适用于（　　）。
   A. 人寿保险　　　　　　　　　B. 健康保险
   C. 财产保险　　　　　　　　　D. 意外伤害险
5. 某日，张某房东之子将张某已经投保的一辆汽车损坏，花费维修费1800元。因房东之子未成年，房东与张某达成协议：免收一个月的房租1500元以抵扣车辆维修的花费，张某不再向房东索要赔偿。后张某将该保险事故报保险公司进行索赔。保险公司应（　　）。
   A. 赔偿1800元　　　　　　　　B. 赔偿300元
   C. 赔偿1500元　　　　　　　　D. 不再承担赔偿责任

四、多项选择题

1. 以下符合保险利益的有（　　）。
   A. 甲以同事乙为被保险人购买人寿保险合同一份

B．为庆祝孩子出生，甲高兴之余决定为孩子购买一份人身保险

C．甲公司为其公司的关键生产设备投保财产险一份

D．甲公司为已经投保财产险的厂房再次购买财产险一份

2．根据我国《保险法》的规定，（   ）等情况下，保险人可以解除保险合同。

A．投保人故意隐瞒事实不履行如实告知义务

B．在财产保险中，被保险人未按约定履行其对标的安全应尽的责任

C．在人身保险中，合同效力中止超过两年

D．在人身保险合同中，被保险人未指定受益人

3．张某以自有轿车为标的向保险公司投保财产险，保险事故包括自燃。某日，投保车辆在行驶过程中起火，张某积极施救，但车辆仍然有部分损失，并且农户晾晒在路边的玉米被烧毁。保险公司应对（   ）承担赔偿责任。

A．车辆维修费 800 元

B．张某误工费 400 元

C．农户损失的玉米价值 400 元

D．张某乘其他车辆返回的交通费 80 元

4．信用保险合同按照信用类型不同可以分为（   ）。

A．商业信用保险合同　　　　　　　B．银行信用保险合同

C．投资信用保险合同　　　　　　　D．进口保险合同

5．根据我国《保险法》的规定，保险价值可以（   ）保险金额。

A．大于　　　　B．小于　　　　C．等于　　　　D．以上皆错

五、思考题

1．简述保险合同的基本原则。

2．简述保险合同的主要条款。

3．简述投保人如实告知义务的主要内容。

4．简述人身保险合同中自杀条款的主要内容。

5．简述财产保险合同的特征。

六、案例分析题

保险公司的业务员张某与投保人王某是同学。在张某向王某推销保险产品后，由于王某在外地出差，王某让张某到自己家中找自己的妻子收取保险费。张某遂到王某家中找到王某的妻子取得了保险费，并代替王某在投保书上签字。投保书所记载的投保人与被保险人均为王某，投保的险种为重大疾病保险，保险期限为终生，交纳保险费期限为 20 年，每年应交付保险费为 2000 元。王某出差回到北京以后，张某将保险合同及保险费发票交给了王某。此后，王某每年正常交付保险费，累计交付 12000 元。直到 2006 年，王某、张某关系恶化，王某遂起诉保险公司，以投保书不是自己亲笔签字为由要求退还全部保险费。

请问：王某的诉讼请求是否能得到法院的支持？说明理由。

项目十二　信托法

【学习目标】

通过本项目的学习,学生能够:
1. 掌握信托设立的条件、信托无效和可撤销的情形。
2. 掌握信托财产的独立性,了解信托当事人的权利义务。
3. 熟悉信托的概念、特征和功能。
4. 了解公益信托,掌握信托公司的设立条件、经营范围、经营规则。
5. 了解作为金融从业人员在从事信托业务时应珍惜客户的信任,为客户的利益尽职负责。

导入案例

张某与李某离婚后与朋友合开了一家公司。2021年3月,张某出资50万元委托甲信托公司为其上初中的儿子设立大学教育金信托。2022年12月甲信托公司因连续两年年检不合格,被中国人民银行依法撤销。后续乙信托公司受张某委托继续管理该大学教育金信托。2023年6月张某在交通意外中死亡,在处理张某的遗产时,张某儿子之外的继承人主张对该50万元信托资金有继承权。

讨论:1. 甲信托公司被撤销是否对该信托的存续产生影响?
2. 甲信托公司被撤销后,张某是否可以再自行选择受托人?
3. 张某的其他继承人对该50万元信托资金有继承权吗?

任务一　信托概述

一、信托的概念与特征

在我国,信托是一种理财制度,或称之为财产管理制度,同时也是一种金融制度。信托制度在社会公益、融通资金、财产管理等方面都发挥了突出的作用。

(一)信托的概念

《信托法》第2条规定,信托,是指委托人基于对受托人的信任,将其财产权委托给受托人,由受托人按委托人的意愿以自己的名义,为受益人的利益或者特定目的,进行管理或者处分的行为。

在其他国家的信托法中也有类似的描述,信托是一种建立在信任基础上的,委托人将自己财产委托给受托人进行管理或者处分的代人理财的金融制度。受托人将运用财产实现受益人的利益或者特定目的。

(二)信托的特征

1. 信托以信任为基础

信托的核心内容是"受人之托,代人理财",这种托付以信任为基础,有信任才有托付。在信托业务中,受托人可以自行决定资金的运用方式,其拥有的充分决策权正是由于委托人对受托人的充分信任。如果委托人不信任受托人,则信托行为不会产生,信托关系也就不可能存在。

2. 信托是一种多边关系

信托行为往往涉及三方当事人,即委托人、受托人和受益人。委托人是以自己合法所有的财产设立信托的当事人;受托人是由委托人选定,按照委托人的要求以自己的名义管理和处分信托财产的当事人;受益人是在信托业务中享有信托受益权的当事人。

3. 信托财产所有权的移转与分离

信托是以信托财产为核心的财产管理制度,委托人将财产所有权移转给受托人,使委托人的财产所有权转化为信托财产所有权。同时,信托财产所有权在受托人与受益人之间发生分离:一方面将信托财产所有权中的处分权和经营管理权配置给受托人,即受托人具有信托财产的经营管理权和处分权;另一方面将信托财产所有权中的收益权配置给受益人,即受益人享有信托财产的受益权。

4. 信托民事责任的有限性

信托财产的独立性,直接决定了受托人以信托财产为限承担民事责任。一方面,在信托关系中,只要受托人履行了自己的义务,没有违反信托文件的规定和诚实信用原则,即使未能使信托财产增值获利或造成了信托财产的损失,受托人也不需以自己所有的财产对信托的债务承担责任。另一方面,如果信托财产在运作过程中发生对第三方的侵权,不要求委托人和受益人以自己所有的财产承担责任,只需以信托财产为限独立承担民事责任。

思考与讨论

信托与委托代理的区别是什么?

5. 信托财产管理的受制性

信托制度要求委托人必须将信托财产及其相应的经营管理权处分权全部转移给受托人。为保证实现委托人的意愿与受益人的利益,信托从一开始就必须设立合法的信托目的,并要求受托人遵循信托目的来管理或处分信托财产。所以受托人对信托财产的管理、处分受制于设立的信托目的,受托人不能利用其受托人的身份为自己谋取利益。

二、信托的分类

信托作为一种金融制度,具有其他制度难以比拟的灵活性和广泛适用性,在法律、行政类法规规定范围内,可以满足委托人的各种需求,已形成了纷繁复杂的信托类型。

(一)私益信托和公益信托

按照信托目的的不同,信托可分为私益信托和公益信托,即出于私益目的设立的信托,属于私益信托;出于公益目的设立的信托,属于公益信托。

其中在私益信托中,又可以按照受托人的性质和设立信托的具体目的,分为营业信托和非营业信托。营业信托是个人或法人以财产增值为目的,委托营业性信托机构进行财产经营而设立的信托。非营业信托即民事信托,是个人为抚养、扶养、赡养、处理遗产等目的,委托受托人以非营利业务进行财产管理而设立的信托。相对于私益信托,公益信托是出于发展公益事业的目的而设立的信托,该信托财产只能用于公益事业。

(二)明示信托、默示信托和法定信托

按照信托设立的意思表示不同,信托可以分为明示信托、默示信托、法定信托。明示信托,是指委托人以明确的意思表示而设立的信托。该明确的意思表示采取信托合同的形式、遗嘱的形式以及其他信托文件的形式。默示信托,是指非经委托人的明确意思表示,而根据对事实和当事人行为的解释产生的信托,这种信托是英美法系衡平法上的一种推定信托。法定信托,是指国家法律明令规定当事人必须设立的信托,是因法律的强制规定而产生的信托。

(三)自益信托和他益信托

按照受益人与委托人的关系不同,信托可以分为自益信托和他益信托。自益信托,是指受益人和委托人是同一人,委托人设立信托是为了自己的利益。他益信托,是指受益人为第三人,委托人设立信托是为了第三人的利益,委托人与受益人不是同一人。

任务二 信托基本法律制度

信托法是调整信托关系的法律规范的总称。信托法有广义和狭义之分,广义的信托法包括一切与调整信托关系有关的法律、行政法规和行政规章;狭义的信托法仅指《中华人民共和国信托法》。本书提到的信托法仅指狭义的信托法。

一、信托的设立

信托的设立,是指信托当事人之间确定信托关系的法律行为,是信托关系的起点。

(一)信托设立的条件

根据我国《信托法》的规定,有效的信托设立应具备以下条件。

(1)具有符合法律规定的信托主体。合法的信托主体是信托设立的基本条件之一,其要求信托关系中的当事人都要具有法律认可的行为能力,由委托人指定或法律规定受益人。我国营业信托关系中的受托人须为特殊主体,即为国家法律特别许可的信托公司。

（2）具有合法的信托目的。设立信托是委托人的自愿行为，但是该行为必须符合法定的要件。按照《信托法》的规定，合法的、确定的信托目的，是设立信托必须具备的要件之一。信托只要不违反法律、行政法规的规定，不违背国家利益和社会公共利益，可以为委托人所希望达到的各种目的而设立。

（3）具有确定的、合法的信托财产。《信托法》第7条规定："设立信托，必须有确定的信托财产，并且该信托财产必须是委托人合法所有的财产。"它包括以下几层意思：一是信托是一种以信托财产为核心建立起来的法律关系，不能没有信托财产，如果缺少了信托财产，信托将不成立；二是信托财产必须是确定的，真实存在的，只有这样，凭借其建立的信托关系才会是确定的、真实存在的；三是用以设立信托的信托财产是委托人合法所有的财产，只有这样，信托财产才可能是确定的。

（4）具有合法的设立形式。《信托法》规定委托人设立信托的意思表示，无论是契约行为还是单独行为，都必须采取书面形式，而不能采取口头的形式。

（5）登记生效。设立信托，对于信托财产，有关法律、行政法规规定应当办理登记手续的，应当依法办理信托登记。未依照规定办理信托登记的，应当补办登记手续；不补办的，该信托不产生效力。

（二）信托的成立以及信托书面文件的记载事项

1. 信托的成立

设立信托，应当采取书面形式。书面形式包括信托合同、遗嘱或者法律、行政法规规定的其他书面文件等。采取信托合同形式设立信托的，信托合同签订时，信托成立。采取其他书面形式设立信托的，受托人承诺信托时，信托成立。根据《民法典》的规定，依法成立的合同，自成立时生效。合同一旦生效，即受到法律保护。

2. 信托书面文件的记载事项

设立信托，其书面文件应当载明下列事项：①信托目的；②委托人、受托人的姓名或者名称、住所；③受益人或者受益人范围；④信托财产的范围、种类及状况；⑤受益人取得信托利益的形式、方法。

除前述所列事项外，书面文件可以载明信托期限、信托财产的管理方法、受托人的报酬、新受托人的选任方式、信托终止事由等事项。

（三）信托无效与信托撤销

1. 信托无效

信托无效，是指欲设立信托，但其行为不符合法律规定，而不被法律所承认，因而是无效的。无效信托自始不发生法律效力。

有下列情形之一的，信托无效：①信托目的违反法律、行政法规或者损害社会公共利益；②信托财产不能确定；③委托人以非法财产或者《信托法》规定不得设立信托的财产设立信托；④专以诉讼或者讨债为目的设立信托；⑤受益人或者受益人范围不能确定；⑥

法律、行政法规规定的其他情形。

2. 信托撤销

委托人设立信托损害其债权人利益的,债权人有权申请人民法院撤销该信托。人民法院以该规定撤销信托的,不影响善意受益人已经取得的信托利益。而出于恶意取得信托利益的受益人应返还取得的信托利益给委托人用于清偿债务。自债权人知道或者应当知道撤销原因之日起1年内不行使信托撤销权的,该撤销权归于消灭。

二、信托的变更、解除与终止

(一)信托的变更

信托的变更是指在信托有效设立后,因出现了法定情形或者约定情形,信托当事人依法对信托文件所规定的事项进行变更的行为。信托关系一经设立,一般不得随意变更,但在特定情形下,为了保护委托人、受益人的利益,可以对受托人、受益人或者信托财产管理方法进行变更。

1. 受托人的变更

设立信托后,经委托人和受益人同意,受托人可以辞任。受托人辞任的,在新受托人选出前仍应履行管理信托事务的职责。

受托人有下列情形之一的,其职责终止:①死亡或者被依法宣告死亡;②被依法宣告为无民事行为能力人或者限制民事行为能力人;③被依法撤销或者被宣告破产;④依法解散或者法定资格丧失;⑤辞任或者被解任;⑥法律、行政法规规定的其他情形。

2. 受益人的变更

设立信托后,有下列情形之一的,委托人可以变更受益人或者处分受益人的信托受益权:①受益人对委托人有重大侵权行为;②受益人对其他共同受益人有重大侵权行为;③经受益人同意;④信托文件规定的其他情形。

3. 信托财产管理方法的变更

对于私益信托,如果因设立信托时未能预见的特别事由,致使信托财产的管理方法不利于实现信托目的或者不符合受益人的利益,委托人有权要求受托人调整该信托财产的管理方法。公益信托则属于特殊情况,公益信托成立后,若发生设立信托时不能预见的情形,公益事业管理机构可以根据信托目的,变更信托文件中的有关条款。

(二)信托的解除

信托的解除指在信托存续期间,信托关系当事人基于法律或者信托文件的规定,行使解除权而使信托关系归于消灭的民事法律行为。

信托一经生效,信托文件的规定对信托关系当事人均有法律效力。在自益信托中,委托人是唯一受益人的,委托人或者其继承人可以解除信托。信托文件另有规定的,从其规定。

在他益信托中，有下列情形之一的，委托人可以行使解除权，使信托关系归于消灭：①受益人对委托人有重大侵权行为；②经受益人同意；③信托文件规定的其他情形。

信托关系中的受托人没有解除信托的权利，这是信托关系特殊性的体现。如果受托人由于各种原因不愿承担继续管理、处分信托财产的责任时，受托人可以通过辞任终止自己的职责。

（三）信托的终止

信托的终止指信托关系因法律或者信托文件规定的事由而归于消灭的行为。信托不因委托人或者受托人的死亡、丧失民事行为能力、依法解散、被依法撤销或者被宣告破产而终止，也不因受托人的辞任而终止。

1. 信托终止的事由

有下列情形之一的，信托终止：①信托文件规定的终止事由发生；②信托的存续违反信托目的；③信托目的已经实现或者不能实现；④信托当事人协商同意；⑤信托被撤销；⑥信托被解除。

2. 信托终止的法律后果

信托终止的，信托财产归属于信托文件规定的人；信托文件未规定的，按下列顺序确定归属：①受益人或者其继承人；②委托人或者其继承人。

信托财产的归属确定后，在该信托财产转移给权利归属人的过程中，信托视为存续，权利归属人视为受益人。

信托终止后，受托人依照《信托法》规定行使请求给付报酬、从信托财产中获得补偿的权利时，可以留置信托财产或者对信托财产的权利归属人提出请求。

信托终止的，受托人应当作出处理信托事务的清算报告。受益人或者信托财产的权利归属人对清算报告无异议的，受托人就清算报告所列事项解除责任。但受托人有不正当行为的除外。

三、信托财产

信托财产，是指受托人因承诺信托而取得的财产以及因信托财产的管理运用、处分或者其他情形而取得的财产。

信托是一种理财制度，信托当事人是为一定的财产利益而建立信托关系的，有财产才会有信托行为，信托行为的成立以一定财产的存在为前提，信托当事人的权利义务都是围绕财产而确定的。可以说，信托法律关系本质上是信托当事人之间的一种财产关系，信托财产在信托关系中处于核心地位。

1. 信托财产的条件

根据我国《信托法》的规定，信托财产需要满足以下条件。

（1）信托财产应该具有财产价值。凡是具有财产价值的东西，不论以何种形式存在，原则上均可以作为信托财产。如动产，不动产，股票和债券等证券，专利权、商标权、著作权等知识产权。而人身权,如姓名权、名誉权、身份权等,因不具有财产价值不能作为信托财产。

(2)信托财产是可以合法转让的财产。如果信托财产不能合法转让或流通,就无法用来进行交易和实现信托财产的保值增值,并影响到受益人的合法权益。法律、行政法规禁止流通的财产不得作为信托财产,如矿藏、水流等自然资源,军用武器等。法律、行政法规限制流通的财产,依法经有关主管部门批准后,可以作为信托财产,如城乡土地使用权、探矿权、采矿权等。

2. 信托财产的独立性

独立性是信托财产的重要特征,主要体现在以下几方面。

(1)<u>信托财产独立于委托人未设立信托的财产</u>。设立信托后,委托人死亡或者依法解散、被依法撤销、被宣告破产时,委托人是唯一受益人的,信托终止,信托财产作为其遗产或者清算财产;委托人不是唯一受益人的,信托存续,信托财产不作为其遗产或者清算财产;但作为共同受益人的委托人死亡或者依法解散、被依法撤销、被宣告破产时,其信托受益权作为其遗产或者清算财产。

(2)<u>信托财产独立于受托人的固有财产</u>。信托财产不得归入受托人的固有财产或者成为固有财产的一部分。因此,受托人必须将信托财产与其固有财产分开管理、分别记账。受托人死亡或者依法解散、被依法撤销、被宣告破产而终止的,信托财产不属于其遗产或者清算财产。否则,受托人应将信托财产恢复原状,并对因此造成的损失承担赔偿责任。

(3)抵销的禁止。受托人管理运用、处分信托财产所产生的债权,不得与其固有财产产生的债务相抵销。受托人管理运用、处分不同委托人的信托财产所产生的债权债务,不得相互抵销。

(4)信托财产独立于受益人的自有财产。受益人享有信托财产的受益权,但这只是一种利益请求权。在信托法律关系的存续期间,受益人并不具有信托财产的所有权。信托关系终了,委托人可以通过信托条款将信托财产本金的所有权归属于自己或第三人。

3. 禁止强制执行信托财产及例外

信托财产的独立性要求之一就是禁止强制执行信托财产。信托财产既非委托人债务的担保,也非受托人债务的担保,不论是委托人的债权人,还是受托人固有财产的债权人,都不具有请求债务人以信托财产偿还债务的权利,从而也不应允许他们对信托财产申请强制执行。

根据《信托法》的规定,有下列情形之一的,对信托财产可以强制执行:①设立信托前债权人已对该信托财产享有优先受偿的权利,并依法行使该权利的;②受托人处理信托事务所产生债务,债权人要求清偿该债务的;③信托财产本身应担负的税款;④法律规定的其他情形。

对于违反规定而强制执行信托财产的情形,委托人、受托人或者受益人有权向人民法院提出异议。

四、信托当事人

信托当事人又称为信托关系人,是指享有信托权利、承担信托义务的主体,它主要包括委托人、受托人和受益人。

(一)委托人

委托人是将自己拥有的合法财产委托给他人管理和处分而设立信托的主体,应当是具有完全民事行为能力的自然人、法人和依法成立的其他组织。在《信托法》中对委托人资格的规定,没有限定委托人必须是一人或者是两人以上,这意味着委托人可以是一人,也可以是两人以上而成为共同委托人。

1. 委托人的权利

(1)知情权。知情权赋予委托人了解信托财产运用和信托事务处理相关信息的权利,以实现委托人对信托财产的运作情况的监督。首先,委托人有权了解其信托财产的管理运用、处分及收支情况,并有权要求受托人作出说明;其次,委托人有权查阅、抄录或者复制与其信托财产有关的信托账目以及处理信托事务的其他文件。

(2)变更信托财产管理方法的权利。在信托关系中,信托财产的管理权属于受托人,委托人一般不得随意干涉受托人的管理活动,也无权随意变更信托财产的管理方法。但如果因为设立信托时未能预见的特别事由,致使信托财产的管理方法不利于实现信托目的或者不符合受益人的利益时,委托人有权要求受托人调整该信托财产的管理方法。

(3)撤销权、恢复原状请求权和赔偿损失请求权。撤销权是当受托人处分信托财产的行为足以影响信托目的的实现或受益人利益的时候,委托人享有可以撤销该行为的权利。委托人的撤销权能够使受托人实施有害于信托财产的行为归于无效。在已设立的信托中,如果出现受托人违反信托目的处分信托财产的情形或者因违背管理职责、处理信托事务不当致使信托财产受到损失的情形,委托人有权申请人民法院撤销该处分行为,并有权要求受托人恢复信托财产的原状或者予以赔偿;同时该信托财产的受让人明知是违反信托目的而接受该财产的,应当予以返还或者予以赔偿。

(4)解任权。委托人拥有保护信托财产、维护信托目的并促使信托目的实现的权利。据此,委托人有权解任受托人。委托人在两种情况下可以解任受托人:一是受托人违反信托目的处分信托财产;二是受托人管理运用、处分信托财产有重大过失。委托人有权依照信托文件的规定解任受托人,或者申请人民法院解任受托人。

2. 委托人的义务

委托人在享有前述权利的同时也要承担一定的义务。委托人的义务主要有:①在信托合同依法生效后,转移信托财产;②依信托合同向受托人支付报酬;③不得干预受托人活动,信托文件另有规定的除外。

(二)受托人

受托人是接受委托,按照信托文件对信托财产进行管理运用、处分的人。受托人承担着管理和处分信托财产的责任,其行为直接影响信托财产的运用效果,关系到信托目的能否顺利实现。因此,第一,受托人应当是具有完全民事行为能力的自然人、法人,受托人可以是一人,也可以是数人,同一信托的受托人有两个以上的,为共同受托人;第二,受托人必须具有办理信托业务的能力和专业技能条件。

法人为受托人时,受托人应当具备依法设立并且可以在核准登记的范围内从事管理、处分信托财产活动的资格。在我国,信托的受托人主要为信托公司。设立信托公司,应当具备一些基本条件。

1. 受托人的义务

(1)忠实履行受托的义务。受托人应当遵守信托文件的规定,为受益人的最大利益处理信托事务。受托人管理信托财产,必须恪尽职守,履行诚实、信用、谨慎、有效管理的义务。受托人除依法取得报酬外,不得利用信托财产为自己谋取利益。受托人违反规定,利用信托财产为自己谋取利益的,所得利益归入信托财产。

(2)保持信托财产独立性的义务。第一,受托人不得将信托财产转为其固有财产。受托人将信托财产转为其固有财产的,必须恢复该信托财产的原状;造成信托财产损失的,应当承担赔偿责任。第二,受托人不得将其固有财产与信托财产进行交易或者将不同委托人的信托财产进行相互交易,但信托文件另有规定或者经委托人或者受益人同意,并以公平的市场价格进行交易的除外。因受托人违反规定,造成信托财产损失的,应当承担赔偿责任。

(3)分别管理与亲自处理的义务。第一,分别管理。受托人必须将信托财产与其固有财产分别管理、分别记账,并将不同委托人的信托财产分别管理、分别记账。第二,亲自处理。受托人应当自己处理信托事务,但信托文件另有规定或者有不得已事由的,可以委托他人代为处理。受托人依法将信托事务委托他人代理的,应当对他人处理信托事务的行为承担责任。

(4)报告与保密的义务。受托人必须保存处理信托事务的完整记录。受托人应当每年定期将信托财产的管理运用、处分及收支情况,报告委托人和受益人。受托人对委托人、受益人以及处理信托事务的情况和资料负有依法保密的义务。

(5)支付信托利益的义务。受托人以信托财产为限向受益人承担支付信托利益的义务。

2. 受托人的权利

(1)获得报酬权。受托人有权依照信托文件的约定取得报酬。信托文件未作事先约定的,经信托当事人协商同意,可以作出补充约定;未作事先约定和补充约定的,不得收取报酬。约定的报酬经信托当事人协商同意,可以增减其数额。受托人违反信托目的处分信托财产或者因违背管理职责、处理信托事务不当致使信托财产受到损失的,在未恢复信托财产的原状或者未予赔偿前,不得请求给付报酬。

(2)优先受偿权。受托人因处理信托事务所支出的费用、对第三人所负债务,以信托财产承担。受托人以其固有财产先行支付的,对信托财产享有优先受偿的权利。受托人违背管理职责或者处理信托事务不当对第三人所负债务或者自己所受到的损失,以其固有财产承担。

(三) 受益人

受益人是在信托中享有信托受益权的人。受益人是信托关系中不可缺少的一方当事人，没有受益人的信托是无效的。因为受益人在信托关系中享有给付信托利益请求权，委托人与受托人的行为都要受到为受益人的利益这一信托目的的约束。同时，受益人按照信托文件的规定享有信托利益，对信托财产不负有管理、处分的责任，受益人因处理信托事务所支出的费用、对第三人所负债务，也不由受益人承担，而是以信托财产承担。故受益人是信托关系中纯享利益的当事人。

受益人是在信托中享有信托受益权的人。受益人可以是自然人、法人或者依法成立的其他组织，也可以是胎儿。由于受益人在信托关系中只享受利益，并不是签订信托合同的当事人，因此，不受有无民事行为能力的限制。受益人由委托人指定，受益人可以是一人，也可以是数人。当受益人为两人以上时，为共同受益人。

在信托关系中，委托人可以是受益人，也可以是同一信托的唯一受益人。受托人可以是受益人，但不得是同一信托的唯一受益人。

根据《信托法》规定，受益人享有以下权利。

（1）信托受益权。受益人自信托生效之日起享有信托受益权。信托文件另有规定的，从其规定。受益人是一人的，享有全部信托受益权；受益人为共同受益人，按照信托文件的规定享有信托利益。信托文件对信托利益的分配比例或方法未作规定的，各受益人按照均等的比例享受信托利益。信托受益权包括：①在信托存续期间，享受信托财产收益的权利，这项权利又被称为收益受益权；②在信托终止时获得信托财产本金的权利，这项权利又被称为本金受益权。

（2）放弃信托受益权和债务清偿。受益人可以放弃信托受益权。全体受益人放弃信托受益权的，信托终止。部分受益人放弃信托受益权的，被放弃的信托受益权按下列顺序确定归属：①信托文件规定的人；②其他受益人；③委托人或者其继承人。受益人不能清偿到期债务的，其信托受益权可以用于清偿债务，但法律、行政法规以及信托文件有限制性规定的除外。

（3）信托事务监督权。受益人可以行使委托人享有的知情权、管理方法变更权、撤销权和解任权。受益人行使前述权利，与委托人意见不一致时，可以申请人民法院作出裁定。

任务三　公益信托

依照信托的目的不同，信托可以分为公益信托和私益信托。公益信托是委托人为了社会公益目的而设立的信托，其目的必须有利于全社会或者社会中的部分公众。

设立公益信托，其必须是完全为了社会公共利益，并必须取得有关主管部门批准，接受社会公众和国家有关机构监督，且不得中途解除合同。

一、公益信托的范围

根据《信托法》和《信托公司管理办法》的规定，为了下列公共利益目的之一而设立的信托，属于公益信托：①救济贫困；②救助灾民；③扶助残疾人；④发展教育、科技、文化、艺术、体育事业；⑤发展医疗卫生事业；⑥发展环境保护事业，维护生态环境；⑦发展其他社会公益事业。

> **案例**
>
> 张某生前立有遗嘱，将自己的 50 万元存款和其拥有的不动产交付给甲信托投资公司设立信托，信托的目的是资助张某故乡单亲家庭中年龄在 18 周岁以下达不到该镇平均生活水平的少年儿童，帮助这些少年儿童支付医疗费、教育费等。张某去世后，遗嘱管理人要求按照其遗嘱规定的内容执行该遗嘱，但张某的继承人以该遗嘱有严重的个人倾向为由，要求人民法院判决该信托行为无效。
>
> 请问：（1）该案中的信托是否属于公益信托？
> （2）该案中张某的继承人要求人民法院判决该信托无效的理由是否成立？

二、公益信托当事人

1. 委托人

公益信托的委托人并没有特别要求，与一般信托的委托人一样。凡有完全民事行为能力的自然人、法人或者合法设立的其他组织都可以成为公益信托的委托人。

委托人的职责是在信托实施过程中严格依照法律及信托文件的规定，将信托财产及其收益用于社会公益目的，而不得将之用于非公益目的。

2. 受托人

个人和法人组织都可以成为受托人。公益信托的设立和确定其受托人，应当经有关公益事业的管理机构（以下简称公益事业管理机构）批准。未经公益事业管理机构的批准，不得以公益信托的名义进行活动。同时，公益信托的受托人未经公益事业管理机构批准，不得辞任。

3. 受益人

公益信托以社会公益为目的，不指定特定的受益人，即该受益人不是规定在有关的信托文件中的特定人，并且不能以权利主体身份参与信托。如果公益信托以有名有姓的某一人或者某些人为受益人，其公益性质便不存在了。

4. 信托监察人

公益信托的受益人是不特定的社会公众，为了维护公益信托受益人的利益，加强对公益信托活动的监督，保证信托目的的实现，《信托法》第 64 条规定："公益信托应当设置信托监察人。"

如果委托人在设立公益信托时已经在信托文件中规定了信托监察人，信托监察人就由信托文件规定。信托文件未规定的，由公益事业管理机构指定。信托监察人有权以自己的名义，为维护受益人的利益，提起诉讼或者实施其他法律行为。

三、公益信托的设立和终止

1. 公益信托的设立

我国公益信托的设立采取审批制，应当经有关公益事业管理机构批准。

2. 公益信托的终止

公益信托终止的原因有以下几种：①信托文件规定的终止事由发生；②信托的存续违反信托目的；③信托的目的已经实现或者不能实现；④信托被撤销。

公益信托终止的，受托人应当于终止事由发生之日起15日内，将终止事由和终止日期报告公益事业管理机构。公益信托终止的，受托人作出的处理信托事务的清算报告，应当经信托监察人认可后，报公益事业管理机构核准，并由受托人予以公告。

公益信托终止，没有信托财产权利归属人或者信托财产权利归属人是不特定的社会公众的，经公益事业管理机构批准，受托人应当将信托财产用于与原公益目的相近似的目的，或者将信托财产转移给具有近似目的的公益组织或者其他公益信托。

四、公益信托的监督管理

公益信托的监督管理，不同国家设有不同的监管机关。我国公益信托的监管机关为公益事业管理机构，其履行下列职责：①批准公益信托的设立和确定其受托人；②批准公益信托受托人的辞任；③受托人违反信托义务或者无能力履行其职责的，变更受托人；④检查受托人处理公益信托事务的情况及财产状况；⑤对公益信托文件中未指定信托监察人的予以指定；⑥发生设立信托时不能预见的情形，根据信托目的变更信托文件中的有关条款。

练一练

一、名词解释

信托　信托财产独立性　公益信托　信托监察人

二、判断题

1. 信托是一种双边信用关系。　　　　　　　　　　　　　　　（　　）
2. 信任是信托的基础。　　　　　　　　　　　　　　　　　　（　　）
3. 设立信托可以采取书面形式，也可以采取口头形式。　　　　（　　）
4. 委托人和受托人都可以成为信托关系的受益人。　　　　　　（　　）
5. 公益信托的委托人不能指定受益人的范围。　　　　　　　　（　　）

三、单项选择题

1. 在整个信托执行期间，受托人无过失的情况下，风险由（　　）承担。

A．受益人　　　　B．委托人　　　　C．受托人　　　　D．保险公司

2．下列财产中可作为信托财产的是（　　）。

　　A．麻醉品　　　　B．放射物品　　　C．国家级文物　　D．软件版权

3．受益人自（　　）起享有信托受益权。

　　A．信托生效之日　　　　　　　　B．信托财产转移占有之日

　　C．受托人接受信托之日　　　　　D．被委托人指定之日

4．有权申请撤销信托行为的主体是（　　）。

　　A．对信托财产有争议的第三人

　　B．受益人的监护人

　　C．利益受到损害的委托人的债权人

　　D．受托人

5．在信托关系中，当事人不包括（　　）。

　　A．见证人　　　　　　　　　　　B．委托人

　　C．受益人　　　　　　　　　　　D．受托人

四、多项选择题

1．下列可以成为受益人的有（　　）。

　　A．自然人　　　　　　　　　　　B．法人

　　C．胎儿　　　　　　　　　　　　D．依法成立的其他组织

2．信托财产具备的特性有（　　）。

　　A．独立性　　　　B．相关性　　　C．物上代位性　　D．有限性

3．下列各项中属于委托人的权利的有（　　）。

　　A．查阅、抄录或者复制与其信托财产有关的信托账目

　　B．了解其信托财产的管理、处分及收支情况，并有权要求受托人作出说明

　　C．在信托存续期间将信托财产列为遗产

　　D．因特别事由要求受托人调整信托财产的管理方法

4．从受益人的角度对信托进行划分，可以将信托分为（　　）。

　　A．公益信托　　　B．他益信托　　　C．自益信托　　　D．私益信托

5．下列情形中委托人可以变更受益人的有（　　）。

　　A．受益人对委托人或者其他受益人有重大侵权行为的

　　B．经受益人同意的

　　C．信托文件规定的其他情形

　　D．受益人丧失行为能力的

五、思考题

1．简述信托的概念和特征。

2．简述信托与委托的区别。

3．简述信托委托人的义务。

4. 哪些情形下信托财产可以强制执行？

5. 简述公益信托的范围。

六、案例分析题

张某经营一家公司，张某与李某结婚后两人的女儿出生，2024年5月6日，两人决定协议离婚。根据协议，女儿归李某抚养，张某一次性支付孩子的抚养费100万元。但张某担心如果李某再婚，这100万元可能会被挪作他用。

请问：根据所学信托知识为张某设计应对计划。

主要参考文献

[1] 江平：《金融法学》，中国政法大学出版社 2015 年版。
[2] 岳彩申、盛学军：《金融法学》（第 4 版），中国人民大学出版社 2024 年版。
[3] 董安生：《证券法原理》，北京大学出版社 2018 年版。
[4] 林旭霞、杨垠红：《债权法》（第 6 版），厦门大学出版社 2022 年版。
[5] 赵红梅、刘旭东：《金融法概论》（第 4 版），东北财经大学出版社 2020 年版。
[6] 郝慧：《金融法》，经济管理出版社 2019 年版。
[7] 范健等：《保险法》，法律出版社 2017 年版。
[8] 范健、王建文：《商法学》，法律出版社 2022 年版。
[9] 王卫国：《经济法治》，社会科学文献出版社 2019 年版。
[10] 朱锦清：《证券法学》（第 5 版），北京大学出版社 2022 年版。
[11] 刘志云：《金融法》（第 5 版），法律出版社 2022 年版。
[12] 李芳：《金融法规》（第 3 版），经济管理出版社 2019 年版。
[13] 刘隆亨：《银行金融法学》（第 7 版），北京大学出版社 2020 年版。
[14] 席月民：《中国法学新发展系列：金融法学的新发展》，中国社会科学出版社 2019 年版。
[15] 朱晓娟：《中国金融法律制度》，中国民主法制出版社 2020 年版。
[16] 李良雄、王琳雯：《金融法》（第 3 版），人民邮电出版社 2021 年版。
[17] 邢会强：《互联网金融的法律与政策》，中国人民大学出版社 2017 年版。
[18] 邢会强：《证券法学》（第 3 版），中国人民大学出版社 2023 年版。
[19] 裴久徵：《金融法基本原理与制度研究》，经济管理出版社 2023 年版。
[20] 吴光荣：《担保法精讲》，中国民主法制出版社 2022 年版。
[21] 张明楷：《刑法学》，法律出版社 2021 年版。
[22] 王利明等：《民法学》（第 6 版），法律出版社 2020 年版。
[23] 朱崇实：《金融法教程》（第 4 版），法律出版社 2017 年版。
[24] 徐孟洲、谭立：《金融法》（第 4 版），高等教育出版社 2019 年版。
[25] 刘心稳：《票据法》（第 5 版），中国政法大学出版社 2023 年版。
[26] 张民安：《债权法》（第 5 版），中山大学出版社 2017 年版。